Natur begreifen – Biologie 2

Ein Lehr- und Arbeitsbuch

D1671219

Schroedel

Natur begreifen – Biologie 2

Ein Lehr- und Arbeitsbuch

Herausgegeben von
Prof. Dr. Wolfgang Memmert

Bearbeitet von
Hans-Günther Beuck
Bernhard Hofmann
Prof. Dr. Wolfgang Memmert
Gunhild Mohaupt
Josef Schaper

Unter Mitarbeit von Winfried Wisniewski
und der Verlagsredaktion

Illustrationen
Liselotte Lüddecke

ISBN 3-507-**76603**-5

© 1989 Schroedel Schulbuchverlag GmbH, Hannover

Druck A $^{14\ 13\ 12\ 11}$ / Jahr 2005 04 03 02

Alle Drucke der Serie A sind im Unterricht parallel verwendbar, da bis auf die Behebung von Druckfehlern untereinander unverändert. Die letzte Zahl bezeichnet das Jahr dieses Druckes.

Gesamtherstellung:
Universitätsdruckerei H. Stürtz AG, Würzburg

Gedruckt auf Papier, das nicht mit Chlor gebleicht wurde. Bei der Produktion entstehen keine chlorkohlenwasserstoffhaltigen Abwässer.

CHLORFREI

Bildquellenverzeichnis

Titelbild: Mauritius; Seite 5: Rogge; 6.1.A l.: Jaenicke; 6.1.A r., 6.1.B l.: Cramm; 6.1.B r.: Jung; 7.1.: Zeiss, Oberkochen; 8.2.B, 9.1.A,B, 10.1.: Jung; 11.2.: Lieder; 12.1.: V-Dia; 13.1.: Jung; 13.2.: Jaenicke; 14.1.A: Craebner/Photo-Center; 14.2.: Kage; 15.1.: Birke/Photo-Center; 16.1.: Sauer/Bio-Info; 17.1.A,B, 17.2.: Jaenicke; 18.1., 19.1.: Lieder; 20.1.: Jaenicke; 21.2.: Lieder (1,3,4,5), Jung (2); 22.1.: Leser/Mauritius; 26.1. l.: Schmied/Bavaria; r.: Photo-Center; 27.1.: Schindler; 27.2.: Cramm; 29.2.: Reinbacher; 29.3.: V-Dia; 32.1.: Bücherl; 34.1.: Pilters/Bavaria; 35.1.: Ciba-Geigy; 35.2.: Mauritius; 36.2.: Uselmann/Silvestris; 37.1.: Candeler/Mauritius; 38.1.: Jaenicke; 40.1.–3., 41.3.: Tegen; 44.1.: Kunsthistorisches Museum, Wien; 46.1., 46.2.: Reinbacher; 47.2.: Lieder; 48.1.o.l.: Pfaff/ZEFA, o.r.: Wirth/ZEFA; 48.1.u.r., 48.2.: Dobers; 49.1.: Tegen; 51.1., 51.2.: Reinbacher; 54.1.: Black Star/ZEFA; 54.2., 55.1.: Bildarchiv für Medizin; 58.2.: Lennart Nilsson, aus: Unser Körper – neu gesehen, Herder-Freiburg; 59.2.: Jaenicke; 60.1.: Benser/ZEFA; 62.1.: Jaenicke; 63.2.: Lieder; 64.1.: Photri/ZEFA; 65.1.: Klein; 67.2.: Wegler/ZEFA; 68.2.: Rogge; 69.1.: Pohlert/dpa; 69.2.: Rogge; 70.1.: Mühlbauer/Silvestris; 72.1.: Jaenicke; 74.2., 75.1.: Kage; 76.1., 76.2.: Petit Format/Nestlé; 77.2.: Oechslein/Mauritius; 77.3.: Penzel/Silvestris; 78.2.: Reinbacher; 79.1.: Cash/Mauritius; 79.2.: Reinbacher; 80.1.l.: Gierth/Mauritius, m.: Habel/Mauritius, r.: Kerscher/Silvestris; 81.1.: Silvestris; 81.2.: Rogge; 82.2.: Schuhmacher; 85.1.: Rogge; 85.2.: Silvestris; 86.1.: Scharf; 87.1.B: Archiv; 89.1.A: V-Dia; 89.1.B: W. Bär, Institut für medizinische Mikrobiologie der MHH; 90.1.: Reinbacher; 92.1.: V-Dia, 96.1.: Reinbacher; 96.2.: Rogge; 98.1.: Ungerer; 99.1.: dpa; 100.1.: Lindner/Mauritius; 100.2.: FPG/Mauritius, 101.1.: Krautmurst/Mauritius; 101.2.: MTI/Mauritius; 102.1.: Tegen; 102.2.: Kage; 104.1.: V-Dia; 104.2.: Hoffmann-La-Roche; 105.1.: Jung/Photo-Center; 105.2.: Schaper; 106.1.: Rütten; 106.2.: Ahrens/Photo-Center; 107.1.A, B: Tegen; 108.1., 109.1.: Macke; 109.2.: Rogge; 110.1.: Voigt/ZEFA; 111.1.: Tegen; 112.1.: Reinbacher; 114.1.: Damm/ZEFA; 114.2.: Klima/Mauritius; 115.1., 115.3.: Tegen; 115.2.: Sylvie/Mauritius; 120.1.: DAK, Hamburg; 120.2.: Rawi/Mauritius; 121.1.: Jaenicke; 122.1.: Fischer; 122.2.: Macke; 123.1.: Krebs; 124.1.: dpa; 125.2.: Ossinger/dpa; 126.1., 127.1.: Fischer; 129.1.: Silvestris; 129.2.: dpa; 130.1.: Greiner/Photo-Center; 130.2.: Cramm; 131.2.: Bavaria; 132.1.: Tegen; 133.1., 133.2.: Jaenicke; 133.4.: Kali und Salz AG; 134.1., 134.2., 135.3.: Jaenicke; 136.1.: V-Dia; 136.2.o.: Dobers, u.: V-Dia; 136.3.o.: Jaenicke, u.: Suter; 138.1.: Knippenberg; 139.2.: Tegen; 140.1.B: Pfletschinger/Angermayer; 141.1.A,C: Tegen; 142.1.l.: V-Dia, m.: Harstrick/ZEFA, r.: Zettl/ZEFA; 144.1.A,B: Rohdick/Silvestris; 144.2.A:

Angermayer; 144.2.B: Silvestris; 145.2.: Kuhlmann; 146.1.A: Sauer, 146.1.B: Pfletschinger/Angermayer; 146.1.D: Dobers; 148.1.: Silvestris; 149.1.: Pfletschinger/Angermayer; 150.1.A: Rohdick/Silvestris; 150.1.B,C: Bayer AG; 152.1.: Pfletschinger/Angermayer; 154.1.A: Wothe/Silvestris; 154.1.C: Cramm; 155.1.– 4.: Beuck; 156.1.: Silvestris; 156.2.: Photo-Center; 157.1.A: V-Dia; 157.1.B,C,D, 158.1.A: Jung, 158.1.B: Pfletschinger/Angermayer; 158.1.C: Müller/Silvestris; 159.1.: Reinhard/Mauritius; 162.1.: Rohdick/Silvestris (Freigegeben vom RP Münster Nr.: 10.017/84); 163.1.: Kickuth; 164.1.: Pierer/ZEFA; 166.1.A: Rogge; 166.1.B: dpa; 166.1.C: ZEFA; 167.1.: Rogge; 168.1.: Mohn/ZEFA; 169.1.: Tegen; 170.1.: Albinger/Silvestris; 171.1.: Gruber/Bavaria; 171.2.: Irsch/Silvestris; 171.3.: Philipp; 171.4.: Pott/Photo-Center; 172.1.: Landesinnungsverband des Schornsteinfegerhandwerks; 172.2.: dpa; 173.1.: Macke; 173.2.: dpa; 174.1.: Schmid/Huber; 175.1.: Mauritius, 175.2.: Strauß; 176.1., 177.2.: Koch/dpa; 178.1.: Rogge; 178.2.: action press; 179.1.: AFP/dpa; 180.1., 181.2.: Jaenicke; 182.1.: Nill/Silvestris; 183.1.o. und u.: Schwarz/Mauritius; 184.1.: Fischer; 185.1.: Zwez/Mauritius; 185.3.: Jung/ZEFA; 185.4.: Bakker Hillegom BV, Holland; 186.1.: Meyer Capel/ZEFA; 187.3.: Pfletschinger/Angermayer; 188.1.A: Angermayer; 188.1.B o.l.: V-Dia; 188.1.B o.r.: Chaumeton/Jacana; 188.1.B u.: Sauer/Bavaria; 190.1.: Deutsches Museum; 191.1.A o.l. und u.: Apel; 191.1.A o.r.: König; 191.2.o.l. und u.: Eckhardt/Silvestris; 191.2.o.r.: Pfaff/ZEFA; 196.1.A, B: Silvestris; 197.1.A: Deymann/Silvestris; 197.1.B: Josef/Silvestris; 197.1.C: Kürschner/Silvestris; 198.1.: Woitschikowski/Mauritius; 198.2.A: CVT/Mauritius; 198.2.B: Luz/ZEFA; 199.1.: Ferl; 199.2.: Apel; 200.1.: Klar/dpa; 200.2.o.: Mauritius; 201.1.o.: Bio-Info; 201.2.: Vogeler/Okapia; 201.3.: ZEFA; 203.1.A: Kohlhaupt/Mauritius; 203.1.B: Eigstler/Mauritius; 203.1.C: EPG/Mauritius; 203.2.: Archiv; 203.3.: Knippenberg; 204.1.: Rogge; 204.2., 205.1.: Grasser/Mauritius; 207.2.: Lynn Geesaman; 209.2.: Rogge; 210.1.: Sunak/ZEFA; 211.2.: Geitz/Bio-Info; 211.3.: Sauer/ZEFA; 212.1.: Naturmuseum Senckenberg; 218.2.: Archiv; 219.1.: Perla/ZEFA; 219.2.: NASA/dpa; 220.1.: Bavaria, dpa, Mauritius, ZEFA; 221.2.: Rauschwetter/dpa; 222.1.: Fischer/Mauritius; 223.1.: Silvestris; 223.2.: Veit; 226.1.: Rogge; 226.2.: Damm/ZEFA; 227.1.: Reinhard/ZEFA; 227.2.: Kacher; 228.1.: Müller/Bio-Info; 229.1.: Quedens; 230.1., 230.2., 231.1.: Rogge; 231.2.: Eibl-Eibesfeld; 232.1.: Schaefer/ZEFA; 233.1., 233.2.: Philips; 233.3.: WALT DISNEY productions; 234.1.: De Foy/Mauritius; 234.2.: Bajzat/dpa; 235.1.: Rogge; 235.2.: Damm/ZEFA, 236.1.: Rogge; 236.2.: Voigt/ZEFA; 237.1.: Rogge; 237.2.: Rawi/Mauritius

Inhaltsverzeichnis

Natur im Gleichgewicht

Umweltschutz

Pflanzen und Tiere vermehren sich

Vererbung

Stammesgeschichte der Lebewesen

Verhalten von Tieren und Menschen

5.1. Untersuchung von Teichwasser

Lebewesen bestehen aus Zellen

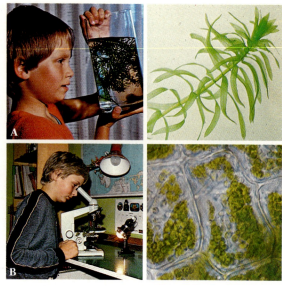

6.1. Wasserpest. *A mit bloßem Auge betrachtet; B durch das Mikroskop betrachtet.*

Das Mikroskop – Tor zu einer neuen Welt

1. Betrachte Abb. 6.1.! Welche Welt eröffnet uns das Mikroskop?

2. Nenne die Teile des Mikroskops! Betrachte dazu die Abb. auf Seite 7 und lies den Text!

3. Beschreibe, wie du die Helligkeit einstellst!

4. Beschreibe den Vergrößerungsvorgang beim Lichtmikroskop!

5. Berechne alle möglichen Gesamtvergrößerungen nach folgenden Angaben:
   Objektiv: $10\times$ $45\times$ $100\times$
   Okular: $5\times$ $10\times$ $15\times$!

6. Was musst du beim Mikroskopieren beachten? Lies den Text im blauen Kasten auf Seite 7!

Viele Dinge können wir mit bloßem Auge nicht erkennen. Für die Ferne nehmen wir daher ein *Fernglas* zu Hilfe. Das Hilfsmittel, um sehr kleine Objekte stark zu vergrößern, heißt **Mikroskop.** Es wurde vor ungefähr 400 Jahren erfunden.

Beim Mikroskopieren wird das *Präparat* durchleuchtet und durch die Linsen vergrößert betrachtet. Das **Objektiv** erzeugt zunächst ein vergrößertes Bild in der Röhre, dem Tubus. Dieses Bild wird durch das **Okular** noch einmal vergrößert.

Bei einer 10fachen Vergrößerung durch das Objektiv und einer 5fachen Vergrößerung durch das Okular erhalten wir eine 50fache Gesamtvergrößerung.

Mit dem Mikroskop werden Dinge sichtbar, die wir mit bloßem Auge nicht mehr erkennen können.

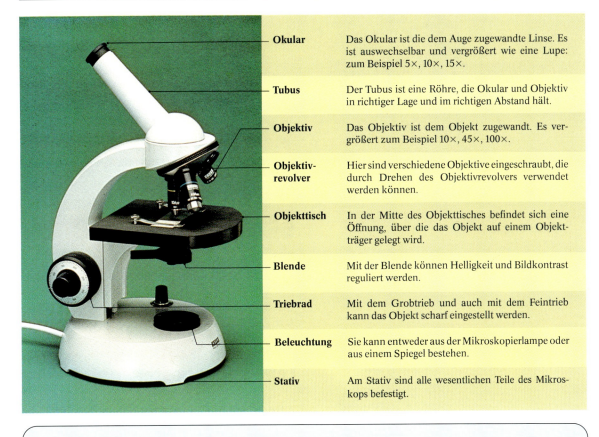

Okular	Das Okular ist die dem Auge zugewandte Linse. Es ist auswechselbar und vergrößert wie eine Lupe: zum Beispiel 5×, 10×, 15×.
Tubus	Der Tubus ist eine Röhre, die Okular und Objektiv in richtiger Lage und im richtigen Abstand hält.
Objektiv	Das Objektiv ist dem Objekt zugewandt. Es vergrößert zum Beispiel 10×, 45×, 100×.
Objektiv-revolver	Hier sind verschiedene Objektive eingeschraubt, die durch Drehen des Objektivrevolvers verwendet werden können.
Objekttisch	In der Mitte des Objekttisches befindet sich eine Öffnung, über die das Objekt auf einem Objektträger gelegt wird.
Blende	Mit der Blende können Helligkeit und Bildkontrast reguliert werden.
Triebrad	Mit dem Grobtrieb und auch mit dem Feintrieb kann das Objekt scharf eingestellt werden.
Beleuchtung	Sie kann entweder aus der Mikroskopierlampe oder aus einem Spiegel bestehen.
Stativ	Am Stativ sind alle wesentlichen Teile des Mikroskops befestigt.

Was du beim Mikroskopieren beachten musst

1. Gehe sehr sorgfältig mit dem Mikroskop um!

2. Stelle am Anfang immer die schwächste Vergrößerung ein!

3. Schaue durch das Okular und stelle mit dem Spiegel die größte Helligkeit ein! Bei einem Mikroskop mit Lampe: Schalte die Lampe ein!

4. Schiebe das Präparat über die Öffnung im Objekttisch! Klemme es fest!

5. Blicke durch das Okular und stelle mit dem Triebrad das Bild scharf ein!

6. Verschiebe den Objektträger, bis du den gewünschten Bildausschnitt siehst!

7. Stelle das nächststärkere Objektiv ein! Achte darauf, dass dabei das Objektiv nicht auf das Präparat stößt!

8. Blicke durch das Okular und stelle mit dem Triebrad das Bild scharf ein! Drehe dabei das Triebrad vorsichtig zum Körper hin!

9. Beim Einstellen der stärksten Vergrößerung verfahre wie in den Punkten 7 und 8 beschrieben!

10. Berühre nie die Linsen mit den Fingern! Säubere sie mit einem weichen Lappen!

11. Stelle nach dem Mikroskopieren wieder die kleinste Vergrößerung ein! Schalte die Lampe aus!

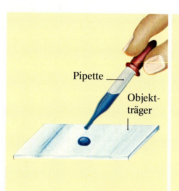

1. Gib mit einer Pipette einen Tropfen Wasser auf die Mitte eines Objektträgers!

Pipette

Objektträger

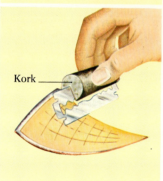

2. Schneide die Innenseite einer Zwiebelschuppe kreuzweise ein!

Kork

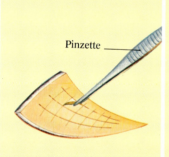

3. Löse mit einer Pinzette ein Stück Zwiebelhaut ab! Lege das Zwiebelhäutchen in den Wassertropfen! Achte darauf, dass es nicht gefaltet ist!

Pinzette

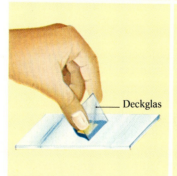

4. Setze das Deckglas seitlich an den Wassertropfen und lass es vorsichtig abkippen! Achte darauf, dass möglichst wenig Luftblasen in das Präparat gelangen.

Deckglas

8.1. Herstellung eines Präparates der Zwiebelhaut

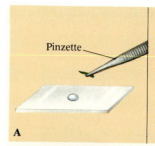

1. Gib einen Tropfen Wasser auf einen Objektträger!

2. Zupfe von einem Moospflänzchen mit der Pinzette ein Blatt ab! Lege das Blatt in den Wassertropfen!

3. Lege ein Deckglas auf!

Pinzette

A

B

8.2. Moosblättchen unter dem Mikroskop. A Anfertigen des Präparates; B Mikroskopisches Bild.

Lebewesen bestehen aus Zellen

Christoph hat zum Geburtstag ein Mikroskop geschenkt bekommen. Es ist etwas kleiner als das, mit dem er zur Zeit in der Schule arbeitet.

Er möchte erforschen, ob auch andere Pflanzen so aussehen wie die Wasserpest in Abb. 6.1.B, wenn man sie durch das Mikroskop betrachtet. Die Abb. 8.1. zeigt, wie vom Zwiebelhäutchen ein Präparat hergestellt wird. Christoph betrachtet sein Präparat unter dem Mikroskop.

Bei schwacher Vergrößerung sieht das Zwiebelhäutchen wie eine Wand aus Steinen aus. Die einzelnen Bausteine sind **Zellen.** Das Zwiebelhäutchen besteht aus vielen Zellen. Christoph sieht auch dickwandige, dunkle Kreise. Das sind Luftblasen, die das Bild unkenntlich machen. Er verschiebt sein Präparat auf dem Objekttisch so, dass keine Luftblasen mehr im Blickfeld sind.

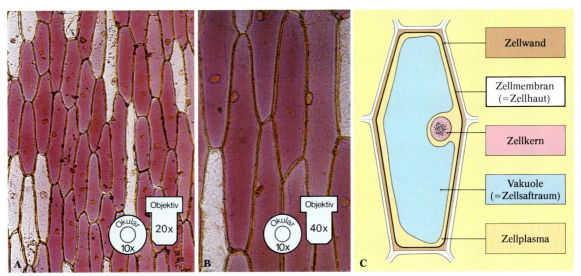

9.1. Zellen der Zwiebelhaut (Rote Zwiebel). *A, B Mikrofotos; C Schemazeichnung.*

Bei stärkerer Vergrößerung werden Einzelheiten einer Zelle sichtbar. Jede Zelle ist von einer **Zellhaut** und einer **Zellwand** umgeben. Die Zellhaut lässt sich mit Christophs Mikroskop nicht erkennen. Die Zellwand gibt der Zelle Festigkeit und bestimmt ihre Gestalt. An der Innenseite der Zelle befindet sich eine zähe Flüssigkeit, das **Zellplasma.** Im Zellplasma liegt ein rundliches Gebilde eingebettet. Das ist der **Zellkern.** Er steuert alle Lebensvorgänge in der Zelle.

Zellplasma und Zellkern sind in jeder Zelle vorhanden. Im mikroskopischen Bild treten sie nicht immer sichtbar hervor. Das Zellplasma schließt den **Zellsaftraum** ein. Der Zellsaft kann Farbstoffe enthalten, wie z.B. in vielen Blütenblättern.

Alle Lebewesen bestehen aus Zellen. Die Zelle ist die kleinste Einheit des Lebens.

1. Beschreibe die Herstellung eines Präparates der Zwiebelhaut! Betrachte hierzu Abb. 8.1.!

2. Welche Bestandteile einer Pflanzenzelle kann Christoph erkennen? Vergleiche mit Abb. 9.1.!

3. Welche Aufgaben hat der Zellkern?

4. Beschreibe mithilfe von Abb. 8.2., wie man von einem Moosblättchen ein mikroskopisches Präparat herstellt!

5. Wodurch unterscheidet sich eine Zwiebelhautzelle von einer Moosblättchenzelle? Betrachte hierzu Abb. 8.2. und 9.1.!

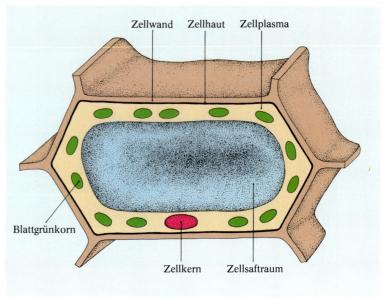

Zellwand   Zellhaut   Zellplasma

Blattgrünkorn

Zellkern   Zellsaftraum

10.1. Pflanzenzelle (Wasserpest)   **10.2. Schema einer Pflanzenzelle**

Pflanzliche und tierische Zellen unterscheiden sich

1. Nenne die Bestandteile einer pflanzlichen Zelle! Nimm Abb. 10.2. zu Hilfe!

2. Betrachte Abb. 11.1! Nenne die Bestandteile einer tierischen Zelle!

3. Nenne Gemeinsamkeiten von pflanzlichen und tierischen Zellen!

4. Worin unterscheiden sich pflanzliche und tierische Zellen?

5. Was verleiht allen grünen Pflanzen die Farbe?

6. Betrachte Abb. 11.3.! Beschreibe, wie du ein Präparat der Mundschleimhaut herstellst!

Christoph hat aus einem nahen Teich eine Wasserpestpflanze mit nach Hause genommen. Durch das Mikroskop betrachtet er ein Blatt. Er erkennt in den Blattzellen grüne Körner. Sie sind ihm bereits aus den Blattzellen von Moospflanzen bekannt.

Die grünen Körner heißen **Blattgrünkörner.** Sie liegen wie der Zellkern im Zellplasma. Sie verleihen allen grünen Pflanzenteilen die Farbe. Oft lässt sich eine Bewegung der Blattgrünkörner beobachten. Sie entsteht durch das Strömen des Zellplasmas. Durch die *Plasmaströmung* werden die Blattgrünkörner mitgerissen.

Jede Pflanzenzelle wird von einer *Zellhaut* und einer festen *Zellwand* aus Cellulose umgeben. Die Zellwand ist an verschiedenen Stellen durchlässig. Durch Poren können Wasser, Nährsalze und Nährstoffe in alle Zellen gelangen.

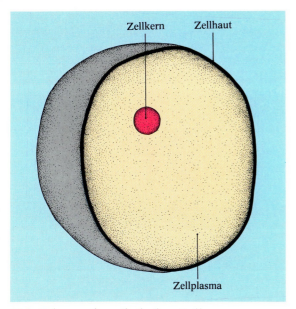

11.1. Schema einer tierischen Zelle

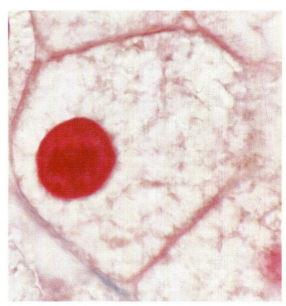

11.2. Zelle aus der Leber

Sind die Zellen von Menschen genauso wie Pflanzenzellen aufgebaut? Wir können ein Präparat unserer Mundschleimhaut nach Abb. 11.3. herstellen und mikroskopieren. Es wird uns helfen, die Frage zu beantworten.

Auch die Mundschleimhaut besteht aus Zellen. Sie besitzen jedoch keine festen Zellwände. Das *Zellplasma* ist von einer elastischen *Zellhaut* umgeben. Die Zellen sind daher verformbar. Im Zellplasma liegt der *Zellkern*. Es gibt weder Zellsafträume noch Blattgrünkörner. Dies sind Merkmale aller menschlichen und auch tierischen Zellen.

Alle Zellen enthalten einen Zellkern, der im Zellplasma liegt. Eine elastische Zellhaut umgibt die Zelle. Nur bei Pflanzenzellen kommen Zellsafträume, Blattgrünkörner und feste Zellwände vor.

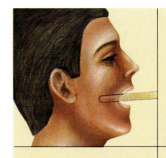

1. Fahre mit einem frischen Mundspatel oder einem Löffelstiel leicht an der Innenseite deiner Wange entlang!

Holzspatel

2. Verrühre den abgeschabten Belag in einem Tropfen Wasser auf einem Objektträger!

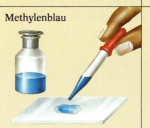

Methylenblau

3. Setze einen Tropfen Methylenblau-Lösung zu und lege dann ein Deckglas auf!

11.3. Präparat der Mundschleimhaut

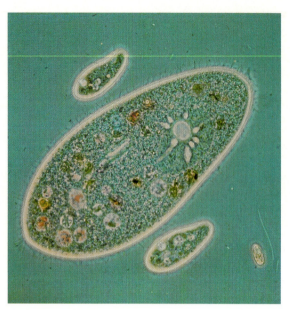

12.1. Pantoffeltierchen

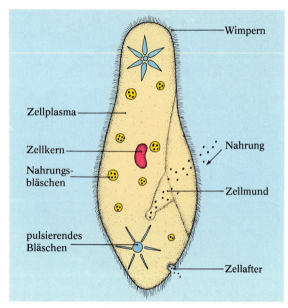

12.2. Bau eines Pantoffeltierchens

Eine Zelle – ein Lebewesen

1. Beschreibe die einzelnen Arbeitsschritte, um ein Pantoffeltierchen zu mikroskopieren!

2. Betrachte Abb. 12.1.! Wie kommen Pantoffeltierchen zu ihrem Namen?

3. Was haben Pantoffeltierchen und Amöben gemeinsam? Worin unterscheiden sie sich?

4. Beschreibe, wie sich Pantoffeltierchen und Amöben ernähren!

5. Nenne die Aufgaben der pulsierenden Bläschen!

6. Lies den Text im blauen Kasten auf Seite 13! Beschreibe, wie ein Heuaufguss anzusetzen ist!

Iris und Hasan nehmen an einer biologischen Arbeitsgemeinschaft teil. Heute soll ein **Heuaufguss** mit dem Mikroskop untersucht werden. Sie entnehmen mit der Pipette einen Wassertropfen unterhalb der Oberflächenhaut und stellen ein Präparat her.

Im mikroskopischen Bild wimmelt es von kleinen Lebewesen. Besonders fallen solche mit pantoffelähnlicher Gestalt auf. Sie bewegen sich schnell und ändern oft ruckartig ihre Richtung. Es sind **Pantoffeltierchen.** Ihr Körper besteht nur aus einer Zelle. Es sind *Einzeller.*

Die Körperoberfläche der Pantoffeltierchen ist mit *Wimpern* bedeckt. Mit den Wimpern bewegen sie sich fort. Pantoffeltierchen ernähren sich vorwiegend von Bakterien. Die Nahrung wird durch den Zellmund aufgenommen und in *Nahrungsbläschen* eingeschlossen.

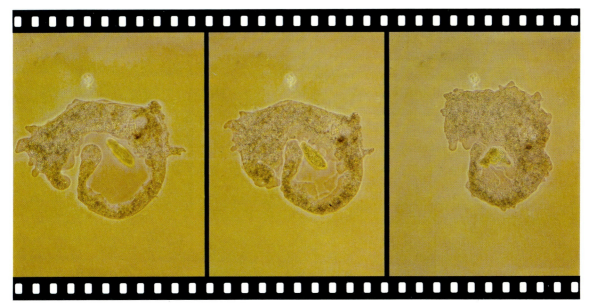

13.1. Nahrungsaufnahme und Fortbewegung bei der Amöbe

Die Nahrungsbläschen wandern durch den Körper. Dabei wird die Nahrung verdaut. Die Reste werden durch den *Zellafter* ausgeschieden. Die *pulsierenden Bläschen* haben ähnliche Aufgaben wie die Nieren unseres Körpers. Sie scheiden Wasser und darin gelöste Abfallstoffe aus.

Amöben sind im mikroskopischen Bild nicht so leicht zu erkennen wie Pantoffeltierchen. Sie verändern dauernd ihre Gestalt und bewegen sich dadurch fort. Auch sie gehören zu den einzelligen Lebewesen. Amöben ernähren sich z.B. von Pantoffeltierchen. Sie umschließen ihre Nahrung mit dem ganzen Körper. Abfallstoffe werden an der Zelloberfläche ausgeschieden.

Der Körper von Pantoffeltierchen und Amöben besteht nur aus einer Zelle. Sie gehören zu den Einzellern.

Leben im Heuaufguss

nach 10 Tagen

1. In ein Glasgefäß etwas Heu geben!

2. Leitungswasser und etwas Tümpelwasser einfüllen! Gefäß abdecken!

3. Gefäß ans Fenster stellen!

4. Nach etwa 10 Tagen haben sich viele Pantoffeltierchen entwickelt.

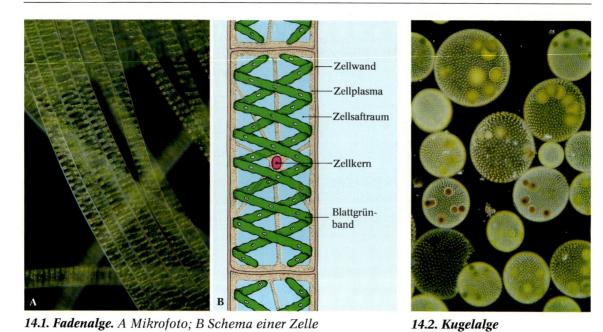

14.1. Fadenalge. *A Mikrofoto; B Schema einer Zelle*   **14.2. Kugelalge**

Zellwand
Zellplasma
Zellsaftraum
Zellkern
Blattgrün-
band

Vielzeller – Lebewesen aus vielen Zellen

1. Wo kommen Fadenalgen vor?

2. Wie sind Fadenalgen gebaut?
   Betrachte Abb. 14.1.!

3. Was zeigt die grüne Farbe bei Algen an?

4. Betrachte Abb. 14.2.: Wie sind Kugelalgen gebaut?

5. Wie vermehren sich Kugelalgen?

6. Wodurch unterscheiden sich Faden-algen und Kugelalgen?

7. Wovon leitet sich der Name Wasser-floh ab?

8. Welcher Tiergruppe gehören die Wasserflöhe an?

Manuela begleitet ihre Großmutter zum Friedhof. An einem der vielen Wasserbecken bleibt sie stehen. Im Wasser erkennt sie grüne Fäden und kleine, sich ruckartig bewegende Tiere. Manuela nimmt etwas Wasser mit in die Schule.

Die grünen Fäden heißen **Fadenalgen.** Sie kommen in Gewässern häufig vor. Unter dem Mikroskop wird sichtbar, dass ein Faden aus vielen Zellen besteht. Alle Zellen sind gleich gebaut. Sie bilden eine lange Kette. Die grüne Farbe zeigt an, dass die Algen *Blattgrünkörner* enthalten, also zu den Pflanzen gehören.

Bei den **Kugelalgen,** die ebenfalls im Wasser leben, bilden Hunderte kleiner grüner Zellen eine hohle Kugel. Die Zellen liegen in einer gallertartigen Masse und sind miteinander verbunden. Im Innern der Kugeln entwickeln sich *Tochterkugeln*.

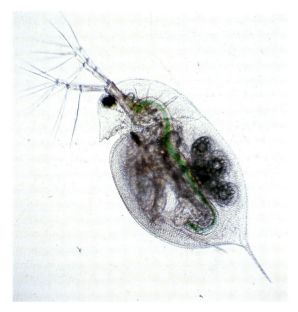

15.1. Wasserfloh

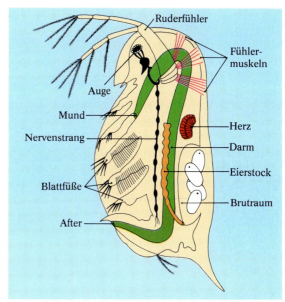

15.2. Bau eines Wasserflohs

Kugelalgen bestehen aus Zellen mit unterschiedlichen Aufgaben. Die meisten Zellen dienen der Ernährung und Fortbewegung. Einige Zellen übernehmen die Fortpflanzung.

Die schwebenden kleinen Tiere heißen **Wasserflöhe.** Im mikroskopischen Bild werden zahlreiche *Organe* sichtbar. Am Kopf befinden sich zwei *Ruderfühler,* mit denen sich die Tiere ruckartig fortbewegen. Davon leitet sich ihr Name ab. Ihr Körper ist durch eine zweiklappige Schale geschützt. Wasserflöhe gehören zu den Kleinkrebsen. Von der Mundöffnung bis zum After erstreckt sich der *Darm.* Im *Brutraum* befinden sich oft Eier oder Jungtiere. Oberhalb des Brutraums fällt das schlagende *Herz* auf. Der schwarze Fleck im Kopf ist das *Auge.*

Fadenalgen, Kugelalgen und Wasserflöhe sind Vielzeller.

9. Nenne Organe, die du beim Wasserfloh mithilfe des Mikroskops unterscheiden kannst!
Betrachte dazu Abb. 15.1. und 15.2.!

10. Beschreibe den Aufbau eines vielzelligen Lebewesens am Beispiel des Wasserflohs!

11. Wodurch unterscheiden sich einzellige und vielzellige Lebewesen?

12. Überlege, wie du Präparate von Fadenalge und Kugelalge herstellst!

13. Überlege, wie du ein Präparat vom Wasserfloh herstellst!

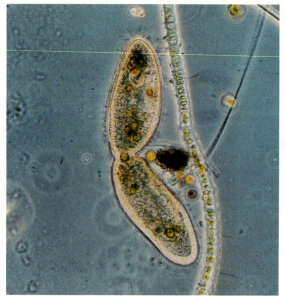

16.1. Pantoffeltierchen in Teilung

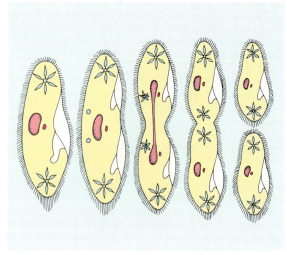

16.2. Querteilung beim Pantoffeltierchen

Kein Wachstum ohne Zellteilung

1. Beschreibe, wie sich Pantoffeltierchen teilen! Betrachte dazu Abb. 16.1. und 16.2.!

2. Betrachte Abb. 17.1.! Beschreibe, wie die Wurzelspitze wächst!

3. Was geschieht mit den Zellen nach der Zellteilung?

4. Wodurch wachsen Pflanzen, Tiere und Menschen?

5. Wann ist das Wachstum bei Mädchen und bei Jungen abgeschlossen?

Lisa kommt am Morgen aufgeregt zur Schule. Sie hat am Tag zuvor im Fernsehen einen Film über einzellige Lebewesen gesehen. Nun weiß sie auch, dass sich Pantoffeltierchen und Amöben bei Trockenheit einkapseln. So können sie lange überdauern.

Besonders eindrucksvoll war für Lisa, wie sich Pantoffeltierchen vermehren. Die Tiere schnüren sich in der Mitte ein, bis aus einem Tier zwei geworden sind. Diese nur halb so großen Tiere wachsen dann bis auf ihre normale Größe heran. Dann beginnt der Teilungsvorgang von neuem, bis zu siebenmal am Tag. Aus einem Tier können so im Laufe eines Tages über hundert Nachkommen entstehen.

Die **Zellteilung** lässt sich auch an Pflanzenzellen beobachten. Zunächst teilt sich der *Zellkern*. Dann entwickelt sich in der Mitte der Zelle eine neue *Zellwand*.

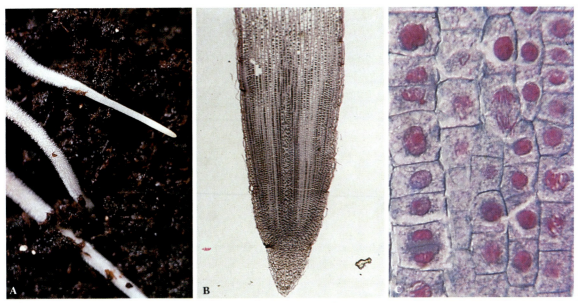

17.1. Wurzelspitze. A im Boden; B Längsschnitt; C Ausschnitt aus B.

Aus einer Zelle entstehen zwei. Diese nur halb so großen Zellen wachsen bis zur normalen Größe heran.

Die Abb. 17.1.C zeigt deutlich, dass sich an der Wurzelspitze ständig Zellen teilen und dabei vermehren. Daher wächst die Wurzelspitze. *Zellvermehrung* bedeutet also gleichzeitig *Wachstum*.

Wachstum ist somit bei Pflanzen, bei Tieren und beim Menschen an Zellteilung gebunden. Ein junger Mensch wächst so lange, wie sich die Anzahl seiner Körperzellen vermehrt. Bei Mädchen ist das Wachstum überwiegend schon mit 16 Jahren abgeschlossen, bei Jungen mit 18 Jahren.

Lebewesen bestehen aus Zellen. Die Zellen vermehren sich durch Teilung. Die Zellvermehrung bedeutet zugleich Wachstum.

17.2. Kleinkind mit Mutter

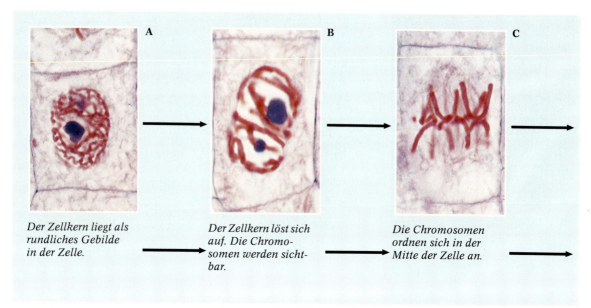

Der Zellkern liegt als rundliches Gebilde in der Zelle.

Der Zellkern löst sich auf. Die Chromosomen werden sichtbar.

Die Chromosomen ordnen sich in der Mitte der Zelle an.

18.1. Eine Pflanzenzelle teilt sich

Zellteilung – was geschieht da?

1. Erkläre, wie Lebewesen wachsen!

2. Was sind Chromosomen?

3. Beschreibe, wie ein Chromosom gebaut ist!

4. Was sind Gene?

5. Wie viele Chromosomen sind in jeder menschlichen Körperzelle? Woher stammen sie?

6. Betrachte Abb. 18.1.! Welcher Vorgang folgt, nachdem sich die Chromosomen in der Mitte angeordnet haben?

7. Betrachte Abb. 18.1.! Decke den Text ab und beschreibe mit eigenen Worten, wie sich eine Pflanzenzelle teilt!

Du wächst, weil sich die Zellen deines Körpers vervielfachen. Zellen vermehren sich durch Teilung. Aber nur bei starker Vergrößerung wird sichtbar, was bei einer Zellteilung geschieht.

In jeder Zelle deines Körpers liegen im Zellkern die Kernschleifen oder **Chromosomen.** Sie sehen aus wie Fäden. Die Chromosomen tragen alle Erbanlagen, die du von Mutter und Vater mitbekommen hast. Die Erbanlagen heißen *Gene.* In jeder Körperzelle befinden sich 46 Chromosomen, und zwar 23 von der Mutter und 23 vom Vater.

Bei der Zellteilung werden die Chromosomen sichtbar. Sie ordnen sich in der Mitte der Zelle an. Jedes Chromosom besteht aus zwei gleichen Teilen, die miteinander verbunden sind. Die Chromosomen spalten sich der Länge nach auf und wandern auseinander.

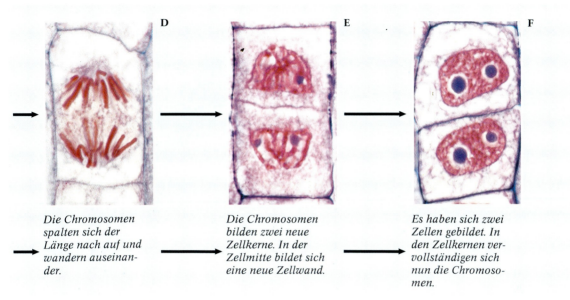

D | E | F

Die Chromosomen spalten sich der Länge nach auf und wandern auseinander.

Die Chromosomen bilden zwei neue Zellkerne. In der Zellmitte bildet sich eine neue Zellwand.

Es haben sich zwei Zellen gebildet. In den Zellkernen vervollständigen sich nun die Chromosomen.

19.1. Fortsetzung von Abb. 18.1.

Sie bilden zwei neue Zellkerne. Bei pflanzlichen Zellen entsteht in der Mitte eine neue Zellwand. Bei tierischen und menschlichen Zellen schnürt sich die Zelle so ein, dass zwei Tochterzellen entstehen. Jede Tochterzelle wächst zur Größe der Mutterzelle heran. Bis zur nächsten Teilung bildet jedes Chromosom die fehlende Hälfte wieder aus. Bei der Zellteilung werden alle Erbanlagen an die Tochterzellen weitergegeben.

Die Anzahl der Chromosomen ist nicht bei allen Lebewesen gleich. Pferde haben in jeder Körperzelle 64, Karpfen 104, Maispflanzen 20 und Sonnenblumen 34 Chromosomen.

Die Erbanlagen liegen auf den Chromosomen. Bei der Zellteilung werden alle Erbanlagen weitergegeben.

8. Wodurch unterscheidet sich die Teilung einer pflanzlichen Zelle von der Teilung einer tierischen Zelle?

9. Erkläre, warum sich die Anzahl der Chromosomen bei der Zellteilung nicht verändert!

10. Warum werden bei aufeinander folgenden Zellteilungen die Zellen nicht immer kleiner?

11. Gehe von einer Zelle aus!
    a) Stelle zeichnerisch die ersten 5 Teilungen dar!
    b) Berechne, wie viel Zellen nach 10 Teilungen entstanden sind!

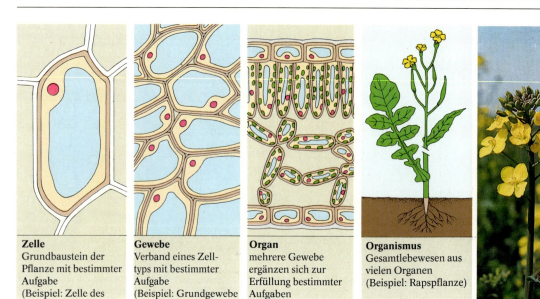

Zelle
Grundbaustein der
Pflanze mit bestimmter
Aufgabe
(Beispiel: Zelle des
          Blattstiels)

Gewebe
Verband eines Zell-
typs mit bestimmter
Aufgabe
(Beispiel: Grundgewebe
          des Blattstiels)

Organ
mehrere Gewebe
ergänzen sich zur
Erfüllung bestimmter
Aufgaben
(Beispiel: Laubblatt)

Organismus
Gesamtlebewesen aus
vielen Organen
(Beispiel: Rapspflanze)

20.1. Bausteine des Organismus Rapspflanze

Verschiedene Zellen – verschiedene Aufgaben

1. Beschreibe, wie eine Rapspflanze
   gegliedert ist!

2. Nenne die Aufgaben der unterschiedlichen Pflanzenteile einer Blüten-
   pflanze!

3. Betrachte Abb. 20.1.!
   Erkläre die Begriffe Zelle, Gewebe,
   Organ und Organismus am Beispiel
   der Rapspflanze!

4. Betrachte Abb. 21.1.!
   Erkläre die Begriffe Zelle, Gewebe,
   Organ und Organismus am Beispiel
   des Wasserflohs!

5. Nenne Gewebe und Organe bei
   Pflanzen und Tieren!

6. Betrachte Abb. 21.1.! Nenne die
   Aufgaben der verschiedenen Zellen
   des menschlichen Körpers!

Vielzellige Lebewesen bestehen aus unvorstellbar vielen Zellen. Sind die Zellen alle
gleich oder unterscheiden sie sich? Die Untersuchung einer Rapspflanze soll uns helfen, diese Frage zu beantworten. Die Rapspflanze wird über einen halben Meter hoch.
Sie gliedert sich in Blüten, Stängel, Blätter
und Wurzeln.

An einem Blattquerschnitt erkennt man
durch das Mikroskop, dass nicht alle **Zellen**
gleich sind. Die Zellen der Blattoberhaut
sind anders geformt als die Zellen im Innern
des Blattes. Das Blatt besteht aus verschie-
nen Zelltypen. Zellen des gleichen Typs haben stets eine gemeinsame Aufgabe und bilden ein **Gewebe.** Mehrere Gewebe mit unterschiedlichen Aufgaben bilden ein **Organ.**
Das Blatt ist ein Organ. Der Stängel und die
anderen Pflanzenteile sind ebenfalls Organe.
Viele Organe bilden einen **Organismus.** Die
Rapspflanze ist ein Organismus.

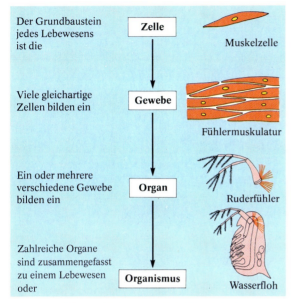

Der Grundbaustein jedes Lebewesens ist die

| Zelle |

Muskelzelle

Viele gleichartige Zellen bilden ein

| Gewebe |

Fühlermuskulatur

Ein oder mehrere verschiedene Gewebe bilden ein

| Organ |

Ruderfühler

Zahlreiche Organe sind zusammengefasst zu einem Lebewesen oder

| Organismus |

Wasserfloh

21.1. Der Wasserfloh, ein vielzelliges Lebewesen

Zellen, Gewebe und Organe gibt es auch bei *Tieren* und beim *Menschen*. Im durchsichtigen Körper des Wasserflohs kannst du zahlreiche Organe erkennen. Auch der Wasserfloh ist ein Organismus.

Bei den Wirbeltieren und beim Menschen ist die Ausbildung der Organe und Gewebe am weitesten fortgeschritten. Muskelzellen bilden Muskelgewebe und ermöglichen uns die Bewegung. Andere wichtige Aufgaben werden vom Nervengewebe, vom Blutgewebe und vom Drüsengewebe erfüllt.

Ein Organismus besteht aus verschiedenen Zellen mit verschiedenen Aufgaben. Die Zellen bilden Gewebe und Organe.

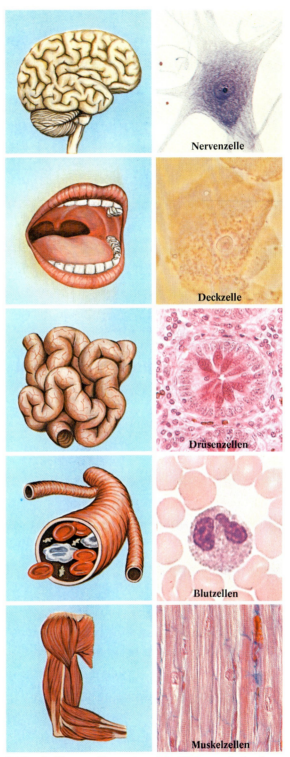

Nervenzelle

Deckzelle

Drüsenzellen

Blutzellen

Muskelzellen

21.2. Zellen mit unterschiedlichen Aufgaben beim Menschen

Bau und Leistungen des menschlichen Körpers

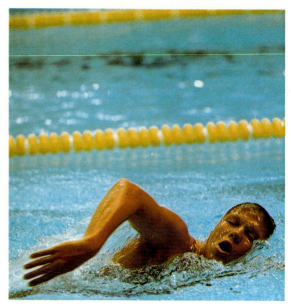

22.1. Luftholen beim Kraulen

Atmen ist lebensnotwendig

1. Miss mit der Stoppuhr, wie lange du den Atem anhalten kannst! Beschreibe, was du gegen Ende dieser Zeit fühlst!

2. Zähle deine Atemzüge in einer Minute
   a) im Sitzen
   b) nachdem du 10 Kniebeugen gemacht hast!
   Vergleiche und erkläre!

3. Betrachte Abb. 23.1.! Wann braucht man wenig Luft, wann viel?

4. Kann man das Atmen vergessen?

5. Stülpe ein Glas über eine brennende Kerze! Was geschieht? Erkläre deine Beobachtung!

Wie lange kannst du beim Tauchen unter Wasser bleiben? Viel länger als eine Minute wirst du es kaum aushalten. Dann musst du an die Oberfläche schwimmen und Luft holen. Atmen ist lebensnotwendig.

Die **Atmung** geschieht unbewusst. Das bedeutet: Wir merken gewöhnlich nicht, dass wir atmen. Auch wenn wir schlafen, atmen wir.

Es hängt von der Tätigkeit ab, wie viel Luft wir brauchen. Im Liegen machen wir etwa 13 Atemzüge in einer Minute, im Sitzen 19, im Stehen schon 22. Bei einem erschöpften Läufer können es 60 Atemzüge in der Minute sein. Je mehr wir uns anstrengen, desto mehr müssen wir atmen.

Mit jedem Atemzug saugen wir Luft in die Lunge ein: bei flacher Atmung etwa einen halben Liter, bei tiefer Atmung etwa 3 Liter.

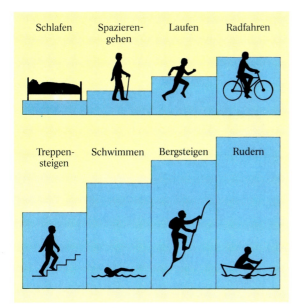

23.1. Wie viel Luft brauchen wir?

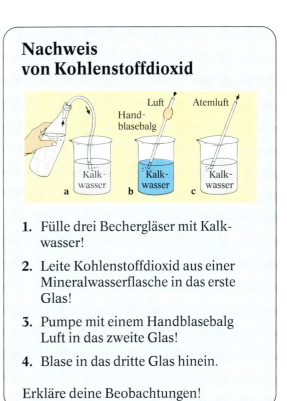

23.2. Luft ist ein Gasgemisch

Luft ist ein Gemisch aus verschiedenen Gasen. Sie enthält Stickstoff, Sauerstoff, Kohlenstoffdioxid und Edelgase. Der Sauerstoff ist wichtig; denn in den Zellen unseres Körpers werden Nährstoffe umgewandelt. Dieser Vorgang ist eine Verbrennung, jedoch ohne offene Flamme. Jede Verbrennung benötigt Sauerstoff.

Beim Atmen wird der Luft *Sauerstoff* entnommen. Bei der Verbrennung der Nährstoffe entsteht *Kohlenstoffdioxid*, das wir wieder ausatmen. Die ausgeatmete Luft ist also ärmer an Sauerstoff und reicher an Kohlenstoffdioxid als die eingeatmete Luft.

Beim Atmen entnehmen wir der Luft Sauerstoff und geben Kohlenstoffdioxid an sie ab.

Nachweis von Kohlenstoffdioxid

1. Fülle drei Bechergläser mit Kalkwasser!

2. Leite Kohlenstoffdioxid aus einer Mineralwasserflasche in das erste Glas!

3. Pumpe mit einem Handblasebalg Luft in das zweite Glas!

4. Blase in das dritte Glas hinein.

Erkläre deine Beobachtungen!

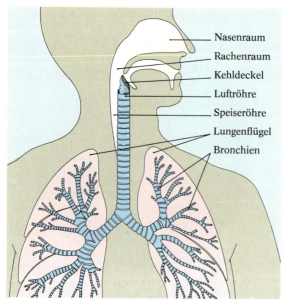

24.1. Die Atmungsorgane

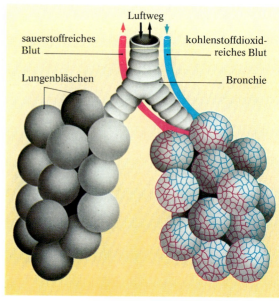

24.2. Lungenbläschen

Der Weg der Atemluft

1. Beschreibe den Weg der Atemluft! Nimm Abb. 24.1. zu Hilfe!

2. Warum ist es gesünder, durch die Nase statt durch den Mund zu atmen?

3. Betrachte Abb. 24.1.! Welche Aufgabe hat der Kehldeckel?

4. Was geschieht in den Lungenbläschen?

5. Wozu braucht der Körper Sauerstoff?

Achte einmal darauf, wie du atmest! Oft öffnest du dabei deinen *Mund.* Gesünder ist es jedoch, durch die *Nase* zu atmen, denn die Nase hält wie ein Filter Staub und Bakterien zurück. Die Luft wird angewärmt und befeuchtet. Vor schädlichen Gasen kann uns unser Geruchssinn warnen.

Die Atemluft gelangt über *Rachen* und *Kehlkopf* in die **Luftröhre,** die sich am unteren Ende in zwei Äste teilt. Man nennt sie **Bronchien.** Sie führen in die beiden *Lungenflügel.* Dort verzweigen sie sich immer weiter wie die Äste eines Baumes.

Am Ende der feinen Röhrchen sitzen die **Lungenbläschen.** Jedes ist von einem Netz feiner Blutgefäße umsponnen. So kann das Blut den Sauerstoff aus der eingeatmeten Luft aufnehmen. Gleichzeitig wird Kohlenstoffdioxid aus dem Blut abgegeben. Dieses Gas atmen wir aus.

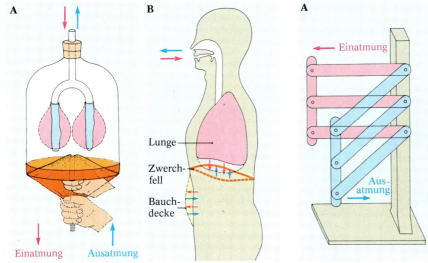

25.1. Bauchatmung. *A Modell; B beim Menschen.*

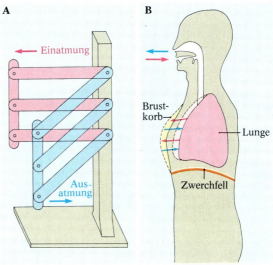

25.2. Brustatmung. *A Modell; B beim Menschen.*

Die Lunge hat keine Muskeln und kann daher das Einatmen und Ausatmen nicht selbst ausführen. Sie macht vielmehr jede Bewegung des Brustraumes mit. Wenn er sich vergrößert, wird wie bei einem Blasebalg Luft in die beiden Lungenflügel gesaugt. Wenn sich der Brustraum verkleinert, wird die Luft herausgepresst.

Der Brustraum kann sich auf zweierlei Weise verändern: Bei der *Bauchatmung* ziehen Muskeln das Zwerchfell zum Bauch hin. Dadurch wird der Brustraum vergrößert. Bei größerem Luftverbrauch, z.B. bei sportlichen Übungen, reicht diese Atemweise nicht mehr aus. Dann hebt und senkt sich der ganze Brustkorb. Bei dieser *Brustatmung* gelangt mehr Luft in die Lungen als bei der Bauchatmung.

Die Luft gelangt über die Atemwege bis zu den Lungenbläschen.

6. Betrachte Abb. 25.1.A! Was geschieht bei dem dargestellten Modellversuch?

7. Warum wölbt sich während der Bauchatmung beim Einatmen der Bauch etwas heraus?

8. Baue nach Abb. 25.2.A ein Brustkorbmodell! Erläutere daran, was bei der Brustatmung geschieht!

9. Warum strömt bei der Brustatmung mehr Luft in die Lunge als bei der Bauchatmung?

10. Stelle bei einem Mitschüler die Veränderung des Brustumfanges bei der Brustatmung mit einem Maßband fest!

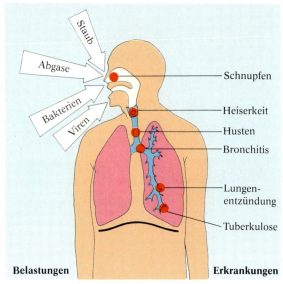

26.2. *Erkrankungen der Atmungsorgane*

26.1. *Schlechte und gute Luft*

Was schadet unseren Atmungsorganen?

1. Wieso wird die Luft mit der Zeit schlechter, wenn sich in einem geschlossenen Raum viele Menschen aufhalten?

2. Wodurch wird die Luftverschmutzung in den Großstädten verursacht?

3. Wodurch schaden Raucher sich selbst und anderen Menschen?

4. Was versteht man unter frischer Luft? Wo findet man sie?

„Bei dieser schlechten Luft kann man nicht arbeiten", sagt der Lehrer, als er den Klassenraum der 7a betritt. Als die Fenster geöffnet sind, merkt auch die Klasse den Unterschied. Luft ist nicht gleich Luft. Unser Körper braucht frische Luft.

In Großstädten hilft es oft nicht viel, das Fenster zu öffnen; denn die Luft ist dort durch Staub, Auto- und Industrieabgase stark verschmutzt. Im Winter kommt noch der Rauch aus den Schornsteinen der Häuser hinzu. Alle diese Verunreinigungen der Luft belasten unsere Atmungsorgane. Mattigkeit, Kopfweh und Krankheiten können die Folge sein.

Deshalb sollten wir viel in die freie Natur gehen. In den Wäldern, im Gebirge und an der See ist die Luft relativ sauber. Besonders Bewegung in frischer Luft hält unseren Körper gesund.

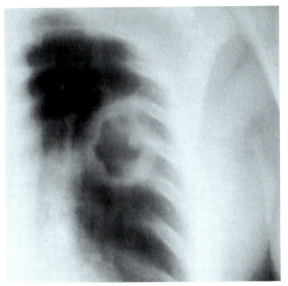

27.2. Autoabgase gefährden besonders Kinder

27.1. Offene Tuberkulose (Röntgenbild)

Durch die Atemluft gelangen Krankheitserreger in unseren Körper. Sie können in den oberen Atemwegen Entzündungen hervorrufen. Husten, Schnupfen und Heiserkeit sind die Folgen. Diese alltäglichen Erkältungskrankheiten sind meistens nach einigen Tagen überwunden.

Tritt bei einer Erkrankung der Atmungsorgane Fieber auf, sollte man den Arzt hinzuziehen. Er kann an den Atemgeräuschen feststellen, ob etwa die Bronchien entzündet sind und eine **Bronchitis** vorliegt. Noch gefährlicher ist eine **Lungenentzündung.** Die schwerste Infektionskrankheit der Lunge ist die **Lungentuberkulose** (Tbc). Sie kann heute durch Medikamente geheilt werden, wenn man sie rechtzeitig behandelt.

Unsere Atmungsorgane können durch verschmutzte Luft und Krankheiten geschädigt werden.

5. Nenne Erkältungskrankheiten! Wie behandelt man sie? Wie kann man vorbeugen?

6. Betrachte Abb. 26.2.! Wodurch können unsere Atmungsorgane geschädigt werden?

7. Informiere dich in einem Schülerlexikon über Tuberkulose! Warum tritt diese Krankheit heute nicht mehr so häufig auf wie früher?

8. Nenne Regeln, wie du deine Atmungsorgane gesund erhalten kannst!

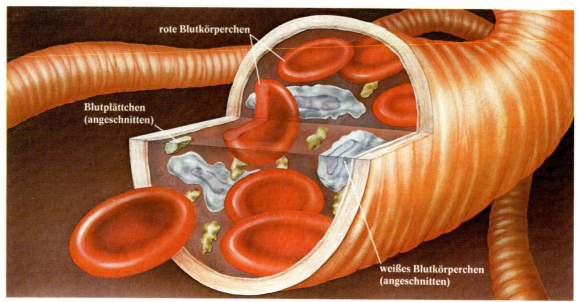

rote Blutkörperchen

Blutplättchen
(angeschnitten)

weißes Blutkörperchen
(angeschnitten)

28.1. Bestandteile des Blutes (Schema)

Blut – eine kostbare Flüssigkeit

1. Betrachte Abb. 29.1.!
   Nenne die Bestandteile des Blutes!

2. Welche Aufgabe haben die roten
   Blutkörperchen?

3. Wie machen die weißen Blutkörperchen Fremdkörper in einer Wunde
   unschädlich? Vergleiche sie mit einer
   Amöbe (Abb. 13.1.)!

4. Beschreibe, wie die Gerinnung des
   Blutes abläuft!

5. Welche Blutgruppen gibt es?

6. Was muss man bei einer Blutübertragung beachten?

Birgit hat sich mit der Nadel gestochen. Ein Tropfen Blut fällt auf ihre weiße Kordhose und verursacht einen roten Fleck.

Die Farbe des Blutes stammt von den **roten Blutkörperchen.** Sie sind sehr klein und nur mithilfe eines Mikroskops zu erkennen. Sie transportieren den Sauerstoff zu den Körperzellen. Neben den roten Blutkörperchen enthält das Blut noch **weiße Blutkörperchen.** Sollten Schmutz oder Krankheitserreger in Birgits Wunde gelangt sein, werden sie von den weißen Blutkörperchen umschlossen und unschädlich gemacht.

Bald entsteht über Birgits Wunde Schorf. Gerinnungsstoffe im Blut und in den **Blutplättchen** bilden ein feines Netz, in dem Blutkörperchen hängen bleiben. Diesen Vorgang nennt man *Blutgerinnung.* Die feste Kruste sorgt dafür, dass die Wunde geschützt bleibt, bis sie verheilt ist.

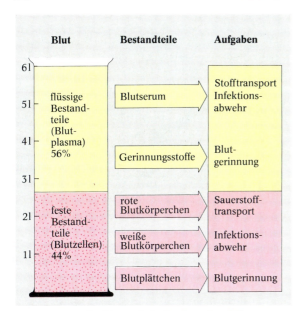

29.1. Bestandteile und Aufgaben des Blutes

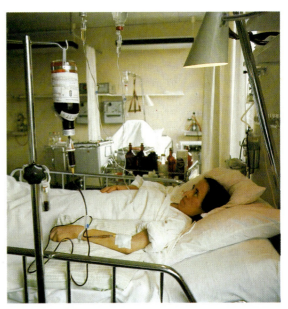

29.2. Blutübertragung

Die festen Bestandteile des Blutes schwimmen in einer Flüssigkeit, die man **Blutplasma** nennt. Im Blutplasma werden gelöste Nährstoffe zu den Zellen gebracht und Abfallstoffe – auch das schädliche Kohlenstoffdioxid – wieder abtransportiert.

Ein Erwachsener hat ungefähr 6 Liter Blut im Körper. Bei großem Blutverlust muss eine Blutübertragung vorgenommen werden. Dabei muss man auf die **Blutgruppen** achten. Es gibt vier Blutgruppen: A, B, AB und 0. Die Blutgruppen von *Spender* und *Empfänger* müssen übereinstimmen. Würde z.B. das Blut der Blutgruppe A mit Blut der Blutgruppe B zusammentreffen, würde es verklumpen.

Blut besteht aus flüssigem Blutplasma, aus den roten Blutkörperchen, den weißen Blutkörperchen und den Blutplättchen.

Blut unter dem Mikroskop

Zu Blutuntersuchungen entnimmt der Arzt aus der Fingerkuppe oder aus dem Ohrläppchen etwas Blut. Es wird auf einem Objektträger ausgestrichen. Dieser **Blutausstrich** wird unter dem Mikroskop untersucht.

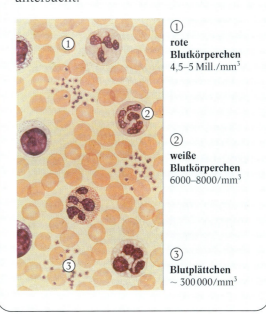

① rote Blutkörperchen 4,5–5 Mill./mm³

② weiße Blutkörperchen 6000–8000/mm³

③ Blutplättchen ~ 300 000/mm³

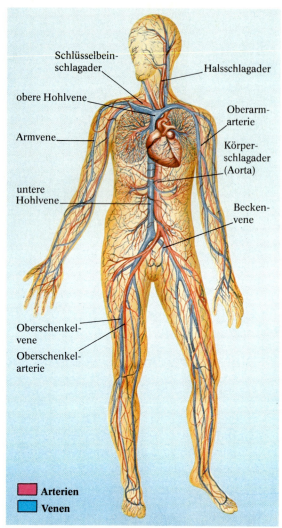

30.1. Blutgefäße versorgen alle Teile des Körpers

---

1. Beschreibe den Weg des Blutes durch den Körper!

2. Betrachte Bild 30.2.! Welche zwei Teilkreisläufe könnte man unterscheiden? Welcher ist größer?

3. Was sind Arterien? Zeige sie auf Abb. 30.2.!

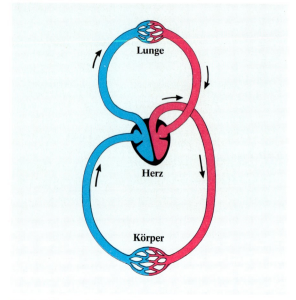

30.2. Blutkreislauf (Schema)

Der Kreislauf des Blutes

Wie die Häuser einer Stadt müssen unsere Körperzellen versorgt und entsorgt werden. Diese Aufgaben erfüllt das Blut, das in einem Kreislauf den Körper durchströmt.

Zunächst wird das Blut vom Herzen in die Lunge gepumpt. Dort gibt es Kohlenstoffdioxid ab und nimmt Sauerstoff auf. Dann fließt es zum Herzen zurück. Nun wird es durch die Körperschlagader (Aorta) in den ganzen Körper gepumpt.
Im Körper verzweigen sich die Blutgefäße immer mehr, bis sie zu ganz dünnen Adern werden, die man **Haargefäße** (Kapillaren) nennt. So kann jede einzelne Körperzelle mit Sauerstoff und Nährstoffen versorgt werden.
Ihre Abfallstoffe gibt die Zelle an andere Haargefäße ab. Diese verbinden sich zu immer größeren Adern und führen das Blut zum Herzen zurück. Der **Blutkreislauf** beginnt von neuem.

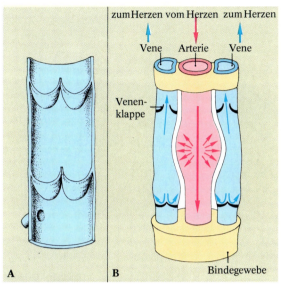

31.1. Bluttransport in den Venen. *A Venenklappen; B Pulsschlag einer Arterie*

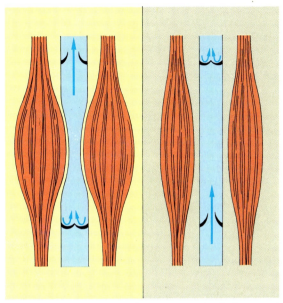

31.2. Bluttransport in den Venen (Muskelpumpe)

Blutgefäße, die vom Herzen wegführen, nennt man **Arterien.** Zu ihnen gehört auch die große Schlagader, die du am Hals oder am Handgelenk ertasten kannst. In Arterien herrscht ein hoher Druck. Verletzungen sind lebensgefährlich, da man dabei leicht verbluten kann.

In den **Venen** fließt das Blut zum Herzen zurück. Die Saugkraft des Herzens reicht aber nicht aus, um das Blut zum Beispiel aus den Beinen ins Herz zurückzubefördern. Deshalb helfen Arterien und Muskeln beim Bluttransport mit. In bestimmten Abständen gibt es *Taschenklappen.* Sie verhindern wie Ventile das Zurückfließen des Blutes. Deshalb kann das Blut nur in Richtung Herz strömen.

Zum Blutkreislauf gehören Herz, Arterien und Venen.

4. Suche die Schlagadern an deinem Hals und an deinem Handgelenk!

5. Warum sind Verletzungen der Schlagadern lebensgefährlich?

6. Wodurch wird der Rückfluss des Blutes in den Venen unterstützt? Erkläre mithilfe von Abb. 31.1. und 31.2.!

7. Welche Aufgabe haben die Taschenklappen? Vergleiche sie mit Ventilen!

8. Bei Abschürfungen der Haut sieht man manchmal kleine rote Pünktchen. Wodurch können sie entstanden sein?

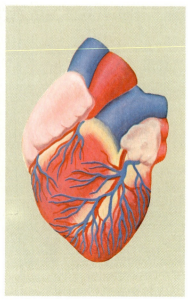

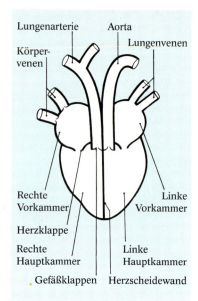

32.1. Künstliches Herz

32.2. Das Herz. Gesamtansicht

32.3. Das Herz. Schema

Das Herz – eine unermüdliche Pumpe

1. Wie viel Liter Blut pumpt das Herz
   a) in einer Stunde,
   b) an einem Tag durch den Körper?

2. Betrachte Abb. 32.2.A! Welche Aufgabe haben die Herzkranzgefäße?

3. Welche Aufgabe haben die Herzklappen?

4. Zeige auf Abb. 32.2.B Herzkammern und Herzklappen! Vergleiche dazu Abb. 33.1.!

1982 gelang in Amerika erstmals die Einpflanzung eines *künstlichen Herzens.* Mit dieser mechanischen Pumpe konnte der Patient 112 Tage überleben.

In der Tat kann man das Herz mit einer Pumpe vergleichen. Es schlägt ein Leben lang beim ruhenden Erwachsenen 60- bis 70-mal in der Minute und presst dabei etwa 10 Liter Blut in die Arterien.

Das Herz ist ein **Hohlmuskel** von der Größe einer Faust. Wenn sich der Muskel zusammenzieht, wird er dicker und der Hohlraum kleiner. Dadurch wird das Blut herausgepresst. Erschlafft der Muskel, wird der Hohlraum größer und Blut wird in das Herz eingesaugt.

Das Herz ist von Adern umgeben, die es ständig mit Blut versorgen. Diese Adern heißen **Herzkranzgefäße.**

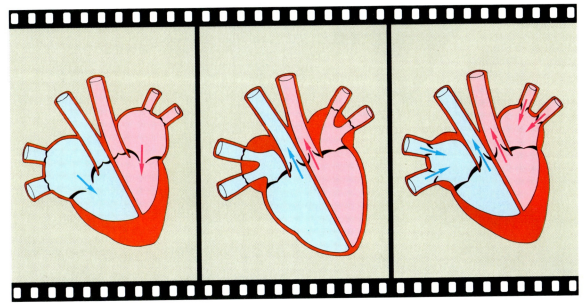

33.1. Das Herz arbeitet im Zweitakt

Eine Mittelwand teilt das Herz in zwei Hälften. Jede Hälfte besteht aus einer **Vorkammer** und einer **Hauptkammer.** *Herzklappen* sorgen wie Ventile dafür, dass das Blut immer nur in eine Richtung fließt.

Das Herz arbeitet im Zweitakt. Wenn es sich zusammenzieht, presst die linke Hauptkammer Blut in die Körperschlagader, die rechte Hauptkammer Blut in die Lungenarterie. Wenn sich das Herz wieder ausdehnt, strömt Blut aus den Lungenvenen in die linke Hauptkammer. In die rechte Hauptkammer strömt Blut aus den Körpervenen. Beide Herzhälften arbeiten also getrennt.
Der Pumpstoß des Herzens überträgt sich auf die Schlagadern. Man fühlt diesen Pumpstoß als Puls zum Beispiel an der Schlagader des Handgelenkes.

Das Herz pumpt das Blut durch die Blutgefäße.

5. Beschreibe an Hand von Abb. 33.2., wie das Herz arbeitet!

6. Miss deinen Puls 15 Sekunden lang und mache dann zehn Kniebeugen! Miss wieder und vergleiche! Was schließt du aus den beiden Messergebnissen?

7. Erkläre den Namen Schlagader!

8. Woran erkennt man, ob eine Vene oder eine Schlagader verletzt ist?

9. Auf der linken Herzseite ist der Muskel der Hauptkammer dicker und stärker. Warum wohl?

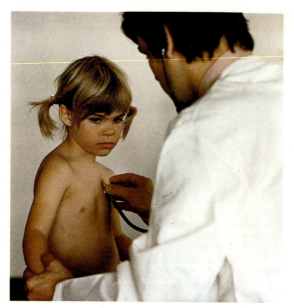

34.1. Der Arzt überprüft die Herztöne

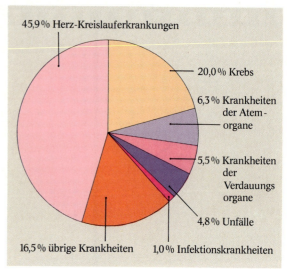

45,9 % Herz-Kreislauferkrankungen

20,0 % Krebs

6,3 % Krankheiten der Atem-organe

5,5 % Krankheiten der Verdauungs-organe

4,8 % Unfälle

1,0 % Infektionskrankheiten

16,5 % übrige Krankheiten

34.2. Todesursachen in der Bundesrepublik Deutschland. *Haupttodesursache ist Herz-Kreislaufversagen.*

Achte auf Herz und Kreislauf!

1. Verbinde zwei kleine Trichter mit einem Schlauch! Höre damit die Herztöne bei deinem Nachbarn ab!

2. Vergleiche die Todesursachen auf Abb. 34.2. miteinander! Welche ist heute die häufigste?

3. Nenne Risikofaktoren für Bluthochdruck! Betrachte Abb. 35.2.!

4. Wie entsteht die Arterienverkalkung? Nenne die Folgen!

5. Warum ist die Verengung der Herzkranzgefäße so gefährlich?

6. Wie entstehen Krampfadern?

Barbara kommt zur Vorsorgeuntersuchung. Der Arzt untersucht sie gründlich. Dabei überprüft er auch mit einem Hörrohr, ob die *Herzgeräusche* normal sind.

Dann misst er den **Blutdruck.** An einem Druckmesser liest er zwei Werte ab. Beim Zusammenziehen des Herzens beträgt der Blutdruck 120, beim Erschlaffen des Herzens 70. „Das ist für dein Lebensalter normal", sagt der Arzt zu Barbara.

Auf seinen Blutdruck muss man achten. Viele Menschen haben einen zu hohen Blutdruck. Dies kann die Ursache für viele Krankheiten sein.

Bluthochdruck ist ein Leiden unserer Zeit. Schuld daran ist oft eine ungesunde Lebensweise, zum Beispiel zu reichliches und zu fettes Essen, Bewegungsmangel, Stress oder Alkohol- und Nikotinmissbrauch.

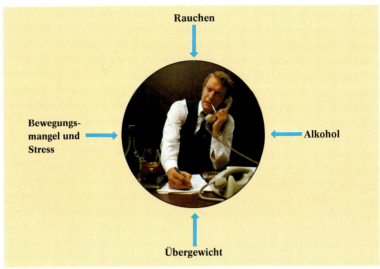

Rauchen

Bewegungs-
mangel und
Stress

Alkohol

Übergewicht

35.1. Arterie mit Ablagerungen   *35.2. Risikofaktoren für Bluthochdruck*

Im Laufe des Lebens lagern sich Stoffe an den Wänden der Arterien ab. Sie werden enger und können nicht mehr so viel Blut zu den inneren Organen transportieren. Man spricht im Alltag von **Arterienverkalkung.**

Besonders schlimm ist es, wenn sich die *Herzkranzgefäße* verengen. Teile des Herzens werden dann nicht genügend versorgt. Sie werden gelähmt oder sterben ab. Es kommt zum gefürchteten **Herzinfarkt.**

Auch die Venen sind gefährdet. Besonders an den Füßen können sie sich krankhaft erweitern, sodass sich die *Venenklappen* nicht mehr ganz schließen. Das Blut staut sich. **Krampfadern** entstehen.

Herz-Kreislauf-Erkrankungen gehören zu den gefährlichsten Krankheiten unserer Zeit. Durch eine gesunde Lebensweise können wir vorbeugen.

Blutdruckmessung

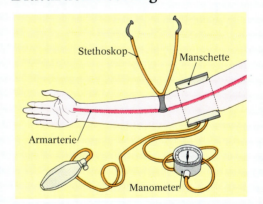

Stethoskop

Manschette

Armarterie

Manometer

Als Faustregel für normale Blutdruckwerte gilt:

Blutdruck beim Zusammenziehen des Herzens: 100 + Lebensalter

Blutdruck beim Erschlaffen des Herzens: etwa 50 unter dem ersten Wert.

36.1. Unterschiedlicher Energieverbrauch

36.2. Eine Sekretärin braucht etwa 10 000 kJ pro Tag

Wie viel sollen wir essen?

1. Betrachte Abb. 36.2. und 37.1.!
   Erkläre den unterschiedlichen
   Energieverbrauch!

2. Warum ist im Winter der Energieverbrauch höher als im Sommer?

3. Warum verbraucht man auch im
   Schlaf Energie?

4. Wovon hängt der Energiebedarf ab?

5. Wie kommt es zu Übergewicht, wie
   zu Untergewicht?

6. Überprüfe dein Gewicht nach
   folgender Faustregel:
   Körpergröße minus 100 = Normalge-
   wicht in kg.
   Normalgewicht minus 10% =
   Idealgewicht in kg.

Warum ist der Mann vor dem Fernseher dick und der Torwart auf dem Bildschirm schlank?

Nehmen wir an, beide haben gleich viel gegessen. Der Torwart bewegt sich viel. Sein Körper benötigt viel Energie. Der Mann im Sessel bewegt sich wenig. Sein Körper benö-tigt wenig Energie. Alles, was er zu viel isst, wird im Körper als Fett gespeichert.

Die Energie misst man in der Physik in der Einheit **Joule.** 1000 Joule sind 1 Kilo-Joule (kJ). Ein Schüler braucht am Tag ungefähr 12 000 kJ. Der genaue Bedarf an Energie hängt von vielen Faktoren ab: von Alter, Geschlecht, Körpergröße, Körpergewicht und Tätigkeit. Im Winter brauchen wir mehr Energie als im Sommer.

Auch wenn wir ruhen, arbeiten unsere inne-ren Organe und verbrauchen Energie.

37.1. Ein Schwerarbeiter braucht etwa 17 000 kJ pro Tag

Gegenüberstellung

Tätigkeit-Energieverbrauch	kJ	Energiegehalt von Nahrungsmitteln
1 Stunde Schulunterricht	210	1 Apfel oder 1 Birne
20 Minuten Geschirrspülen	105	1 Stück Würfelzucker
15 km Radfahren	1260	1 Stück Obsttorte
80 Minuten Wandern	1675	1 Paar Würstchen
25 Minuten Tischtennis spielen	420	1 Glas Bier
1 Stunde Schwimmen	2350	1 Tafel Schokolade

37.2. Wir vergleichen

Die Energie, die unser Körper braucht, nehmen wir mit der Nahrung zu uns. Manche Nahrungsmittel haben einen hohen Energiegehalt, manche einen niedrigen.

Wenn man dem Körper mehr Energie zuführt, als er verbraucht, kommt es zu **Übergewicht.** Führt man ihm zu wenig Energie zu, ist **Untergewicht** die Folge.

Überprüfe dein Körpergewicht, indem du dich regelmäßig wiegst! So kannst du feststellen, ob du deinem Körper die richtige Menge an Energie zuführst. Je nach Alter, Geschlecht, Körpergröße und Körperbau gibt es ein Idealgewicht. Ob du es hast?

Energie misst man in Joule.
Energiezufuhr und Energieverbrauch müssen einander entsprechen.

große Scheibe Brot	(100 g)	1055 kJ
Portion Butter	(20 g)	650 kJ
Portion Marmelade	(25 g)	268 kJ
Ei	(60 g)	419 kJ
Glas Milch	(200 ml)	536 kJ
Apfel	(200 g)	502 kJ
Brötchen	(50 g)	565 kJ
Portion Schnitzel	(100 g)	2132 kJ
Portion Pommes frites	(100 g)	1054 kJ
Pizza	(300 g)	2889 kJ
Quarkspeise mit Kirschen	(150 g)	463 kJ

37.3. Energiegehalt einiger Nahrungsmittel

7. Zähle den Energiegehalt der Nahrungsmittel von Tabelle 37.3. zusammen! Decken sie den Tagesbedarf?

38.1. *Einseitige Ernährung*

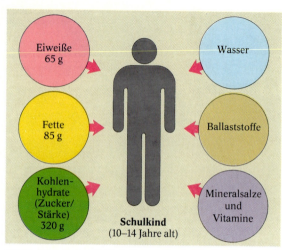

38.2. *Was wir täglich brauchen*

Was sollen wir essen?

1. Welche Stoffe bezeichnen wir als Nährstoffe? Welche Aufgaben haben sie?

2. Betrachte Abb. 38.2.! Unter welchem Namen kann man Zucker und Stärke zusammenfassen?

3. Überlege, wodurch dem Körper täglich Wasser verloren geht!

4. Welche Aufgabe haben die Ballaststoffe?

5. In welchen Nahrungsmitteln sind Ballaststoffe enthalten?

6. Betrachte Abb. 39.1.! Welche Nährstoffe sind im Roggenbrot enthalten?

Bernd schaut kritisch auf Michaels Teller: „Pommes frites mit Majonäse? Du ernährst dich aber sehr einseitig!"

Bernd hat recht. Es kommt nicht nur darauf an, wie viel wir essen, sondern auch, was wir essen. In unserer täglichen Nahrung müssen vielerlei Stoffe enthalten sein.

Unser Körper braucht zunächst **Nährstoffe.** Dazu gehören Kohlenhydrate (Zucker, Stärke), Fette und Eiweiße. Sie bauen den Körper auf, erhalten ihn und liefern ihm Energie.

Da der menschliche Körper über die Hälfte aus **Wasser** besteht, müssen wir auch eine ausreichende Menge an Flüssigkeit zu uns nehmen. **Ballaststoffe** werden zwar nicht verdaut, regen aber die Darmtätigkeit an. Sie sind reichlich in Obst und Gemüse enthalten.

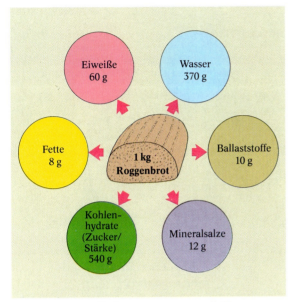

39.1. *Unser täglich Brot: was es enthält*

Name	Vorkommen	Wirkungen
Vitamin A	Leber, Eigelb, Milch, Möhren, Lebertran	wachstumsfördernd, verhindert bestimmte Sehstörungen (z.B. Nachtblindheit)
Vitamin B	Getreide, Milch, Eier	fördert Stoffwechselvorgänge und Nerventätigkeit
Vitamin C	Zitrusfrüchte, Obst, Gemüse	wehrt Infektionen ab, entzündungshemmend
Vitamin D	Leber, Eigelb, Tierfett, Milch, Lebertran	fördert Knochen- und Zahnbildung
Vitamin E	Getreidekeime, Fleisch	unterstützt Keimdrüsenfunktion

39.2. *Ein wichtiges ABC*

Besonders wichtig sind **Mineralsalze** und **Vitamine.** Vitamine sind zwar nur in Spuren in unserer Nahrung enthalten. Wenn sie aber fehlen, kommt es zu Mangelerscheinungen.

Zum Beispiel litten die Seefahrer früherer Zeiten vielfach unter *Skorbut.* Sie hatten Gliederschmerzen und die Zähne fielen ihnen aus. Auf ihren langen Fahrten fehlte ihnen Vitamin C, das in Obst und Gemüse enthalten ist.

Unsere tägliche Nahrung muss also abwechslungsreich sein. Kein wichtiger Stoff darf fehlen. Michaels einseitige Ernährung würde auf die Dauer zu Krankheiten führen.

Unsere Nahrung muss Nährstoffe, Wasser, Ballaststoffe, Mineralsalze und Vitamine in den richtigen Mengen enthalten.

7. Werte Tabelle 39.2. in Partnerarbeit aus: Einer nennt ein Vitamin, der andere Vorkommen und Wirkungen.

8. Die Mannschaft von Kolumbus litt an Skorbut. Später hat man vielfach Sauerkraut auf Seereisen mitgenommen. Warum wohl?

9. Was verstehst du unter vielseitiger Ernährung? Was ist einseitige Ernährung?

10. Suche in der Küche Lebensmittelpackungen, auf deren Etikett die Vitamine angegeben sind. Welche Vitamine sind in diesen Lebensmitteln enthalten?

40.1. Kohlenhydrathaltige Lebensmittel

40.2. Fetthaltige Lebensmittel

40.3. Eiweißhaltige Lebensmittel

Nährstoffe in unseren Lebensmitteln

1. Nenne Lebensmittel, die
   – viel Kohlenhydrate
   – viel Fett
   – viel Eiweiß enthalten!

2. Welche Nahrungsmittel enthalten pflanzliche Fette, welche tierische Fette?

3. Welche Aufgaben haben Betriebsstoffe, welche Baustoffe?

4. Werte Tabelle 41.2. aus!
   Welche Lebensmittel enthalten
   – viel Kohlenhydrate
   – viel Fett
   – viel Eiweiß?
   Welche Lebensmittel enthalten
   – wenig Kohlenhydrate
   – wenig Fett
   – wenig Eiweiß?

Unsere Lebensmittel enthalten die Nährstoffe in sehr unterschiedlichen Mengen.

Manche enthalten sehr viel **Kohlenhydrate.** Zucker oder Stärke kommen vor allem in Getreideprodukten, Kartoffeln und Süßigkeiten vor.

Fette können pflanzlichen oder tierischen Ursprungs sein. Viel Fett ist in Käse und Wurst enthalten. Zusammen mit den Kohlenhydraten liefern die Fette dem Körper Energie. Sie sind also *Betriebsstoffe.*

Eiweiß ist nicht nur im Hühnerei enthalten, sondern auch in vielen Milchprodukten und Fleisch. Der Körper verwendet es zum Aufbau der Haut, der Haare und der Muskeln. Es dient als *Baustoff.*

Unsere Nahrung enthält Betriebs- und Baustoffe.

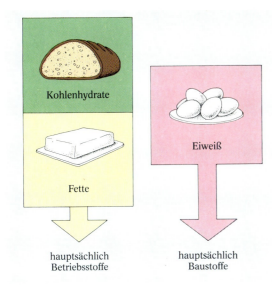

Lebens-mittel (100 g)	Wasser g	Eiweiß g	Kohlen-hydrate g	Fette g
Rindfleisch	67,0	19,3	0,0	13,0
Schweine-fleisch	58,0	16,4	0,0	25,0
Vollmilch	87,6	3,4	4,7	3,6
Butter	17,4	0,6	0,7	81,0
Margarine	19,7	0,5	0,4	78,4
Roggenbrot	38,5	6,4	52,7	1,0
Reis	12,0	7,5	77,4	1,9
Kartoffeln	79,8	2,1	17,7	0,1
Bohnen	90,1	1,9	7,1	0,2
Tomaten	93,5	1,1	4,7	0,2

41.1. Baustoffe und Betriebsstoffe

41.2. Zusammensetzung einiger Lebensmittel

41.3. Nachweis von Nährstoffen

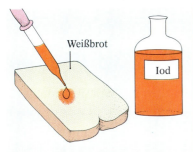

Stärkenachweis
Gib auf etwas Weißbrot einen Tropfen Iodlösung! Gib einen zweiten Tropfen der Lösung auf Papier! Vergleiche die Ergebnisse! Überprüfe andere Lebensmittel mit der „Iodprobe" auf Stärke!

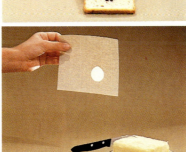

Fettnachweis
Gib etwas Butter oder Marga-rine auf ein Blatt Papier! Setze einen Wassertropfen daneben! Warte, bis das Papier getrocknet ist! Halte das Blatt gegen das Licht! Beschreibe deine Beobach-tung!
Führe diese „Fettfleckprobe" bei Lebensmitteln wie Milch, Wurst, Brot oder Schokolade durch!

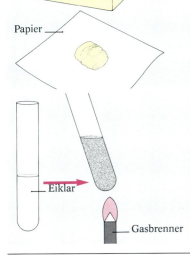

Eiweißnachweis
Gieße aus einem oben geöffne-ten Ei vorsichtig etwas Eiklar über den Schalenrand in ein Reagenz-glas! Erhitze das Eiklar durch Hin- und Herbewegen in der Flamme eines Bunsenbrenners! Beschreibe deine Beobachtungen!

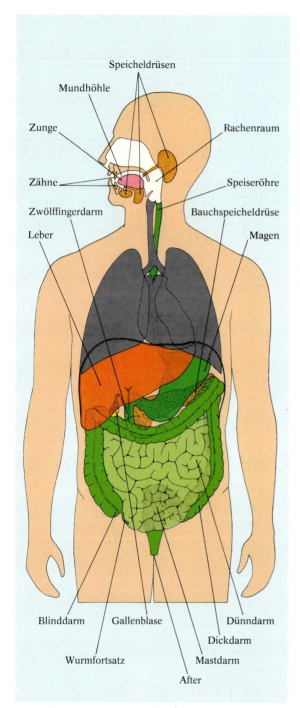

42.1. *Verdauungsorgane (Schema)*

Labels for figure 42.1:
Speicheldrüsen, Mundhöhle, Zunge, Zähne, Zwölffingerdarm, Leber, Rachenraum, Speiseröhre, Bauchspeicheldrüse, Magen, Blinddarm, Gallenblase, Wurmfortsatz, Dünndarm, Dickdarm, Mastdarm, After

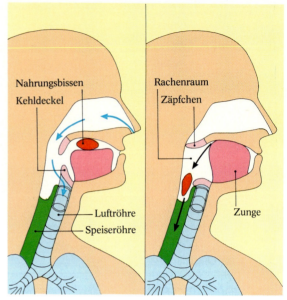

Labels for figure 42.2:
Nahrungsbissen, Kehldeckel, Luftröhre, Speiseröhre, Rachenraum, Zäpfchen, Zunge

42.2. **Schluckvorgang** *(Schema)*

Was bedeutet Verdauung?

Pause! Du isst dein Brot. Weißt du auch, welchen Weg das Brot durch deinen Körper nimmt?

Im *Mund* wird das Brot zunächst mit den Zähnen zerkleinert und beim Kauen mit *Speichel* durchmischt. Jetzt ist der Bissen nicht nur gleitfähig, der Speichel enthält auch Stoffe, die Stärke in Zucker umwandeln. So beginnt die Verdauung schon im Mund. Nun schluckst du den Bissen hinunter. Dabei verschließt dein Kehldeckel die Luftröhre. Sonst verschluckst du dich und musst husten.

Durch die *Speiseröhre* wird der Bissen in den *Magen* befördert. Dort wird er durchknetet und mit Magensaft vermischt. Der Magensaft enthält Verdauungsstoffe. Ein ringförmiger Muskel am Magenausgang lässt in Zeitabständen kleine Portionen des Speisebreis in den *Zwölffingerdarm*.

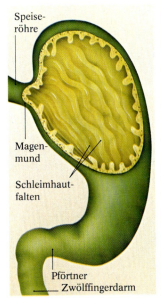

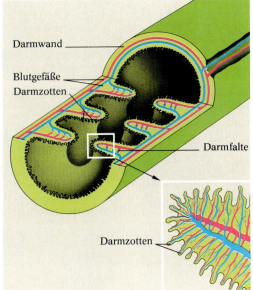

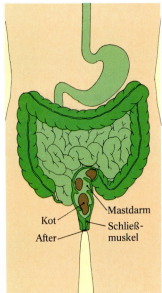

43.1. Magen   **43.2. Dünndarm**   **43.3. Enddarm**

In den *Zwölffingerdarm* geben *Gallenblase* und *Bauchspeicheldrüse* weitere Verdauungssäfte ab. Durch die Verdauungssäfte werden alle Nährstoffe in kleinste Bausteine zerlegt. Im drei bis vier Meter langen *Dünndarm* können diese Bausteine nun vom Körper aufgenommen werden. Durch die unzähligen Darmzotten gelangen sie ins Blut und werden zu allen Körperzellen transportiert. Dort werden aus ihnen körpereigene Stoffe aufgebaut. Die Umwandlung von fremden Stoffen in körpereigene Stoffe nennt man **Stoffwechsel.**

Die unverdaulichen Reste werden weiter in den *Dickdarm* befördert. Im *Mastdarm* sammeln sich diese Reste und werden durch den *After* als Kot ausgeschieden.

Bei der Verdauung wird die Nahrung in ihre Bestandteile zerlegt und in körpereigene Stoffe umgewandelt.

1. Kaue einen Bissen Weißbrot einige Minuten! Wie verändert sich der Geschmack? Erkläre den Satz: Die Verdauung beginnt schon im Mund!

2. Was bedeutet: Gut gekaut ist halb verdaut?

3. Warum ist Zahnpflege auch für die Verdauung wichtig?

4. Erkläre den Schluckvorgang nach Abb. 42.2.!

5. Beschreibe den Weg der Speisen durch deinen Körper anhand der Abb. 42.1.!

6. Wo werden der Nahrung Verdauungssäfte zugefügt?

7. Erkläre den Begriff Stoffwechsel!

44.1. Ein üppiges Mahl

gekochter Fisch, Reis, gekochte Milch, weiches Ei	1 – 2 Stunden	
Brötchen, Rührei, Sahne, Kartoffeln	2 – 3 Stunden	
Geflügel (gekocht), Schinken, Beefsteak, Spinat, Schwarzbrot, Bratkartoffel	3 – 4 Stunden	
Kalbsbraten, Rindfleisch, Erbsen, Bohnen, Linsen	4 – 5 Stunden	
Geflügel (gebraten), Schweinebraten	6 – 7 Stunden	
Ölsardinen	8 – 9 Stunden	

44.2. Verdaulichkeit von Speisen

Leicht verdaulich – schwer verdaulich

1. Welche Aufgaben hat der Magen bei der Verdauung?

2. Welche allgemeinen Regeln gelten für die Verdaulichkeit von Speisen?

3. Nenne anhand von Abb. 44.2. leicht und schwer verdauliche Speisen!

4. Was würdest du einem Kranken zu essen geben?

5. Welche Bedeutung hat das Kochen für die Verdaulichkeit von Speisen?

Am Morgen nach dem Familienfest sagt der Onkel: „Die Gans von gestern liegt mir immer noch im Magen!" Das stimmt. Nicht alle Nahrungsmittel werden gleich schnell verdaut.

Gänsefleisch enthält sehr viel Fett. Fette Speisen sind sehr schwer zu verdauen. Der Magen braucht längere Zeit zur Verdauung. Auch Hülsenfrüchte und Ölsardinen gehören zu den schwer verdaulichen Speisen.

Leicht verdaulich sind zum Beispiel Fisch und Reis. Sie belasten den Magen nicht so sehr und sind deshalb eine geeignete Krankenkost.

Durch Kochen werden Nahrungsmittel im Allgemeinen leichter verdaulich.

Die Verdauung dauert bei den einzelnen Speisen unterschiedlich lange.

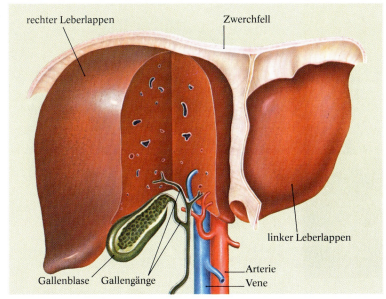

45.1. Bau der Leber

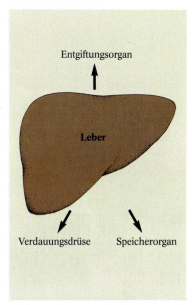

45.2. Aufgaben der Leber

Die Leber – eine chemische Fabrik

Die Leber ist die größte Drüse des menschlichen Körpers. Sie ist an fast allen Vorgängen des Stoffwechsels in unserem Organismus beteiligt.

Zunächst ist sie eine *Verdauungsdrüse*. Sie erzeugt die Galle, eine scharfe Flüssigkeit, die in der Gallenblase gesammelt wird. Bei Bedarf wird sie in den Zwölffingerdarm abgegeben. Dort hilft die Galle, Fett zu verdauen.

Die Leber kann Zucker in Stärke umwandeln und in dieser Form speichern. Sie ist auch ein *Speicherorgan*. Außerdem hilft sie bei der *Entgiftung* des Körpers. Alle vom Darm kommenden Blutgefäße fließen in einer großen Vene, der Pfortader, zusammen und werden zur Leber geführt. Dort wird das Blut von schädlichen Stoffen, zum Beispiel auch von Alkohol und Nikotin, befreit.

1. Betrachte Abb. 45.1.! Wo liegt in deinem Körper die Leber?

2. Wodurch hilft die Leber bei der Verdauung? Nenne andere Verdauungsorgane!

3. Welcher Nährstoff wird in der Leber gespeichert?

4. Nenne Giftstoffe, die von der Leber aus dem Blut entfernt werden!

Die Leber ist eine Verdauungsdrüse, ein Speicherorgan und hilft beim Entgiften des Körpers.

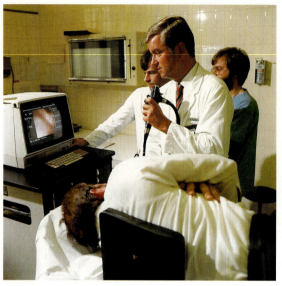

46.1. Untersuchung des Magens durch eine Magenspiegelung

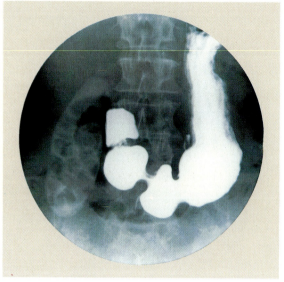

46.2. Röntgenaufnahme des Magens

Erkrankungen der Verdauungsorgane

1. Erkläre, wie es zu einer Magenverstimmung kommen kann!

2. Was ist Sodbrennen? Wodurch wird es hervorgerufen?

3. Erkläre, wie es zu Durchfall kommen kann!

4. Wie verhält man sich bei Durchfall?

5. Was kann man gegen Verstopfung tun?

6. Worauf deuten folgende Redewendungen hin:
   Es schlägt mir auf den Magen.
   Die Galle kommt mir hoch.
   Ist dir eine Laus über die Leber gelaufen?

„Ein guter Magen kann alles vertragen", sagt man. Aber auch der beste Magen wehrt sich, wenn man ihm zu viel Nahrung oder verdorbene Speisen zuführt.

Saurer Magensaft steigt dann die Speiseröhre empor, sodass wir *Sodbrennen* spüren. Es wird uns übel. Durch Erbrechen kommt es manchmal zu einer Magenentleerung. Dadurch schützt sich der Körper vor Vergiftungen. Solch eine **Magenverstimmung** klingt meist von selbst ab.

Bei ungewohnter, schwer verträglicher oder verdorbener Kost kann es zu **Durchfall** kommen. Er lässt sich durch Schonkost und Medikamente beheben.

Wenn es zu einer Schädigung der Magenschleimhaut oder der Darmschleimhaut kommt, können Krankheitserreger die Schleimhaut angreifen.

47.1. *Ursachen für Erkrankungen der Verdauungsorgane*

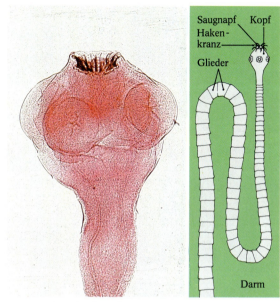

47.2. *Schweinebandwurm*

Es kann eine Magenschleimhautentzündung oder ein Darmkatarrh entstehen. Häufig entwickeln sich daraus die gefürchteten **Magen- und Darmgeschwüre.**

Gelegentlich befallen lästige **Schmarotzer** den Darm des Menschen, zum Beispiel Madenwürmer. Der Arzt verschreibt dann ein wirksames Wurmmittel. Selten geworden sind Bandwürmer. Sie können bis zu 12 Meter lang werden und Verdauungsstörungen, Bauchschmerzen und Abmagerung hervorrufen.

Krankheiten der Verdauungsorgane sind gefährlich und müssen vom Arzt behandelt werden.

7. Welche Beschwerden der Verdauungsorgane können durch Krankheitserreger hervorgerufen werden?

8. Wie kann es zu einer Magenschleimhautentzündung kommen?

9. Nenne Darmschmarotzer!

10. Betrachte Abb. 46.1. und 46.2.! Erläutere, wie der Arzt den Magen untersuchen kann!

11. Betrachte Abb. 47.1.! Welche Krankheiten können aus den genannten Ursachen entstehen?

48.2. Achte auf die Zusammensetzung der Nahrung!

48.1. Achte auf die Nahrungsmenge!

Ernähre dich gesund!

1. Betrachte Abb. 48.1.! Bei welcher Tätigkeit braucht man viel, bei welcher wenig Energie?

2. Wann kommt es zu Übergewicht, wann zu Untergewicht?

3. Welche Bestandteile müssen in der Nahrung vorhanden sein?

4. Warum soll man mit Süßigkeiten und Fett sparsam umgehen?

5. Betrachte die Beispiele 49.1.! Welches Mittagessen ist gesünder? Beurteile dabei Menge und Zusammensetzung der Nahrungsmittel!

6. Stelle anhand von Tabelle 49.2. selbst ein gesundes Mittagessen zusammen!

Wenn du dich gesund ernähren willst, musst du zwei wichtige Regeln beachten:

1. Achte auf die Nahrungsmenge!
Der Energiebedarf ist von der Art der Tätigkeit abhängig. Isst du mehr als du brauchst, bekommst du Übergewicht. Isst du zu wenig, leidest du an Untergewicht. Überprüfe daher regelmäßig dein Körpergewicht!

2. Achte auf die Zusammensetzung der Nahrung!
In der Nahrung müssen ausreichend Nährstoffe, Ballaststoffe, Mineralsalze und Vitamine sein. Nur eine ausgewogene Kost bedeutet gesunde Ernährung. Gehe besonders sparsam mit Süßigkeiten und Fett um!

Gesunde Ernährung kann dich vor Krankheiten schützen.

Mittagessen A

Mittagessen B

Schnitzel, paniert	Gulasch
Pommes frites	Kartoffeln
	Kopfsalat, Tomate
Cola	Orangensaft
Eis	Vanillepudding

49.1. Welches Mittagessen ist gesünder?

Nahrungsmittel je 100 g	Eiweiß	Fett	Kohlen- hydrate	Ballast- stoffe	Vitamine/ Mineral- salze	Energie- gehalt in kJ
Seelachsfilet	18,2	0,8	–	–	+	336
Gulasch	13,5	10,0	3,0	–	–	655
Hähnchen	20,6	5,6	–	–	+	559
Schnitzel, paniert	25,0	30,0	15,0	–	+	2111
Pizza	8,5	10,6	25,5	–	–	970
Kartoffeln, gekocht	1,9	–	16,0	2,1	+	301
Pommes frites	4,6	10,0	36,0	1,5	+	1054
Nudeln	12,5	1,2	75,2	0,3	+	1520
Ei	12,8	11,5	0,7	–	+	664
Kopfsalat	1,4	0,2	2,2	1,5	+	71
Tomaten	1,1	0,2	3,7	2,3	+	88
Spinat	3,1	0,3	3,0	0,5	+	113
Blumenkohl	2,1	0,2	3,2	1,8	+	96
Cola	–	–	11,0	–	–	185
Orangensaft	0,7	0,2	10,5	0,1	+	197
Milch, fettarm	3,4	1,6	4,7	–	–	197
Schoko-Vanille-Eis	12,5	16,5	60,5	–	–	1848
Vanille-Pudding	3,0	1,5	16,5	–	–	386
Vollkornbrot	7,3	1,2	46,4	5,7	+	949
Brötchen	7,0	1,0	58,0	0,9	–	1130

49.2. Zusammensetzung einiger Nahrungsmittel

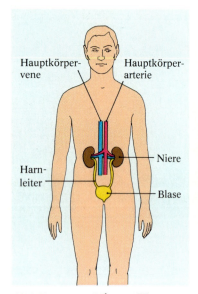

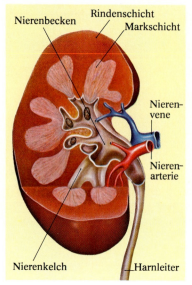

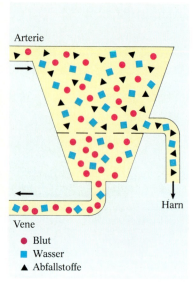

*50.1. Lage von Nieren, Harn-
leitern und Blase*

50.2. Feinbau der Niere

50.3. Filterwirkung der Niere

Das Blut wird gereinigt

1. Vergleiche den Stoffwechsel deines Körpers mit Versorgung und Entsorgung einer Stadt!

2. Betrachte Abb. 50.1.! Wo liegen in deinem Körper die Nieren?

3. Erläutere die Filterwirkung der Niere anhand von Abb. 50.3.!

4. Woraus besteht Harn (Urin)? Was geschieht mit ihm?

Nicht nur eine Stadt hat Probleme mit dem Abfall, sondern auch dein Körper; denn durch den Stoffwechsel entstehen Abfallstoffe. Wie wird der Körper davon befreit?

Das gesamte Blut wird laufend durch die beiden **Nieren** geleitet. Dort werden alle schädlichen Stoffe und das überflüssige Wasser dem Blutkreislauf entnommen. Das gereinigte Blut fließt über eine Vene in den Kreislauf zurück. Auf diese Weise verarbeiten die Nieren täglich etwa 1500 Liter Blut. Unser Blut strömt somit 300-mal am Tag durch die Nieren.

Die Abfallstoffe sind in Wasser gelöst und bilden den Harn, der auch Urin genannt wird. Er fließt durch die beiden Harnleiter zur **Blase.** Diese kann fast einen Liter Urin aufnehmen. Wenn sie halb voll ist, spüren wir den Drang, sie zu entleeren. Nieren und Blase sind wichtige **Ausscheidungsorgane.**

51.1. Nierensteine

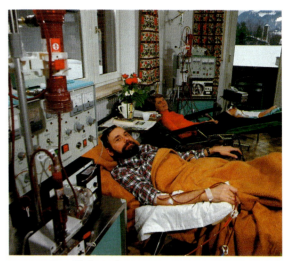

51.2. Künstliche Niere

Die Nieren sind sehr empfindlich. Sie können sich leicht entzünden. Wenn sie vollständig versagen, muss der Patient an eine künstliche Niere angeschlossen werden. Diese Maschine entgiftet das Blut außerhalb des Körpers. Sonst würde es zur Selbstvergiftung des Körpers kommen. Häufig kann auch eine Spenderniere eingepflanzt werden.

Besonders schmerzhaft ist es, wenn sich aus den Abfallstoffen Steine in Nieren oder Blase bilden. Man kann sie auflösen oder durch eine Operation entfernen. In jüngster Zeit ist ein Gerät entwickelt worden, das durch Ultraschallwellen von außen die Nierensteine zertrümmern kann. Die winzigen Trümmer gehen schmerzlos mit dem Urin ab.

Die Nieren sind die wichtigsten Ausscheidungsorgane.

5. Welche Aufgabe hat eine künstliche Niere?

6. Was sind Nierensteine? Wie kann man sie entfernen?

7. Begründe, wieso die Niere ein Ausscheidungsorgan ist!

8. Auch unsere Haut und die Lunge zählt man zu den Ausscheidungsorganen. Begründe!

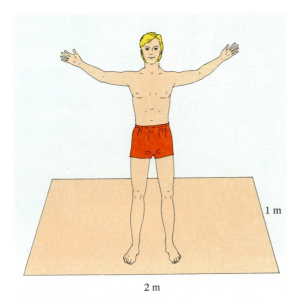

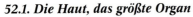

52.1. Die Haut, das größte Organ

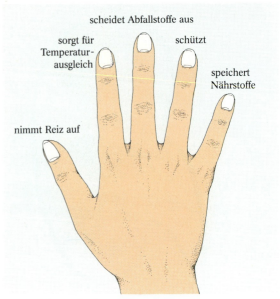

scheidet Abfallstoffe aus

sorgt für Temperatur-ausgleich   schützt

speichert Nährstoffe

nimmt Reiz auf

52.2. Die Aufgaben der Haut

Die Haut – das größte Organ

1. Betrachte Abb. 52.1.! Welche Fläche bedeckt die Haut eines erwachsenen Menschen?

2. Nenne innere Organe unseres Körpers!

3. Welche Aufgabe hat die Hornschicht?

4. Betrachte Abb. 53.1.! Wie nennt man Hornschicht und Keimschicht zusammen?

5. Welche Aufgabe haben die Talg-drüsen?

6. Wie schützt die Haut den Körper vor Unterkühlung?

7. Wie schützt die Haut den Körper bei Hitze?

Bei dem Wort Organ denken wir zunächst an die inneren Organe wie Herz oder Magen. Aber auch unsere Haut ist ein Organ und sogar das größte. Ausgebreitet würde die Haut eines Erwachsenen eine Fläche von 2 m^2 einnehmen.

Die äußerste Schicht heißt **Hornschicht.** Sie besteht aus abgestorbenen Zellen und schirmt den Körper gegen Einwirkungen von außen ab. Von der darunter liegenden **Keimschicht** wird die Hornschicht immer wieder erneuert. *Talgdrüsen* sondern Talg ab, der die Haut einfettet und geschmeidig macht.

Die Fettschicht der **Unterhaut** bildet eine Isolierschicht gegen Kälte. *Schweißdrüsen* können Flüssigkeit absondern, die bei Hitze Kühlung bringt. Auf diese Weise kann die Haut Schwankungen der Außentemperatur ausgleichen.

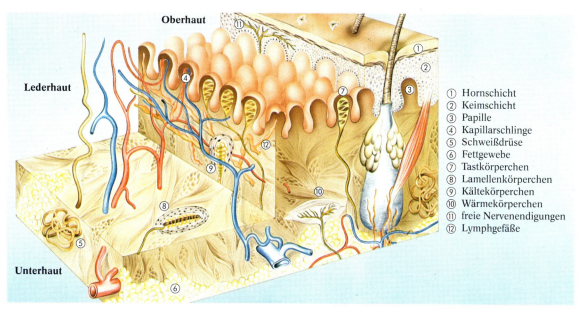

53.1. Aufbau der Haut *(Schema)*

Beschriftungen im Bild: Oberhaut, Lederhaut, Unterhaut

① Hornschicht
② Keimschicht
③ Papille
④ Kapillarschlinge
⑤ Schweißdrüse
⑥ Fettgewebe
⑦ Tastkörperchen
⑧ Lamellenkörperchen
⑨ Kältekörperchen
⑩ Wärmekörperchen
⑪ freie Nervenendigungen
⑫ Lymphgefäße

Das Fett, das in der Unterhaut eingelagert ist, hat noch eine zweite Aufgabe. Es bildet einen *Energiespeicher* für den Körper.

Mit dem Schweiß wird nicht nur Flüssigkeit nach außen abgegeben. Es werden auch Abfallstoffe aus dem Körper ausgeschieden. So ist die Haut auch ein *Ausscheidungsorgan* wie Niere und Lunge.

Außerdem ist die Haut ein *Sinnesorgan.* In ihr sitzen kleine Sinneskörperchen, die Reize von außen aufnehmen und an das Gehirn weiterleiten. So gibt es Tastkörperchen, Druckkörperchen, Schmerzpunkte, Kältekörperchen und Wärmekörperchen.

Unsere Haut erfüllt viele Aufgaben: Sie schützt, sorgt für Temperaturausgleich, speichert Nährstoffe, reinigt den Körper und nimmt Reize auf.

8. Welche zwei Aufgaben hat das Fettgewebe in der Unterhaut?

9. Welche Reize aus der Umwelt werden von der Haut aufgenommen?

10. Fülle je eine Schüssel mit kaltem, lauwarmem und warmem Wasser! Tauche gleichzeitig eine Hand ins warme, die andere ins kalte Wasser! Tauche nach ca. 30 Sekunden beide Hände gleichzeitig in die Schüssel mit lauwarmem Wasser! Was meldet dir deine rechte Hand, was deine linke? Was kannst du aus diesem Versuch schließen?

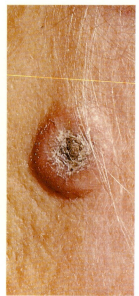

54.1. Übertriebenes Sonnenbaden   *54.2. Hautkrebs*

Sei nett zu deiner Haut!

1. Wodurch wird das Bräunen der Haut hervorgerufen?

2. Was ist Sonnenbrand? Wie kann man sich vor ihm schützen?

3. Nenne weitere Gefährdungen der Haut durch übertriebenes Sonnenbaden!

4. Nenne Hautkrankheiten und ihre Ursachen!

5. Betrachte Abb. 55.2.! Beschreibe den Aufbau deines Fingernagels!

6. Wie kannst du deine Haut abhärten?

Wer sich in die Sonne legt, wird braun. Das weiß jeder. Aber kannst du auch erklären, wie es zur Bräunung kommt?

In der Oberhaut liegen kleine Farbkörner. Sie halten Sonnenstrahlen vom Eindringen in die unteren Hautschichten ab. Bei starkem Sonnenlicht vermehren sie sich. Die Haut wird dunkler.

Wer rasch bräunen will, wird oft nicht braun, sondern rot. Er bekommt einen **Sonnenbrand.** Die Haut erleidet eine Verbrennung. In schweren Fällen bilden sich große Brandblasen und die Haut löst sich ab, als ob man sich an einem heißen Gegenstand verbrannt hätte.

Zu viel Sonne schadet der Haut. Sie altert schneller und es kann **Hautkrebs** entstehen. Deshalb sollte man pralle Sonne vermeiden und Sonnenschutzmittel verwenden.

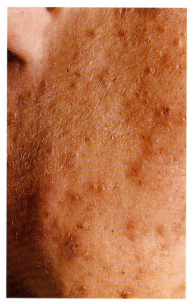

55.1. *Akne*

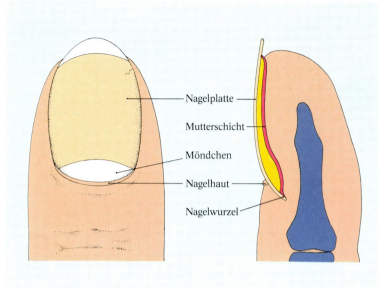

Nagelplatte
Mutterschicht
Möndchen
Nagelhaut
Nagelwurzel

55.2. *Aufbau des Fingernagels*

Unsere Haut kann auf mancherlei Weise geschädigt werden. Die **Schuppenflechte** erkennt man an geröteten, erhabenen Hautstellen. Verstopfte Talgdrüsen führen besonders in der Reifezeit zu lästigen Pickeln, die man **Akne** nennt. **Ekzeme** sind Entzündungen der Haut. Diese Hautkrankheiten müssen ärztlich behandelt werden.

Zur täglichen Hautpflege gehört neben dem Waschen des ganzen Körpers auch das Schneiden und Reinigen der **Fingernägel** und **Fußnägel.** Die Nägel bestehen aus Horn wie die Krallen, Hufe, Federn und Hörner der Tiere und wie unsere Haare. Sie sind am *Nagelbett* festgewachsen und werden in der *Nagelwurzel gebildet.*

Haut und Nägel brauchen regelmäßige Pflege.

Wir pflegen unsere Haut

1. Gründliches und regelmäßiges Waschen verhindert ein Verstopfen der Hautporen. Krankheitserreger können sich nicht ausbreiten.

2. Wir können uns abhärten, indem wir abwechselnd warm und kalt duschen. Frottieren und Bewegung an frischer Luft sind gut für die Durchblutung der Haut.

3. Durch übertriebenes Sonnenbaden wird unsere Haut geschädigt. Es kann sogar Hautkrebs entstehen.

4. Fingernägel stets sauber halten und regelmäßig schneiden!

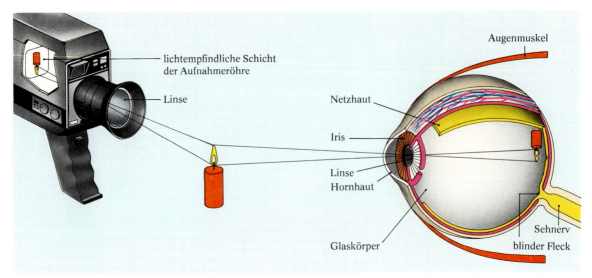

lichtempfindliche Schicht
der Aufnahmeröhre

Linse

Augenmuskel

Netzhaut

Iris

Linse
Hornhaut

Glaskörper

Sehnerv
blinder Fleck

56.1. Wir vergleichen Auge und Filmkamera

Immer scharfe Bilder!

1. Betrachte dein Auge im Spiegel!
   a) Welche Teile des Augapfels kannst du erkennen?
   b) Beobachte die Veränderung der Pupillen, wenn du mit einer Taschenlampe hineinleuchtest!
   c) Beobachte, wie du die Augen nach verschiedenen Richtungen bewegen kannst! Suche die Augenmuskeln auf Abb. 56.1.!

2. Wie kann sich das Auge unterschiedlicher Helligkeit anpassen?

3. Wie erzeugt das Auge auch von verschieden weit entfernten Gegenständen scharfe Bilder?

4. Wie stellt man eine Kamera auf unterschiedliche Helligkeit und Entfernung ein?

Wie unsicher bewegen wir uns, wenn wir mit verbundenen Augen „Blinde Kuh" spielen! Unsere Augen sind die wichtigsten Sinnesorgane. Mehrere Teile des Auges müssen zusammenarbeiten, damit immer scharfe Bilder entstehen.

Das Licht, das von einem Gegenstand kommt, fällt zuerst durch die durchsichtige **Hornhaut.** Sie schützt die darunter liegende **Iris.** Diese hat eine Öffnung in der Mitte, die man **Pupille** nennt. Durch Muskeln kann die Pupille verschieden weit geöffnet werden. Bei schwachem Licht ist sie weit geöffnet, bei starkem Licht verengt sie sich. So stellt sich das Auge automatisch auf unterschiedliche Helligkeit ein.

Die elastische **Augenlinse** kann durch Muskeln verformt werden. Dadurch können wir Gegenstände scharf sehen, auch wenn sie unterschiedlich weit entfernt sind.

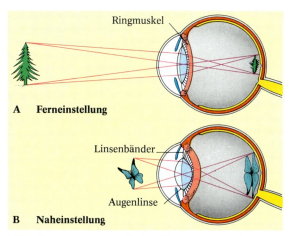

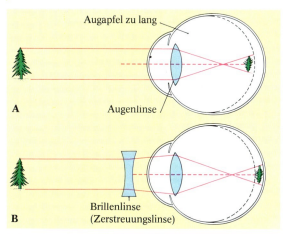

57.1. Anpassung an die Entfernung   *57.2. Kurzsichtigkeit und ihre Korrektur*

Durch den **Glaskörper** fällt das Licht auf die **Netzhaut.** Sie enthält viele lichtempfindliche Sinneszellen. Diese melden über den Sehnerv die Lichtreize an das Gehirn weiter. Dort wird uns bewusst, was wir sehen. Die Augenlinse entwirft ein umgekehrtes Bild der Gegenstände. Aber unser Gehirn „dreht" das Bild wieder um.

Wenn sich die Augenlinse der unterschiedlichen Entfernung eines Gegenstandes nicht genügend anpassen kann, hilft eine Brille. Sie sorgt dafür, dass trotzdem auf der Netzhaut ein scharfes Bild entsteht. So können *Kurzsichtige* auch entfernte Gegenstände und *Weitsichtige* auch nahe Gegenstände scharf sehen.

Das Auge kann sich auf unterschiedliche Helligkeit und unterschiedliche Entfernungen einstellen. Bei Kurzsichtigkeit und Weitsichtigkeit hilft eine Brille.

5. Betrachte Abb. 56.1.! Wo liegt die Netzhaut? Woraus besteht sie?

6. Welche Eigenschaften hat das Bild, das von einem Gegenstand auf der Netzhaut entsteht?

7. Betrachte Abb. 57.1.! Welche Form hat die Augenlinse bei Ferneinstellung, welche bei Naheinstellung?

8. Was bedeutet Kurzsichtigkeit? Was bedeutet Weitsichtigkeit?

9. Betrachte Abb. 57.2.! Was bewirkt die Brille?

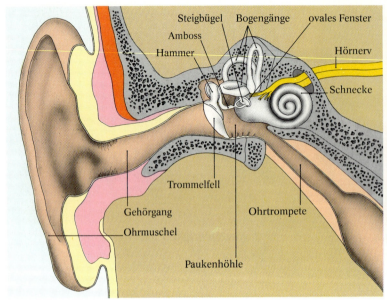

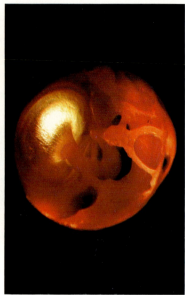

58.1. Bau des Ohres   **58.2. Blick ins Mittelohr**

Das Ohr kann nicht nur hören

1. Nimm verschiedene Geräusche auf eine Kassette auf und lass deine Klassenkameraden raten, woher sie stammen!

2. Betrachte Abb. 58.1.! Welchen Weg nimmt der Schall beim Hören?

3. Betrachte Abb. 58.2.! Wie heißen die drei Gehörknöchelchen? Welche Aufgabe haben sie?

4. Welchen Teil des Ohres kannst du beim Reinigen des Gehörganges besonders leicht verletzen?

5. Überprüfe dein Gehör: Ein Mitschüler flüstert zweistellige Zahlen (z.B. 88, 66). Kannst du sie in 6 m Abstand hören? Halte erst das rechte, dann das linke Ohr zu!

Bernd spielt eine Tonbandkassette ab. Obwohl wir nichts sehen, erkennen wir sofort: Es regnet, es galoppiert ein Pferd, ein Wasserhahn wird aufgedreht. Mit unseren Ohren nehmen wir Geräusche aus unserer Umwelt wahr.

Die *Ohrmuschel* fängt Schwingungen der Luft auf und leitet den Schall in den *Gehörgang.* An dessen Ende liegt das **Trommelfell.** Auch das Trommelfell gerät in Schwingungen. Die drei **Gehörknöchelchen** *Hammer, Amboss* und *Steigbügel* leiten die Schwingungen weiter zum ovalen Fenster der **Gehörschnecke.**

Sie ist mit Flüssigkeit gefüllt und enthält viele Sinneszellen von unterschiedlicher Länge. Je nach der Höhe des Tones geraten immer nur bestimmte Sinneszellen in Schwingungen. Nerven melden die Reize an das Gehirn weiter. Hier wird uns bewusst, was wir hören.

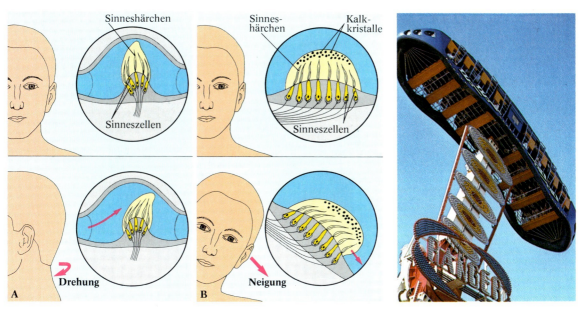

59.1. A Drehsinnesorgan; B Lagesinnesorgan

59.2. Ungewöhnliche Lage

Mit geschlossenen Augen merkst du auch, ob du gehst oder stehst, liegst oder gar auf dem Kopf stehst. Auch für die Wahrnehmung der *Lage* und der *Bewegung* gibt es besondere Sinnesorgane in unserem Ohr.

An der Gehörschnecke sitzen die drei *Bogengänge* des **Drehsinnes.** Sie zeigen nach den drei verschiedenen Richtungen des Raumes. Im Inneren befinden sich in einer Flüssigkeit Sinneszellen, die sich bei jeder Drehung des Kopfes mitbewegen. Über Nerven wird dem Gehirn gemeldet, in welche Richtung wir uns drehen.

Unterhalb der Bogengänge befindet sich der **Lagesinn.** Sinneshärchen werden durch das Gewicht kleiner Kalkkristalle umgebogen, sobald wir den Kopf neigen.

Das Ohr enthält nicht nur den Gehörsinn, sondern auch Drehsinn und Lagesinn.

6. Betrachte Abb. 59.2.! Wieso weiß man auch mit geschlossenen Augen, ob man gerade oben oder unten ist?

7. Wo liegt unser Drehsinnesorgan? Zeige es auf Abb. 58.1.!

8. Erläutere die Wirkungsweise von Drehsinn und Lagesinn anhand von Abb. 59.1.A und B!

9. Befestige einige dünne Wollfäden mit Knetgummi am Boden einer Schüssel! Fülle sie mit Wasser! Drehe die Schüssel unterschiedlich schnell und beobachte dabei die Bewegung der Fäden. Erkläre an diesem Modellversuch, wie der Drehsinn funktioniert!

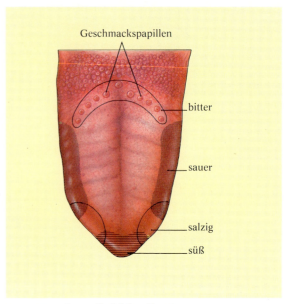

60.1. Guten Appetit!   *60.2. Geschmacksfelder der Zunge*

Zwei strenge Kontrolleure

1. Lege ein Stück Würfelzucker auf die Zunge! Warum schmeckst du den süßen Geschmack erst nach einiger Zeit?

2. Tränke ein Wattestäbchen mit Orangensaft und betupfe damit die Zunge an verschiedenen Stellen! Spüle zwischendurch deinen Mund mit Wasser aus!
   a) Schmeckst du an allen Stellen das Gleiche?
   b) Vergleiche deine Beobachtungen mit Abb. 60.2.!
   c) Aus welchen Geschmacksarten ist der Orangengeschmack zusammengesetzt?

Bevor Nahrung in unseren Körper gelangt, wird sie von zwei strengen Prüfern getestet: von unserer Zunge und von unserer Nase. Durch Schmecken und Riechen erhalten wir Informationen über unser Essen.

Unser **Geschmackssinn** liegt auf der Zunge. Beim Kauen werden durch den Speichel bestimmte Geschmacksstoffe der Nahrung aufgelöst. Diese reizen Sinneszellen auf der Zunge. Nerven melden dann die Informationen an das Gehirn weiter.

Obwohl unser Essen sehr verschieden schmecken kann, gibt es nicht für jede Geschmacksrichtung besondere Sinneszellen. Wir können nur *süß, sauer, salzig* und *bitter* unterscheiden. Dafür gibt es Geschmacksfelder, die an ganz bestimmten Stellen der Zunge liegen. Alles, was wir schmecken können, ist aus diesen vier Geschmacksarten zusammengesetzt.

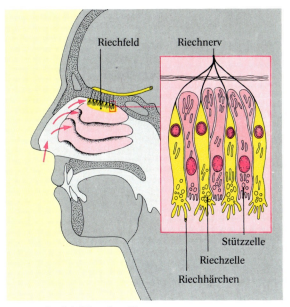

Riechfeld   Riechnerv

Stützzelle
Riechzelle
Riechhärchen

Querschnitt   Riechfläche

Mensch   Nasenscheidewand   Hund

61.1. Riechfelder der Nase

61.2. Unsere Nase ist nicht die beste

Durch unseren **Geruchssinn** können wir Duftstoffe wahrnehmen. Diese gelangen von außen oder beim Essen durch den Rachen in die Nase. Sie ist mit Schleimhaut ausgekleidet. Im obersten Teil liegen die beiden *Riechfelder*. Darauf befinden sich viele Sinneszellen, die durch gasförmige Stoffe gereizt werden. Nerven melden dem Gehirn diese Reize. Uns wird die Geruchsart bewusst.

Geschmackssinn und Geruchssinn geben uns Aufschluss über Stoffe, die uns umgeben. Deshalb nennt man sie *chemische Sinne*. Beim Essen wirken Geschmackssinn und Geruchssinn zusammen. Dies fällt uns besonders auf, wenn wir erkältet sind und nicht mehr so gut riechen können. Dann schmeckt auch unser Lieblingsessen fad.

Geschmackssinn und Geruchssinn nennt man chemische Sinne. Mit ihnen können wir Stoffe unterscheiden.

3. Zeige auf Abb. 61.1., wie vor dem Essen und während des Essens Gerüche zum Riechfeld der Nasenschleimhaut gelangen!

4. Unsere Nase warnt uns vor vielerlei Gefahren. Nenne Beispiele!

5. Betrachte Abb. 61.2.! Warum hat der Hund einen besseren Geruchssinn als der Mensch?

6. Warum bezeichnet man Geschmackssinn und Geruchssinn als chemische Sinne?

7. Warum schmeckt uns bei Erkältungskrankheiten das Essen nicht mehr so gut?

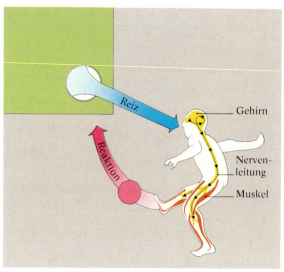

62.1. An der Torwand

62.2. Dem Reiz folgt die Reaktion

Das Nervensystem – ein Nachrichtennetz

1. Welche Sinnesorgane kennst du? Wie heißen Nerven, die von Sinnesorganen zum Gehirn führen?

2. Welche Bewegungen führst du beim Schießen auf die Torwand aus? Wie heißen Nerven, die vom Gehirn zu den Muskeln führen?

3. Welche Aufgaben hat das Gehirn?

4. In Abb. 62.2. ist eine Folge von Reiz und Reaktion beim Fußball dargestellt. Wie läuft der Vorgang beim Korbball ab?

5. Besorge dir ein Elektrokabel und vergleiche es mit einer Nervenfaser! Nimm Abb. 63.1. zu Hilfe!

Es ist gar nicht so leicht, mit dem Ball die Öffnung in der Torwand zu treffen.

Zuerst nehmen wir mit den Augen Maß. Wir schätzen, in welcher Entfernung das Loch ist und in welche Richtung wir zielen müssen. Diese Informationen sind *Reize,* die unsere Augen wahrnehmen und an das Gehirn weiterleiten. Von allen Sinnesorganen führen solche Nerven zum Gehirn. Wir nennen sie **Empfindungsnerven.**

Das *Gehirn* verarbeitet diese Informationen und gibt bestimmten Muskeln den Befehl, sich zusammenzuziehen. Zu allen Muskeln unserer Gliedmaßen führen eigene Nerven vom Gehirn. Sie heißen **Bewegungsnerven.**

Nun folgt auf den Reiz die *Reaktion.* Unser Fuß stößt den Ball fort. Wenn wir gut gezielt und gut geschossen haben, fliegt der Ball ins Loch.

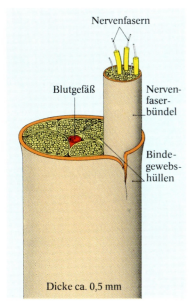

63.1. Bau eines Nervs

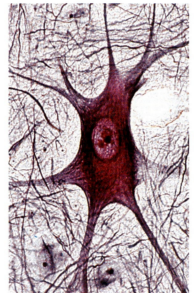

63.2. Nervenzelle

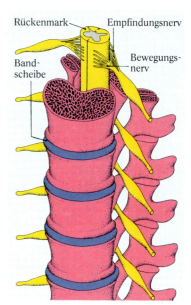

63.3. Rückenmark

Nerven enthalten Zellen mit langen Fortsätzen. Man kann sie mit elektrischen Kabeln vergleichen. Eine Hülle aus Bindegewebe schützt und isoliert nach außen. Diese Hülle umschließt Bündel von Nervenfasern, die ebenfalls gegeneinander isoliert sind. Im Inneren versorgen Blutgefäße die Nervenzellen mit allen lebensnotwendigen Stoffen.

Die Nerven von Rumpf und Gliedmaßen sind zu einem dicken Nervenstrang verbunden. Er heißt **Rückenmark** und ist durch die Wirbelknochen besonders gut geschützt. Zwischen den einzelnen Wirbeln zweigen Nerven ab und führen zu den Organen, die in der Nähe liegen. So wird unser Körper durch ein Netz von Nerven mit dem **Gehirn** verbunden.

Empfindungsnerven, Bewegungsnerven, Rückenmark und Gehirn bilden das Nervensystem.

6. Wie werden die Nerven mit lebensnotwendigen Stoffen versorgt?

7. Betrachte Abb. 63.3.!
   a) Wo liegt das Rückenmark? Wodurch ist es besonders geschützt?
   b) Was liegt zwischen den einzelnen Wirbeln? Wieso können hier Nerven gut abzweigen?

8. Aus welchen Teilen besteht das Nervensystem?

9. Bei einer Verletzung des Rückenmarks kommt es häufig zu einer Querschnittslähmung: Alle Gliedmaßen unterhalb der verletzten Stelle können nicht mehr bewegt werden. Erkläre!

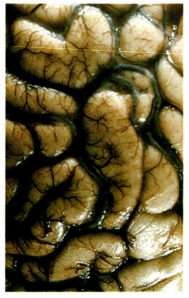

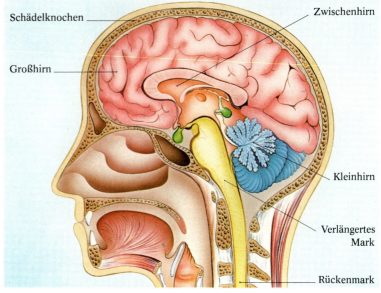

Schädelknochen — Zwischenhirn

Großhirn —

Kleinhirn

Verlängertes Mark

Rückenmark

64.1. Gehirnwindungen   *64.2. Gehirn* (Querschnitt)

Das Gehirn – eine Schaltzentrale

1. Betrachte Abb. 64.2.! Aus welchen Teilen besteht das Gehirn?

2. Vergleiche die Hälfte einer Walnuss mit dem Gehirn (Abb. 64.1.)! Welche Ähnlichkeiten kannst du finden?

3. In welchem Teil des Gehirns finden Denkvorgänge statt?

4. Welche Gehirnfunktionen fallen aus, wenn man nach einer Gehirnerschütterung bewusstlos ist?

Häufig kommt es bei Unfällen oder Stürzen zu einer *Gehirnerschütterung* oder der Betroffene wird bewusstlos. Wenn das Gehirn nicht verletzt ist, erholt er sich meist rasch wieder. Warum ist das Gehirn für unseren Körper so wichtig?

Das Gehirn ist die Schaltzentrale des Nervensystems. Hier laufen die Informationen von den Sinnesorganen ein, werden miteinander verknüpft, gespeichert und mit früheren Informationen verglichen. Anschließend werden hier Entscheidungen darüber gefällt, was getan werden soll. Dies alles bezeichnen wir als **Denken.**

Den größten Raum im Schädel nehmen die beiden Hälften des **Großhirns** ein. Denkvorgänge finden vor allem in der Rinde des Großhirns statt. Sie ist stark gefurcht und enthält viele Nervenzellen, die miteinander verbunden sind.

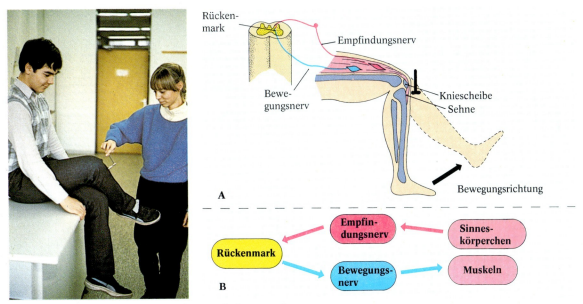

65.1. Reize, die im Rückenmark verarbeitet werden

Neben dem Großhirn gibt es noch weitere Gehirnteile mit anderen Aufgaben, z.B. das **Kleinhirn,** das **Zwischenhirn** und das **verlängerte Rückenmark.** Von hier aus werden Vorgänge gesteuert, die unbewusst ablaufen. Dazu gehört z.B. die Tätigkeit der inneren Organe.

Nicht alle Nachrichten von außen werden im Gehirn verarbeitet, bevor eine Reaktion eintritt. Wenn wir z.B. mit der Hand an einen heißen Gegenstand kommen, ziehen wir unwillkürlich den Arm zurück. Solche Vorgänge nennt man *Reflexe.* In diesem Fall wird ein Reiz gleich im **Rückenmark** zu einer Reaktion umgeschaltet. Es entsteht ein Reflexbogen.

Gehirn und Rückenmark bilden das Zentralnervensystem. Das Gehirn steuert bewusste und unbewusste Vorgänge, das Rückenmark die Reflexe.

5. Nenne unbewusste Vorgänge! In welchen Teilen des Gehirns werden sie gesteuert?

6. Setze dich auf einen Stuhl und schlage ein Bein über das andere! Schlage mit der Handkante leicht an die Stelle unterhalb der Kniescheibe! Beschreibe und begründe, was geschieht! Vergleiche mit Abb. 65.1.!

7. Erläutere nach Abb. 65.1.B, was ein Reflexbogen ist!

8. Husten, Niesen, Schlucken und Erbrechen sind Reflexe. Welche Schutzfunktionen haben diese Reflexe für den Körper?

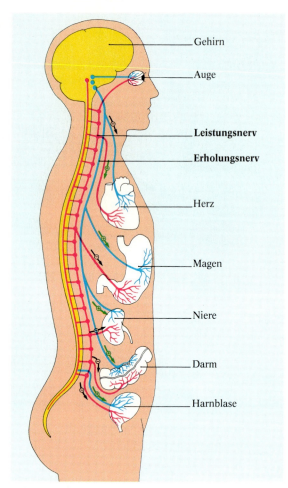

66.1. Vegetatives Nervensystem

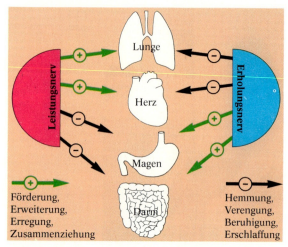

66.2. Leistungsnerv und Erholungsnerv sind Gegenspieler

Automatisch gesteuert

Kannst du mal schnell dein Herz für einen Augenblick stillstehen lassen oder mit dem Verdauen aufhören? Nein, das geht nicht! Diese Vorgänge laufen von selbst ab.

Die Tätigkeit unserer inneren Organe wird vom **vegetativen Nervensystem** gesteuert. Es besteht aus zwei großen Nerven, die zu den einzelnen Organen führen. Der **Leistungsnerv** macht den Körper leistungsbereit. Er beschleunigt z.B. Herzschlag und Atmung, bremst aber dafür die Darmtätigkeit. Der **Erholungsnerv** schaltet den Körper auf Erholung um. Er verlangsamt die Tätigkeit von Herz und Lunge und fördert die Verdauung.

Leistungsnerv und Erholungsnerv sind Gegenspieler und steuern zusammen die Tätigkeit der inneren Organe, ohne dass wir uns darum zu kümmern brauchen. Diese Vorgänge laufen unbewusst und automatisch ab.

---

1. Betrachte Abb. 66.1.! Welche inneren Organe werden durch das vegetative Nervensystem gesteuert?

2. Erläutere anhand von Abb. 66.2. das Zusammenspiel von Leistungsnerv und Erholungsnerv!

3. Betrachte Abb. 67.1.! Wie kannst du dein Nervensystem gesund erhalten?

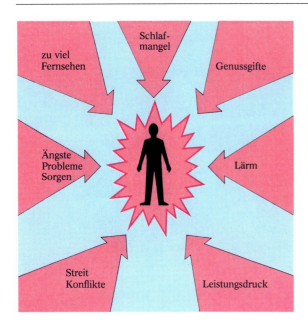

67.1. Gefahren für deine Nerven

Wenn einem angst und bange wird

67.2. Susanne in der Klassenarbeit

Solange man sich wohl fühlt, spürt man die unbewussten Lebensvorgänge nicht. Wenn uns aber Stress, Ärger oder andere Einflüsse belasten, macht sich das vegetative Nervensystem durch Störungen bemerkbar.

Kopfweh, Herzklopfen oder Magendruck sind oft Alarmzeichen. Das vegetative Nervensystem macht uns darauf aufmerksam, dass unsere Gesundheit gefährdet ist und dass wir mit Problemen nicht fertig werden.

Solche *Warnsignale* sollte man ernst nehmen. Sonst werden aus nervösen Störungen körperliche Krankheiten, z.B. Herz- und Kreislaufbeschwerden oder Magen- und Darmgeschwüre.

Das vegetative Nervensystem regelt die Tätigkeit der inneren Organe. Es reagiert empfindlich auf seelische und körperliche Belastungen.

Susanne hat schlecht geschlafen. Im Traum sind ihr die Formeln erschienen, von denen sie kurz vor der Mathe-Arbeit noch viel zu wenig Ahnung hat. Sie fühlt sich schlecht und bekommt zum Frühstück keinen Bissen herunter.

Als der Lehrer die Arbeiten austeilt, wird ihr ganz „flau" im Magen. Ihr Herz klopft bis zum Hals. Sie kann vor Aufregung die Aufgaben kaum lesen. Ihre Hände werden feucht und beginnen zu zittern.

„Ich muss mich beruhigen und entspannen", denkt Susanne, „sonst schaffe ich nicht einmal die leichten Aufgaben."

4. Susanne hat vegetative Störungen!
   a) Wie äußern sie sich?
   b) Was kann sie dagegen tun?

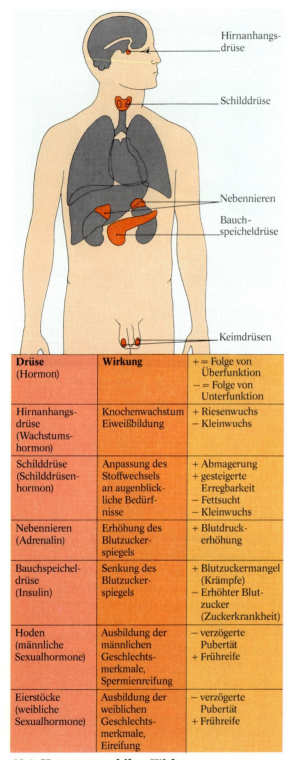

Hirnanhangs-
drüse

Schilddrüse

Nebennieren

Bauch-
speicheldrüse

Keimdrüsen

68.2. Schreck, lass nach!

Drüse (Hormon)	Wirkung	+ = Folge von Überfunktion − = Folge von Unterfunktion
Hirnanhangs-drüse (Wachstums-hormon)	Knochenwachstum Eiweißbildung	+ Riesenwuchs − Kleinwuchs
Schilddrüse (Schilddrüsen-hormon)	Anpassung des Stoffwechsels an augenblick-liche Bedürf-nisse	+ Abmagerung + gesteigerte Erregbarkeit − Fettsucht − Kleinwuchs
Nebennieren (Adrenalin)	Erhöhung des Blutzucker-spiegels	+ Blutdruck-erhöhung
Bauchspeichel-drüse (Insulin)	Senkung des Blutzucker-spiegels	+ Blutzuckermangel (Krämpfe) − Erhöhter Blut-zucker (Zuckerkrankheit)
Hoden (männliche Sexualhormone)	Ausbildung der männlichen Geschlechts-merkmale, Spermienreifung	− verzögerte Pubertät + Frühreife
Eierstöcke (weibliche Sexualhormone)	Ausbildung der weiblichen Geschlechts-merkmale, Eireifung	− verzögerte Pubertät + Frühreife

68.1. Hormone und ihre Wirkungen

Botenstoffe im Körper

Stell dir eine gefährliche Situation vor! Ein Auto kommt plötzlich angerast. Sollst du vorwärts oder zurück? Du spürst, dass dein Körper in Alarmzustand versetzt wurde.

Das Herz schlägt schneller, der Atem geht hastiger. Blut wird aus den Adern der Haut abgezogen und die Haut wird blass. Angst-schweiß tritt auf die Stirn.

Dies ist auf die Wirkung eines Stoffes zurück-zuführen, der **Adrenalin** heißt. Er wird bei Gefahr von der Nebenniere ausgeschieden und gelangt mit dem Blut zu den verschiede-nen Organen.

Stoffe wie das Adrenalin heißen **Hormone**. Sie werden von *Hormondrüsen* erzeugt und gelangen durch das Blut in den ganzen Kör-per. Hormone sind Botenstoffe und enthal-ten Informationen, die aber nur an bestimm-ten Stellen des Körpers verstanden werden.

69.1. Riesenwuchs: Größe 2,15 m!

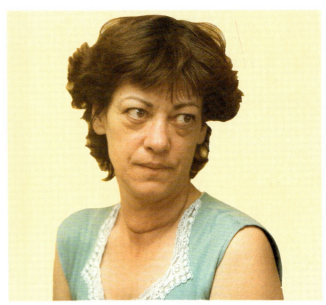

69.2. Überfunktion der Schilddrüse

Hormone steuern viele Lebensvorgänge. Die Körpergröße z.B. wird durch ein **Wachstumshormon** gesteuert. In der Reifezeit reifen beim Jungen die Hoden und beim Mädchen die Eierstöcke. Diese Hormondrüsen erzeugen **Geschlechtshormone,** die eine Ausbildung der männlichen bzw. weiblichen Geschlechtsmerkmale bewirken.

Wenn die Hormondrüsen nicht einwandfrei arbeiten, kommt es zu schwerwiegenden Störungen. Mangel an **Insulin** aus der Bauchspeicheldrüse führt zur *Zuckerkrankheit*. Überfunktion der **Schilddrüse** führt zur Abmagerung und kann Kropfbildung zur Folge haben. Unterfunktion der Schilddrüse kann Fettsucht auslösen.

Hormone werden in Hormondrüsen gebildet und regeln viele Lebensvorgänge. Bei Überfunktion oder Unterfunktion kommt es zu Störungen.

1. Wo wird Adrenalin gebildet? Welche Wirkungen hat es im Körper?

2. Welche Hormondrüsen nehmen erst während der Reifezeit ihre Tätigkeit auf? Beschreibe die Wirkungen?

3. Worauf ist die Zuckerkrankheit zurückzuführen?

4. Wie entsteht ein Kropf? Betrachte Abb. 69.2.!

5. Betrachte Abb. 69.1.! Welches Hormon ist für diese Störung verantwortlich?

6. Betrachte Abb. 68.1.! Nenne die Wirkungen von Hormonen und die Folgen von Über- oder Unterfunktion.

Fortpflanzung und Entwicklung des Menschen

70.1. Jugendliche suchen Kontakt

Pubertät – Reifezeit

1. Betrachte Abb. 71.1.!
   Diskutiere, welche seelischen Veränderungen in der Reifezeit auftreten!

2. Erkläre, wie sich das Verhältnis zu den Erwachsenen in der Reifezeit verändern kann!
   Nenne Beispiele!

3. Beschreibe die Stimmungen Jugendlicher in der Reifezeit!

4. Betrachte Abb. 71.2.!
   Welche körperlichen Merkmale verändern sich in der Reifezeit beim Jungen und beim Mädchen?

5. Lies den Text im blauen Kasten auf Seite 71! Was meinst du zu den Problemen von Heiko und Sandra?

Ingo, Uwe, Heike und Anja treffen sich jetzt häufig im Park. Sie reden und diskutieren miteinander und verstehen sich prima. Noch vor einem Jahr waren die Jungen und Mädchen lieber unter sich.

Die Entwicklungsphase, in der sich die Jungen und Mädchen befinden, bezeichnet man als *Jugend*. **Seelische Veränderungen** treten auf. Ihre Stimmungen schwanken häufig: Sie sind entweder niedergeschlagen oder befinden sich in Hochstimmung. Kunst und Musik werden stärker als in der Kindheit empfunden. Die Jugendlichen setzen sich kritisch mit ihrer Umwelt auseinander. Häufig kommt es zu Konflikten mit Eltern und Lehrern. Sehr stark ist ihr Wunsch nach Unabhängigkeit.

In dieser *Reifezeit* oder *Pubertät* treten auch **körperliche Veränderungen** auf. Beim Jungen wird die Körperbehaarung stärker, Bart

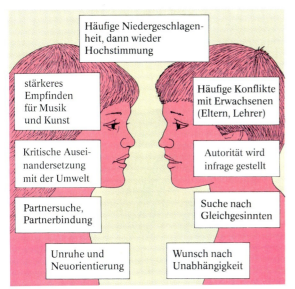

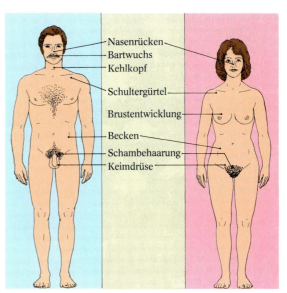

71.1. Seelische Veränderungen in der Reifezeit

71.2. Körperliche Veränderungen in der Reifezeit

und Schamhaare wachsen. Der Schultergürtel wird breiter. Der Kehlkopf vergrößert sich. Die Stimmbänder werden länger und die Stimme wird tiefer. Es kommt zum Stimmbruch. Die Keimdrüsen nehmen ihre Tätigkeit auf. In den Hoden werden nun reife Samenzellen gebildet.

Beim Mädchen beginnen die Brüste zu wachsen. Achsel- und Schamhaare treten auf. Das Becken wird breiter. Die erste Regelblutung setzt ein. Dieses ist das Zeichen, dass sich im Eierstock eine reife Eizelle gebildet hat.

Die körperlichen und seelischen Veränderungen werden bei Jungen und Mädchen durch Geschlechtshormone gesteuert.

Die Pubertät ist die Reifezeit. Es treten körperliche und seelische Veränderungen bei Jungen und Mädchen auf.

Heiko und Sandra haben Probleme

Heiko plant mit seiner Jugendgruppe eine Ferienreise. Er möchte, dass Sandra mitfährt. Die beiden sind schon lange befreundet und oft zusammen.
Sandra ist „Feuer und Flamme". Aber nach einigen Überlegungen hat sie doch Bedenken. Wird die Fahrt wirklich ihren Vorstellungen entsprechen?

Die beiden möchten am liebsten den ganzen Tag zusammen verbringen. Aber die Jungen und Mädchen sind in getrennten Gruppen und haben unterschiedliche Freizeitprogramme. „Für gemeinsame Stunden wird uns nicht mehr viel Zeit bleiben. Immer sind andere da. Ich würde gerne mit dir ganz alleine fahren!", sagt Sandra.

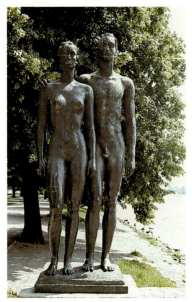

72.1. Frau und Mann (Statue)

72.2. Männliche Geschlechtsorgane (Schema, Längsschnitt)

1 Hodensack
2 Hoden
3 Samenleiter
4 Harnblase
5 Penis (Glied)
6 Schwellkörper
7 Eichel
8 Vorhaut
9 Schambeharung

Was heißt geschlechtsreif?

1. Betrachte Abb. 72.1.!
   Woran kannst du Frau und Mann unterscheiden?

2. Woran lassen sich Junge und Mädchen schon bei der Geburt unterscheiden?

3. Was wird in den Hoden während der Pubertät erstmals gebildet und gespeichert?

4. Betrachte Abb. 72.2.!
   Erkläre, wie sich der Penis versteifen kann!

5. Betrachte Abb. 72.2.!
   Beschreibe den Weg des Samens beim Samenerguss!

Die Darstellung des menschlichen Körpers hat viele Künstler herausgefordert. Deutlich kann man an der Statue in Abb. 72.1. Mann und Frau unterscheiden.

Bereits Neugeborene lassen sich an den äußeren **Geschlechtsorganen** unterscheiden. Ein kleiner Junge ist an Penis und Hodensack, ein kleines Mädchen an Schamlippen und Schamspalte zu erkennen. Während der Pubertät verändern sich die Geschlechtsorgane. Hormone regeln Wachstum und Reifung.

Beim Jungen werden in den *Hoden* **Spermazellen** gebildet und gespeichert. Die Hoden liegen in einem Hautsack außerhalb des Körpers. Durch vermehrte Durchblutung des Schwellkörpers kann sich das Glied versteifen. Beim Samnenerguss gelangt die Samenflüssigkeit über die Samenleiter und den Penis nach außen.

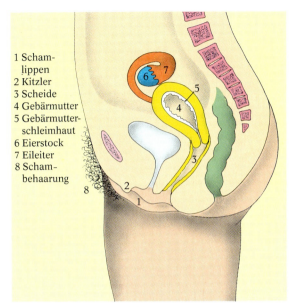

73.1. *Weibliche Geschlechtsorgane* (Schema)

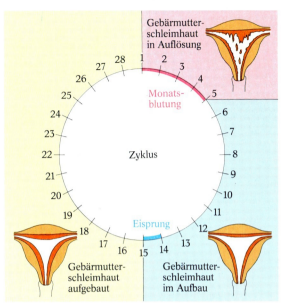

73.2. *Der weibliche Zyklus*

Beim Mädchen reift monatlich im rechten oder linken *Eierstock* eine **Eizelle** heran. Aus dem Eierstock wandert die Eizelle durch den Eileiter in die Gebärmutter. Wird die Eizelle nicht befruchtet, wird sie bei der Regelblutung mit der Gebärmutterschleimhaut durch die Scheide ausgestoßen.

Die Regelblutung tritt in einem ganz bestimmten *Zyklus* auf. Vom ersten Tag der Blutung bis zum Beginn der nächsten Blutung vergehen normalerweise 28 Tage. Durch Aufregungen, Klimawechsel oder Krankheiten können Schwankungen in der Zyklusdauer auftreten.

In der Pubertät werden erstmals in den Hoden reife Spermazellen und in den Eierstöcken reife Eizellen gebildet. Damit sind Jungen und Mädchen geschlechtsreif.

6. Betrachte Abb. 73.1.! Nenne die im Körper liegenden weiblichen Geschlechtsorgane!

7. Was reift zum ersten Male während der Pubertät in den Eierstöcken?

8. Beschreibe anhand der Abb. 73.1. den Weg einer Eizelle vom Eisprung bis zur Regelblutung!

9. Wie viele Tage dauert normalerweise der weibliche Zyklus?

10. Am wievielten Tag vor einer neuen Regelblutung findet der Eisprung statt?
Betrachte dazu Abb. 73.2.!

11. Diskutiere, warum geschlechtsreif nicht gleich erwachsen ist!

JAN	FEB	MRZ	APR	MAI	JUN	JUL	AUG	SEP	OKT	NOV	DEZ
1	1	1	1	1	✗	1	1	1	1	1	1
2	2	2	2	2	✗	2	2	2	2	2	2
3	3	3	3	3	✗	3	3	3	3	3	3
4	4	4	4	4	✗	4	4	4	4	4	4
5	5	5	5	✗	✗	5	5	5	5	5	5
6	6	6	6	✗	✗	6	6	6	6	6	6
7	7	7	7	✗	✗	7	7	7	7	7	7
8	8	8	8	✗	✗	8	8	8	8	8	8
9	9	9	✗	9	9	9	9	9	9	9	9
10	10	10	✗	10	10	10	10	10	10	10	10
11	11	11	✗	11	11	11	11	11	11	11	11
12	12	12	✗	12	12	12	12	12	12	12	12
13	13	✗	✗	13	13	13	13	13	13	13	13
14	14	✗	14	14	14	14	14	14	14	14	14
✗	15	✗	15	15	15	15	15	15	15	15	15
✗	16	✗	16	16	16	16	16	16	16	16	16
✗	✗	✗	17	17	17	17	17	17	17	17	17
✗	✗	18	18	18	18	18	18	18	18	18	18
19	✗	19	19	19	19	19	19	19	19	19	19
20	✗	20	20	20	20	20	20	20	20	20	20
21	✗	21	21	21	21	21	21	21	21	21	21
22	22	22	22	22	22	22	22	22	22	22	22
23	23	23	23	23	23	23	23	23	23	23	23
24	24	24	24	24	24	24	24	24	24	24	24
25	25	25	25	25	25	25	25	25	25	25	25
26	26	26	26	26	26	26	26	26	26	26	26
27	27	27	27	27	27	27	27	27	27	27	27
28	28	28	28	28	28	28	28	28	28	28	28
29	29	29	29	29	29	29	29	29	29	29	29
30		30	30	30	30	30	30	30	30	30	30
31		31		31		31	31		31		31

74.1. Regelkalender (✗ = Menstruation)   **74.2. Eizelle im Eierstock**

Ein Kind entsteht

1. Betrachte Abb. 74.1.!
   Warum hat Ute ab Juni keine weiteren Eintragungen in ihrem Regelkalender vorgenommen?

2. Erkläre, was ein Eisprung ist und wann er stattfindet!

3. Wie ist eine Samenzelle aufgebaut? Betrachte dazu Abb. 75.1.

4. Erläutere den Vorgang der Befruchtung!

5. Beschreibe den Weg einer befruchteten Eizelle anhand von Abb. 75.2.!

6. Beschreibe die ersten Entwicklungsstadien der befruchteten Eizelle! Betrachte dazu Abb. 75.2.!

Heikes älteste Schwester Ute hat sich schon längere Zeit ein Kind gewünscht. Jetzt ist ihre Regelblutung ausgeblieben. Ein Schwangerschaftstest und eine Untersuchung beim Arzt verschaffen ihr Gewissheit: Sie ist schwanger.

Bisher hatte Ute einen Zyklus von etwa 28 Tagen. Sie hat die Tage ihrer Regelblutung in einem Regelkalender angekreuzt.

Jeweils in der Mitte eines Zyklus kommt es zum Eisprung. Dabei verlässt eine *Eizelle* die schützende Hülle des Eierstocks. Sie wandert weiter durch den Eileiter in die Gebärmutter. Die Gebärmutterschleimhaut ist für eine mögliche Schwangerschaft vorbereitet. Wird die Eizelle nicht befruchtet, so wird sie bei der nächsten Regelblutung mit der Gebärmutterschleimhaut abgestoßen. Die monatliche Eireife wird von Geschlechtshormonen gesteuert.

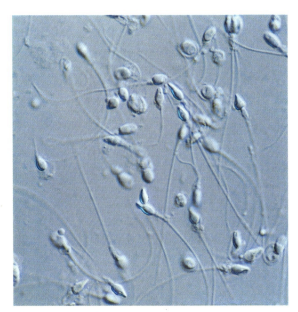

75.1. Spermazelle

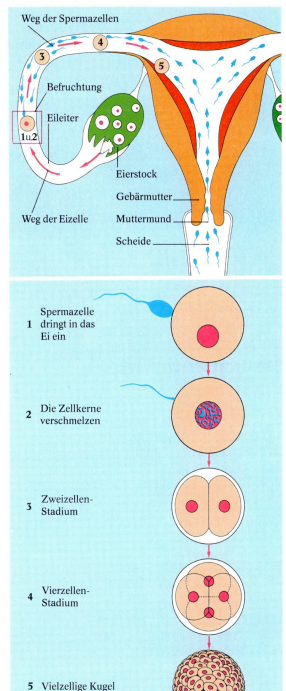

Bei der geschlechtlichen Vereinigung gelangen Millionen von *Spermazellen* in die Scheide. Die Spermazellen bestehen aus einem Kopfteil und einem Schwanzfaden. Durch Ruderschlag des Fadens können sie durch die Gebärmutter in die Eileiter schwimmen. Nur einer einzigen Spermazelle gelingt es schließlich, in eine im Eileiter liegende reife Eizelle einzudringen. Die Kerne der beiden Geschlechtszellen verschmelzen miteinander. Diesen Vorgang nennt man **Befruchtung.**

Auf dem Weg durch den Eileiter zur Gebärmutter teilt sich die befruchtete Eizelle mehrmals. Durch weitere Teilungen wächst in der Gebärmutter ein Kind heran.

Die Verschmelzung von Eizelle und Spermazelle nennt man Befruchtung. Aus der befruchteten Eizelle kann in der Gebärmutter ein Kind entstehen.

75.2. Ein Kind entsteht:
Befruchtung und erste Teilungsschritte

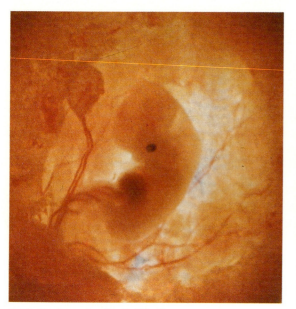

76.1. Embryo in der 7. Woche

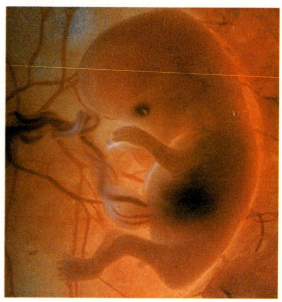

76.2. Fetus (Kind ab 12. Woche)

Ein Kind wächst heran

1. Nenne die drei Entwicklungsstufen des Kindes im Mutterleib!

2. Wodurch wird das Kind im Mutterleib geschützt?

3. Wie wird das Kind im Mutterleib ernährt?

4. Nenne Verhaltensregeln, die eine werdende Mutter beachten sollte!

5. Lies den Text im blauen Kasten auf S. 77.!
   a) Erkläre, wie eineiige Zwillinge entstehen!
   b) Erkläre, wie zweieiige Zwillinge entstehen!
   c) Welche Geschlechter können die beiden Zwillingsarten haben?

Ute ist jetzt schon in der 7. Woche schwanger. Bei den ärztlichen Untersuchungen kann sie auf dem Ultraschallbild die Umrisse ihres Kindes erkennen.

Der *Keim* wird jetzt **Embryo** genannt. Über die *Nabelschnur* nimmt er die notwendige Nahrung auf und gibt Abfallstoffe wieder ab. Deutlich erkennt man seine menschliche Gestalt. Man sieht das Herz, das etwa zweimal in der Sekunde schlägt. Der Embryo schwimmt in der mit *Fruchtwasser* gefüllten *Fruchtblase*. Dadurch ist er gegen Schlag und Stoß weitgehend geschützt.
Nach der 12. Schwangerschaftswoche wird der Embryo **Fetus** genannt.

Im Laufe der Entwicklung von 280 Tagen nimmt der Fetus ganz unterschiedliche Körperhaltungen ein. Kurz vor der Geburt zeigt das Kind normalerweise mit dem Kopf zur Scheide.

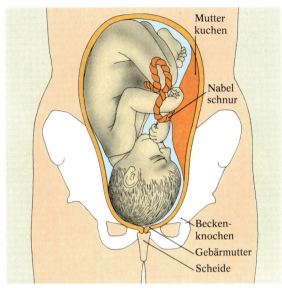

77.1. Kind im Mutterleib

Zwillinge

77.2. Rainer und Rüdiger

77.3. Frank und Anne

Das **Verhalten der Mutter** in der Schwangerschaft hat auf die Entwicklung des Kindes großen Einfluss. *Alkohol* im Blut der Mutter bedeutet auch Alkohol im Blut des Kindes. Raucht die Mutter, nimmt auch das Kind *Nikotin* auf. Deshalb sollte die Mutter in der Schwangerschaft weder rauchen noch trinken.
Bei der Einnahme von *Medikamenten* ist Vorsicht geboten. Auch sie können in den kindlichen Kreislauf übertreten. Infiziert sich die Mutter mit *Rötelnviren*, so kann das ungeborene Kind davon befallen werden. Schwere körperliche Schäden können die Folge sein. Eine werdende Mutter sollte Hektik und Stress vermeiden und nicht schwer tragen, denn auch dadurch kann der Fetus geschädigt werden.

Das Kind entwickelt sich in 280 Tagen geschützt im Mutterleib. Es ist über die Nabelschnur mit seiner Mutter verbunden.

Rainer und Rüdiger sind eineiige, Frank und Anne zweieiige Zwillinge. Rainer und Rüdiger sehen sich zum Verwechseln ähnlich, Anne und Frank jedoch nicht!

Eineiige Zwillinge entwickeln sich, wenn aus einer befruchteten Eizelle zwei Keime entstehen. Die Kinder haben immer das gleiche Geschlecht. Rainer und Rüdiger gleichen sich in körperlichen und seelischen Eigenschaften.

Anne und Frank sind **zweieiige Zwillinge.** Ihre Entwicklung hat mit zwei reifen Eizellen begonnen, die getrennt befruchtet wurden. Zweieiige Zwillinge können auch unterschiedliche Geschlechter haben.

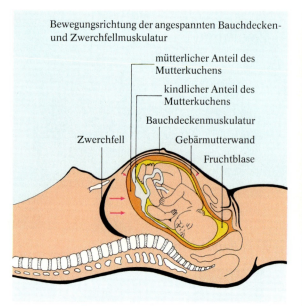

Bewegungsrichtung der angespannten Bauchdecken- und Zwerchfellmuskulatur

mütterlicher Anteil des Mutterkuchens

kindlicher Anteil des Mutterkuchens

Bauchdeckenmuskulatur

Zwerchfell

Gebärmutterwand

Fruchtblase

78.1. Die Wehen setzen ein (Schema)

78.2. Ein Kind ist geboren

Die Geburt

1. Beschreibe den Vorgang der Geburt!

2. Überlege, welche Gründe für eine Entbindung im Krankenhaus sprechen!

3. Was versteht man unter einer Fehlgeburt?

4. Was versteht man unter einer Frühgeburt?

5. Welche besondere Pflege braucht ein frühgeborenes Kind?

6. Was ist ein Kaiserschnitt? Wann ist er erforderlich?

7. Was bezeichnet man als Stillen?

8. Überlege, welche anderen Möglichkeiten der Säuglingsernährung es gibt!

Ute hat sich in einem Kurs auf die Geburt ihres Kindes vorbereitet. Als die *Wehen* einsetzen, weiß sie, dass die **Geburt** beginnt. Sie begibt sich in ein Krankenhaus, das ihr die Möglichkeit zur Entbindung bietet.

Kurz bevor ein Kind geboren wird, platzt die *Fruchtblase.* Das Fruchtwasser fließt ab. Jetzt setzen die *Presswehen* ein, wobei das Kind mit dem Kopf voran geboren wird. Ein Arzt und eine Hebamme helfen der Mutter, das Kind auf die Welt zu bringen.

Ein Kind, das vor der 28. Woche geboren wird, ist nicht lebensfähig. Man spricht von einer *Fehlgeburt.*

Wenn ein Kind zwischen der 28. und 38. Schwangerschaftswoche geboren wird, spricht man von einer *Frühgeburt.* Frühgeborene müssen noch einige Zeit im *Brutkasten* versorgt werden.

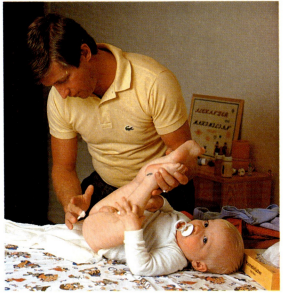

79.1. Säuglingspflege

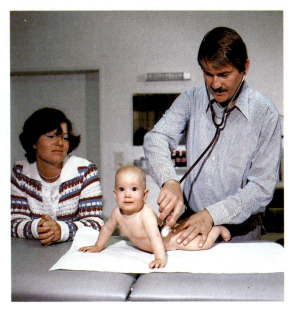

79.2. Vorsorgeuntersuchung beim Kinderarzt

Es kommt vor, dass das Kind nicht richtig liegt. Ein Arzt muss dann mit dem *Kaiserschnitt* die Bauchdecke öffnen und das Kind zur Welt bringen.

Nach etwa 24 Stunden kann die Mutter ihr Kind zum ersten Male *stillen*. Von jetzt an braucht es alle 4 Stunden Nahrung.

Eltern können sich in Kursen auf die **Säuglingspflege** vorbereiten. Sie lernen dort, wie Säuglinge gebadet, gewickelt und gefüttert werden müssen.

Die Eltern sollten mit dem Säugling regelmäßig zu den ärztlichen Untersuchungen gehen. Die Entwicklung des Kindes wird fachkundig beobachtet.

Der Säugling braucht Nahrung, Pflege und liebevolle Zuwendung.

9. Welche Pflege braucht ein neugeborenes Kind?

10. Überlege, warum auch der Vater die Pflege des Kindes regelmäßig übernehmen soll!

11. Überlege, warum das neugeborene Kind liebevolle Zuwendung braucht!

12. Frage deine Eltern nach deinem Untersuchungsheft.
Stelle Folgendes fest:
a) Wie groß warst du und welches Gewicht hattest du bei der Geburt?
b) Wie viele Untersuchungen sind im Heft eingetragen?
c) In welchem Zeitraum sollten die Untersuchungen stattfinden?

80.1. Spielverhalten bei Kindern verschiedener Altersstufen

Ein Menschenleben

1. Betrachte Abb. 80.1.A!
   Berichte, womit und wie ein Säugling in seinen ersten Lebensmonaten spielt!

2. Betrachte Abb. 80.1.B!
   Berichte, womit kleine Kinder spielen!

3. Betrachte Abb. 80.1.C!
   Berichte über die Interessen von Jugendlichen!

4. Was verändert sich bei Jugendlichen außer dem Spielverhalten?

5. Betrachte Abb. 81.1.!
   Welche Arbeiten verrichten die hier abgebildeten Personen?

Als Maik sein Fotoalbum mit den Kinderbildern sieht, staunt er. Hat er tatsächlich einmal mit bunten Ringen und Klötzen gespielt?

Nach der Geburt ist der **Säugling** noch unbeholfen. In den ersten Lebensmonaten lernt er, seinen Körper zu beherrschen, Geräusche zu unterscheiden, sein Spielzeug zu erkennen und danach zu greifen.

Das **Kleinkind** lernt krabbeln, laufen und sprechen. Mit seinen Spielgefährten wird es bald die nahe Umwelt erkunden können.

Einige Jahre später tritt das Kind in die Schule ein. Dieser Schritt ist für ein Kind sehr bedeutsam. Das **Schulkind** lernt schreiben, lesen und rechnen. Es muss lernen, in einer Klassengemeinschaft zu leben. Mit der einsetzenden *Pubertät* ist die **Kindheit** beendet. **Jugendliche** entwickeln eine eigene Persönlichkeit.

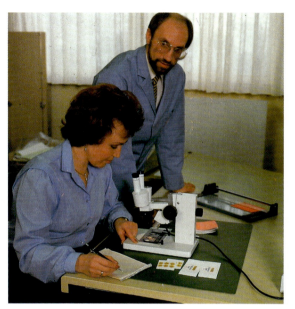

81.1. Erwachsene in der Arbeitswelt

81.2. Aktive Rentner

Der Übergang vom Jugendlichen zum **Erwachsenen** vollzieht sich allmählich. Junge Menschen lösen sich vom Elternhaus und viele gründen eine eigene Familie. Sie übernehmen Verantwortung in Familie und Beruf.

Im **Alter** verfügt der Mensch oft über große Lebenserfahrung. Die körperliche Leistungsfähigkeit nimmt aber ab.

Unter Politikern findet man oft ältere Menschen. Sie sind in der Lage, ihre Erfahrungen in die politische Arbeit einzubringen. Ein alter Mensch kann rege bleiben. Er sollte sich angemessen betätigen und am Leben seiner Umwelt aktiv teilnehmen.

Säugling, Kleinkind, Schulkind, Jugendlicher, Erwachsener und alter Mensch sind Entwicklungsstadien im Leben eines Menschen.

6. Wann spricht man von einem erwachsenen Menschen?

7. Betrachte Abb. 81.2.! Welcher Altersgruppe sind diese Menschen zuzuordnen und womit beschäftigen sie sich?

8. Zähle auf, welche Entwicklungsstufen ein Mensch in seinem Leben durchläuft!

9. Warum werden in Wohnheimen für alte Menschen viele Kurse angeboten?

10. Berichte, wie sich alte Menschen sinnvoll beschäftigen können!

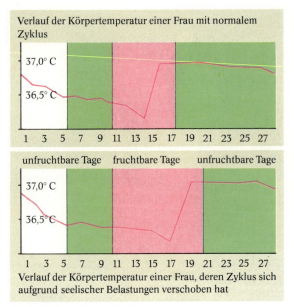

Verlauf der Körpertemperatur einer Frau mit normalem Zyklus

Verlauf der Körpertemperatur einer Frau, deren Zyklus sich aufgrund seelischer Belastungen verschoben hat

82.1. Zeitwahlmethode

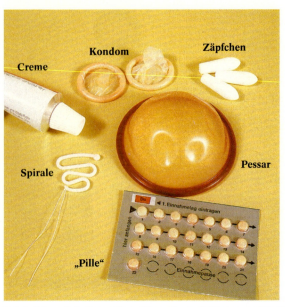

82.2. Verschiedene Empfängnisverhütungsmittel

Familienplanung

1. Was versteht man unter Familienplanung?

2. Betrachte Abb. 82.1.!
Vergleiche die fruchtbaren Tage bei der Frau mit normalem Zyklus und bei der Frau mit seelischen Belastungen!

3. Betrachte Abb. 82.2.!
Beschreibe die Wirkungen der verschiedenen Empfängnisverhütungsmittel!

4. Betrachte Abb. 83.1.!
Vergleiche die Versagerquoten der einzelnen Empfängnisverhütungsmittel!

Viele Paare möchten den Zeitpunkt des „Kinderkriegens" nicht dem Zufall überlassen. Für eine gezielte Familienplanung stehen natürliche Methoden und empfängnisverhütende Mittel zur Verfügung. Die Partner müssen zusammen überlegen, welche Methoden sie anwenden wollen.

Frauen können durch Führen eines Regelkalenders und durch Messen der Körpertemperatur ihre *fruchtbaren und unfruchtbaren Tage* ermitteln. Während des Eisprungs ist ein Abfall und anschließend ein Anstieg der Körpertemperatur zu beobachten. Man spricht von der *Zeitwahlmethode*.

Die *„Pille"*, die von der Frau regelmäßig eingenommen werden muss, verhindert durch Hormonsteuerung die Reifung einer Eizelle. *Cremes* und *Zäpfchen*, die in die Scheide eingeführt werden, vernichten chemisch die eindringenden Spermazellen.

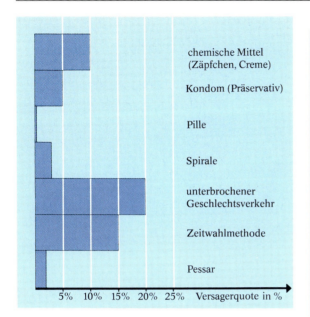

83.1. Wie sicher sind die Verhütungsmittel?

Schwangerschaftsabbruch

Der Schwangerschaftsabbruch ist im § 218 a des Strafgesetzbuches gesetzlich geregelt. Er stellt jede schwangere Frau vor schwere seelische, moralische und gesundheitliche Probleme. Nur Ärzten ist unter bestimmten Bedingungen ein Schwangerschaftsabbruch erlaubt, wenn

– das Leben der Schwangeren in Gefahr ist;

– das Kind an nicht behebbaren gesundheitlichen Schäden leiden würde;

– die Schwangere vergewaltigt wurde;

– eine schwerwiegende Notlage für die Schwangere besteht.

Vonseiten der Kirchen werden diesem Paragraphen Bedenken entgegengebracht. Ein Bischof schreibt: „Das ungeborene Leben steht unter vollem Rechtsschutz. Schwangerschaftsabbruch ist deshalb Tötung menschlichen Lebens; auch in der gesetzlichen Frist ist der Schwangerschaftsabbruch Tötung menschlichen Lebens."

5. Vergleiche die beiden Auffassungen miteinander!

Ein *Pessar* liegt vor der Gebärmutter. Es verhindert das Eindringen der Samenzellen in die Gebärmutter. Die *Spirale* wird vom Arzt in die Gebärmutter eingelegt. Sie verhindert das Einnisten einer befruchteten Eizelle, indem sie den Aufbau der Gebärmutterschleimhaut stört.

Das *Kondom* ist ein Verhütungsmittel, das vom Mann angewendet wird. Es ist ein sehr dünner, meist aus Gummi gefertigter, samenundurchlässiger Überzug. Er wird vor dem Geschlechtsverkehr über das versteifte männliche Glied gestreift. Somit wird die Samenflüssigkeit aufgefangen.

Der *unterbrochene Geschlechtsverkehr* ist eine sehr unsichere Methode.

Die Methoden zur Empfängnisverhütung sind unterschiedlich sicher. Beide Partner müssen die Verantwortung tragen.

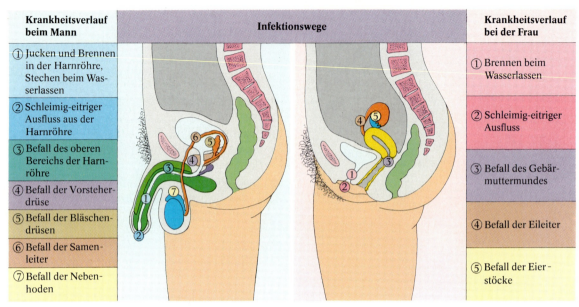

Krankheitsverlauf beim Mann	Infektionswege	Krankheitsverlauf bei der Frau
① Jucken und Brennen in der Harnröhre, Stechen beim Wasserlassen		① Brennen beim Wasserlassen
② Schleimig-eitriger Ausfluss aus der Harnröhre		② Schleimig-eitriger Ausfluss
③ Befall des oberen Bereichs der Harnröhre		③ Befall des Gebärmuttermundes
④ Befall der Vorsteherdrüse		④ Befall der Eileiter
⑤ Befall der Bläschendrüsen		⑤ Befall der Eierstöcke
⑥ Befall der Samenleiter		
⑦ Befall der Nebenhoden		

84.1. Tripper

Geschlechtskrankheiten

1. Wie breiten sich Geschlechtskrankheiten aus?

2. Betrachte Abb. 84.1.!
   a) Beschreibe den Verlauf des Trippers beim Mann!
   b) Beschreibe den Verlauf des Trippers bei der Frau!

3. Was soll mit der Meldepflicht von Geschlechtskrankheiten erreicht werden?

4. Überlege, wie man sich vor Geschlechtskrankheiten schützen kann!

Krankheiten, die überwiegend durch den Geschlechtsverkehr übertragen werden, nennt man **Geschlechtskrankheiten.** Bleiben diese Krankheiten unbehandelt, können andere Menschen angesteckt werden und zur Verbreitung dieser Krankheiten beitragen. Geschlechtskrankheiten sind bei den Gesundheitsämtern meldepflichtig.

Tripper ist eine gefährliche, bakterielle Erkrankung. 2 bis 8 Tage nach der Ansteckung tritt starkes Brennen beim Wasserlassen auf. Rechtzeitig behandelt, ist er heilbar. **Syphilis** wird durch Geschlechtsverkehr oder Berührung verletzter Haut übertragen. Bleibt die bakterielle Krankheit unbehandelt, so zeigen sich nach mehreren Jahren am ganzen Körper schwere Schädigungen. Sie können zum Tode führen.

Geschlechtskrankheiten sind ansteckend.
Sie müssen ärztlich behandelt werden.

Unterschiedliches Sexualverhalten

85.1. Liebespaar

85.2. Prostituierte

Petting sind intime Zärtlichkeiten zwischen zwei Partnern unter bewusstem Verzicht auf den Geschlechtsverkehr.

Selbstbefriedigung, auch Masturbation genannt, kann bei Jungen und Mädchen durch Reizung der Geschlechtsorgane hervorgerufen werden.

Heterosexualität: Liebe zwischen Mann und Frau.

Homosexualität: Liebe zwischen Partnern, die gleichgeschlechtlich sind. Frauen, die homosexuell sind, nennt man auch lesbisch.

Bei der **Prostitution** zahlt ein Partner für den gewährten Geschlechtsverkehr. Bei der Prostitution werden Mann oder Frau lediglich sexuell befriedigt. Partnerbindungen fehlen völlig.

Bei **Triebverbrechern** ist der Geschlechtstrieb sehr stark ausgeprägt. Kinder sind oft Opfer dieser krankhaft veranlagten Menschen. Sie werden von ihnen angesprochen und mitgenommen. Die Verbrecher vergehen sich an ihnen.

Mensch und Gesundheit

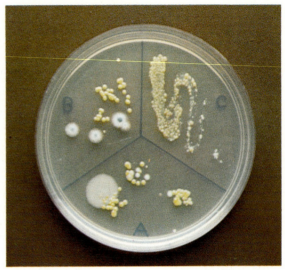

86.1. Nährboden mit Bakterienkolonien in einer Petrischale. *A Fingerabdruck; B Abdruck eines Geldscheins; C Bakterien von einer Stubenfliege.*

Bakterien gibt es überall

1. Wo leben Bakterien? Nenne Beispiele!

2. Wovon ernähren sich verschiedene Bakterienarten?

3. Betrachte Abb. 87.1.A! Beschreibe die verschiedenen Bakterienformen!

4. Betrachte Abb. 87.1.C! Wie ist ein Bakterium gebaut?

5. Erkläre, wie sich Bakterien vermehren!

Lena kommt von der Schule nach Hause. Vor dem Haus steht ein Tankwagen der Feuerwehr. In langer Reihe warten dort Leute mit Gefäßen. „Was ist los?", fragt Lena verwundert. „Das Leitungswasser musste abgestellt werden", sagt jemand. „Es ist verschmutzt und enthält **Bakterien**."

Bakterien sind einzellige Lebewesen, von denen einige Arten *Krankheiten* hervorrufen können. Ob in der Luft, im Boden, im Wasser – Bakterien gibt es fast überall. Sie leben zum Beispiel auch auf der menschlichen Haut, im Darm und in der Mundhöhle.

Andere Bakterien leben als *Fäulnisbewohner* von pflanzlichen oder tierischen Resten und zersetzen sie. Dabei werden Nährsalze für das Pflanzenwachstum frei.
Will man untersuchen, ob z.B. Wasser Bakterien enthält, gibt man einige Tropfen auf einen Nährboden.

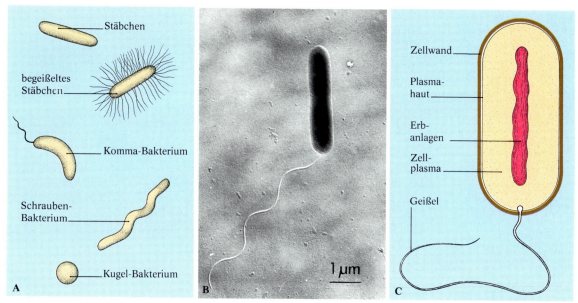

87.1. A Verschiedene Bakterienformen; B Mikrofoto eines Bakteriums; C Schemazeichnung

In warmer Umgebung teilt sich jede Bakterienzelle in zwei Tochterzellen, die schnell heranwachsen und sich erneut teilen. Darmbakterien des Menschen zum Beispiel brauchen zur Vermehrung 37 °C. Eine Zelle teilt sich dabei alle 20 Minuten. Auf dem Nährboden erkennt man bald *Bakterienkolonien.* Proben davon kann man unter dem Mikroskop betrachten.

Es gibt *kugelförmige* und *stäbchenförmige* Bakterien; andere sind wie ein Korkenzieher *geschraubt* oder *kommaförmig gekrümmt.* Einige besitzen zur Fortbewegung eine oder mehrere *Geißeln.* Alle haben eine feste Zellwand. Das in der Zelle liegende Plasma ist von der Plasmahaut umgeben. Die Erbanlagen der Bakterien liegen frei im Plasma; ein Zellkern fehlt.

Bakterien sind mikroskopisch kleine Lebewesen, die sich schnell vermehren.

6. Wie gewinnt man eine Bakterienkultur?

7. Überlege, warum der Nährboden vorher gekocht werden muss!

8. Aus welchem Grund dürfen die Bakterienkulturen nach dem Mikroskopieren nicht einfach weggeworfen werden, sondern müssen durch Kochen unschädlich gemacht werden?

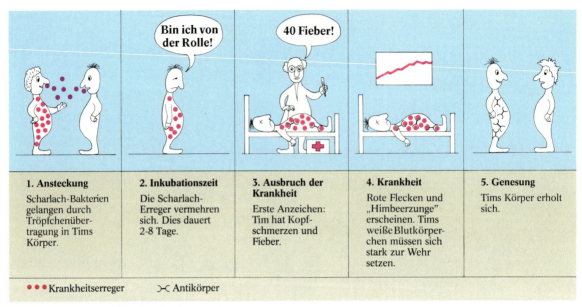

1. Ansteckung
Scharlach-Bakterien gelangen durch Tröpfchenübertragung in Tims Körper.

2. Inkubationszeit
Die Scharlach-Erreger vermehren sich. Dies dauert 2-8 Tage.

3. Ausbruch der Krankheit
Erste Anzeichen: Tim hat Kopfschmerzen und Fieber.

4. Krankheit
Rote Flecken und „Himbeerzunge" erscheinen. Tims weiße Blutkörperchen müssen sich stark zur Wehr setzen.

5. Genesung
Tims Körper erholt sich.

● ● ● Krankheitserreger   ⊃—⊂ Antikörper

88.1. Krankheitsverlauf bei Scharlach

Scharlach – ausgelöst durch Bakterien

1. Wie hat Uta ihren kranken Bruder gepflegt?

2. Woran erkennt der Arzt Scharlach?

3. Wodurch wird Scharlach hervorgerufen?

4. Wie konnten Scharlach-Erreger in Tims Körper gelangen?

5. Wie wehrt sich der Körper gegen Krankheitserreger? Betrachte dazu auch Abb. 88.1.!

6. Bekommt nun auch Uta Scharlach?

Uta und ihr jüngerer Bruder Tim sind heute allein zu Hause. Tim fühlt sich schon seit gestern nicht wohl. Deshalb hat Uta den Eltern versprochen, sich um ihn zu kümmern.

Tim klagt über Kopfschmerzen und Schluckbeschwerden. Sein Kopf fühlt sich heiß an, trotzdem fröstelt er. Uta deckt ihn mit einer Decke zu und misst seine Körpertemperatur: 39,8 °C! Sie ruft gleich den Arzt an. Der Arzt untersucht Tim wenig später. Ein feuerroter, geschwollener Rachen, eine himbeerfarbene Zunge und rote Flecken auf Hals, Brust und Oberschenkeln lassen keinen Zweifel: Tim hat **Scharlach!**

Scharlach wird durch kugelförmige Bakterien hervorgerufen, die wie Ketten aneinander hängen. Sie werden z.B. beim Husten in Tröpfchen von Mensch zu Mensch weitergegeben und zerstören die roten Blutkörperchen.

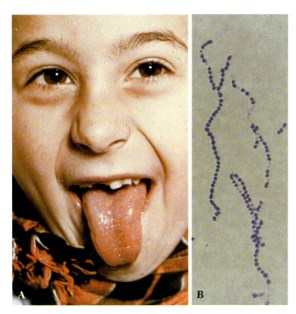

89.1. A Tim hat Scharlach; B Scharlach-Erreger

Doch der Körper wehrt sich: **Weiße Blutkörperchen** vernichten eingedrungene Krankheitserreger und bilden Abwehrstoffe. Diese Stoffe werden **Antikörper** genannt. Auch Tims Körper bildet jetzt Antikörper. Er behält sie auch nach Ablauf der Krankheit. Bildet er genügend Antikörper, so bekommt Tim Scharlach nicht noch einmal – er ist gegen die Krankheit ab jetzt **immun**.

Trotzdem verschreibt der Arzt Tim ein **Antibiotikum.** Dieses Medikament tötet die Bakterien in seinem Körper ab. Dadurch wird Tim nach etwa einer Woche wieder fast gesund sein. Aber auch gefährliche Folgen der Krankheit, wie zum Beispiel Entzündungen der Ohren, des Herzmuskels und der Nieren, werden so vermieden.

Scharlach wird durch Bakterien hervorgerufen und gehört zu den ansteckenden Krankheiten.

Die Lymphe hilft bei der Abwehr

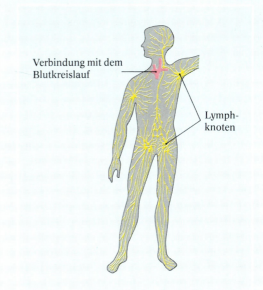

89.2. Die Lymphgefäße des Menschen

Eine wichtige Rolle bei der Abwehr von Krankheitserregern spielt das **Lymphgefäßsystem.** Es ist ein dichtes Netz von Gefäßen, das mit dem Blutgefäßsystem verbunden ist. Es enthält die **Lymphe,** eine klare Flüssigkeit, die unsere Körperzellen umspült.

Die Lymphe nimmt *Krankheitserreger* und *Schadstoffe* auf. Sie fließt durch **Lymphknoten** – z.B. in der Leistenbeuge und im Achselbereich. Dort werden viele weiße Blutkörperchen gebildet, die Krankheitserreger und Schadstoffe unschädlich machen. Auch die Mandeln im Hals- und Rachenbereich sind solche Lymphknoten. Sie können bei ansteckenden Krankheiten anschwellen und schmerzen.

7. Betrachte Abb. 89.2.!
   Erkläre, welche Aufgabe die Lymphe hat!

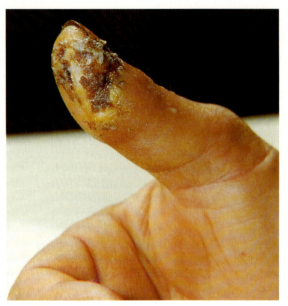

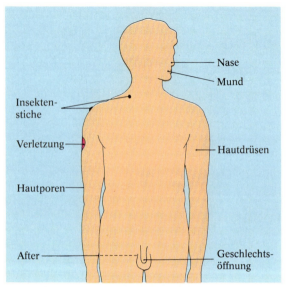

*90.2. Auf verschiedenen Wegen dringen
Bakterien in unseren Körper ein*

90.1. Eiternde Wunde

Bakterien verursachen viele Krankheiten

1. Betrachte Abb. 90.2.!
   Auf welchen Wegen können Krankheitserreger in unseren Körper gelangen?

2. Nenne Krankheiten, die durch Bakterien ausgelöst werden!

3. Betrachte die Tabelle 91.1.!
   Vergleiche die Inkubationszeiten der dort genannten Krankheiten!

4. Welche der Krankheiten in der Tabelle 91.1. hattest du schon?

Ständig gelangt eine große Zahl von Bakterien in unseren Körper. Sie können durch Mund und Nase, Haut und die Ausscheidungsöffnungen eindringen. Trotzdem sind wir nicht ständig krank.

Viele Bakterien können uns nichts mehr anhaben, weil der Körper bereits Abwehrstoffe gegen sie gebildet hat oder schnell genug bilden kann. Gelingt es den Bakterien aber, sich stark zu vermehren, so werden wir krank. Die Zeit der Vermehrung der Erreger, von ihrem Eindringen bis zum Ausbruch der Krankheit, nennen wir **Inkubationszeit.** Häufig fühlt man sich in dieser Zeit bereits unwohl.

Zu den Krankheiten, die durch Bakterien hervorgerufen werden, gehören **Diphtherie, Keuchhusten** und die sehr gefährliche **Lungentuberkulose.** Die Erreger dieser Krankheiten werden meistens eingeatmet.

Krankheit	Übertragung der Erreger	Inkubationszeit	Anzeichen/Auswirkungen
Scharlach	Einatmen, Tröpfchen-übertragung beim Anhusten, Anniesen,	2–8 Tage	Kopfschmerzen, Schüttelfrost, hohes Fieber, Schluckbeschwerden, „Himbeerzunge", rote Flecken auf Hals, Brust und Oberschenkeln
Diphtherie	Einatmen	2–7 Tage	Kopfschmerzen, Fieber, Sprache heiser, „mit Kloß im Hals", grauweißer Belag in Mund und Hals
Keuchhusten	Einatmen	7–21 Tage	Hals- und Schluckbeschwerden, krampfartiger Husten, Erbrechen von Schleim
Tuberkulose	Einatmen, Haut- und Schleimhautwunden	meist Wochen oder Monate	Müdigkeit, Appetitlosigkeit, Gewichtsverlust, erhöhte Temperatur, Entzündungsherde in der Lunge, Husten mit Auswurf
Tetanus (Wundstarr-krampf)	Eindringen in offene Wunden, auch kleinste Verletzungen	4–60 Tage	Muskelkrämpfe, Lähmung aller Körpervorgänge
Salmonellose	Aufnahme mit der Nahrung (Fleisch, Eier)	wenige Stunden bis 3 Tage	Übelkeit, Erbrechen, Kopf- und Leibschmerzen, Durchfall mit Fieber

91.1. Krankheiten, die durch Bakterien hervorgerufen werden

Durch offene Wunden können **Tetanus-Erreger** in den Körper gelangen. Diese Bakterien kommen im Schmutz und im Boden vor. Sie vergiften die Nervenzellen. Eine Lähmung aller Muskeln kann schließlich zum Tode führen. Auch **eitrige Entzündungen** in offenen Wunden oder im Körper werden durch Bakterien ausgelöst. Verschmutzte offene Wunden können daher lebensgefährlich werden.

Salmonellen werden meistens mit der Nahrung aufgenommen. Diese Bakterien können vor allem in Fleisch und Eiern vorkommen. Sie vermehren sich stark bei Zimmertemperatur. Nahrungsmittel sollen deshalb kühl gelagert, Fleisch und Eier nur gut durchgegart gegessen werden.

Viele gefährliche Krankheiten werden durch Bakterien hervorgerufen. Solche Krankheiten gehören in ärztliche Behandlung!

5. Wie kannst du dich gegen Tetanus-Erreger schützen?

6. Beschreibe den Verlauf einer Tetanus-Erkrankung!

7. Wie kann man eine Salmonellen-Erkrankung vermeiden?

8. Was heißt: „Der Körper ist gegen eine Krankheit immun"?

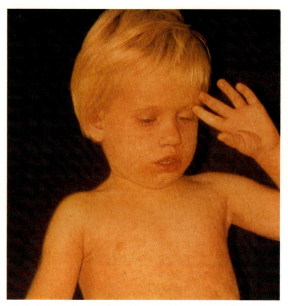

92.1. Masern werden durch Viren ausgelöst

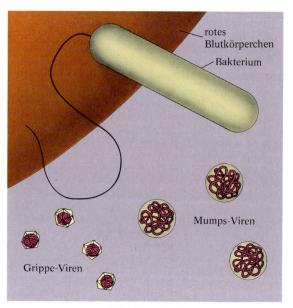

92.2. Viren sind viel kleiner als Bakterien

Viren – Winzlinge, die krank machen

1. Beschreibe, wie Grippeviren übertragen werden!

2. Warum spricht der Arzt von einer Grippewelle?

3. Betrachte die Tabelle 93.1.! Vergleiche die Inkubationszeiten und Übertragungswege der verschiedenen Krankheiten!

4. Welche der Krankheiten in Tabelle 93.1. hattest du schon?

Nina fühlt sich nicht wohl. Ihr ist schwindlig, der Kopf und alle Glieder tun weh. Sie fröstelt und hat Fieber. „Schon die fünfte Patientin mit denselben Beschwerden", sagt der Arzt. „Eine neue Grippewelle kommt auf uns zu."

Die **Virusgrippe** ist ansteckend und kann ernste Folgen haben. Der Arzt verordnet strenge Bettruhe und ein Medikament, das Ninas Abwehrkräfte unterstützt.

Verschiedene Krankheiten werden durch **Viren** verursacht. Dazu gehören z. B. **Masern, Mumps, Röteln** und **Windpocken.**

Viren sind noch kleiner als Bakterien. Auch sie werden durch die Luft gewirbelt und leicht von Mensch zu Mensch übertragen. Zu den besonders gefährlichen Viruskrankheiten zählen **Kinderlähmung** und **Tollwut.** Früher starben daran sehr viele Menschen.

Krankheit	Übertragung der Erreger	Inkubationszeit	Anzeichen/Auswirkungen
Virusgrippe	Einatmen	1–3 Tage	hohes Fieber, Schüttelfrost, Kopf- und Glieder-schmerzen, Entzündungen der Atemwege, Husten, Heiserkeit, Schnupfen
Windpocken	Einatmen	10–21 Tage	leichtes Fieber, juckender Ausschlag (rötliche Flecken, kleine Bläschen mit klarer, gelblicher Flüssigkeit)
Röteln	Einatmen, Berührung	12–21 Tage	leichtes Fieber, blassroter Hautausschlag, Entzündung der Atemwege, starke Schleim-absonderung
Masern	Tröpfchenübertragung	8–14 Tage	Müdigkeit, Fieber, Entzündung der Atemwege, Flecken in der Mundschleimhaut und auf der Haut
Mumps	Tröpfchenübertragung	8–22 Tage	Schwellung der Ohrspeicheldrüsen Fieber um 38 °C
Kinderläh-mung	Tröpfchenübertragung und Berührung	7–20 Tage	Beginn harmlos mit Schnupfen; Magen- und Darmbeschwerden, Fieber, Muskelschwäche, Lähmungen von Muskeln
Tollwut	Biss tollwütiger Tiere	14 Tage bis 6 Monate	Kopfschmerzen, Schlaflosigkeit, Schaum vor dem Mund, Krämpfe, Tod durch Atemlähmung

93.1. Viruskrankheiten

Ein Virus besteht nur aus einer Hülle, die Erbanlagen enthält. Dringt ein Virus in eine Körperzelle ein, beginnt diese, für das Virus zu arbeiten und Viren zu bilden. Die Zelle platzt schließlich und entlässt eine große Zahl neuer Viren.

Der Körper muss jetzt in kurzer Zeit viele Abwehrstoffe bilden. Er wird dadurch sehr geschwächt. Schafft es der Körper, mit den Viren fertig zu werden, bleibt er für längere Zeit immun gegen sie. Viruskrankheiten können jedoch sehr gefährlich werden und teilweise schwere Folgen haben. Sie gehören deshalb unbedingt in ärztliche Behandlung.

Viren sind die kleinsten Krankheitserreg **Sie breiten sich häufig sehr schnell aus.**

5. Betrachte Abb. 92.2.! Beschreibe den Bau der Viren!

6. Erkläre, wie es zur Vermehrung von Viren kommt!

7. Warum schwächen Viruskrankheiten unseren Körper besonders?

8. Informiere dich aus einem Lexikon über die Tollwut!

94.1. Anzeigen und Plakate der Bundeszentrale für gesundheitliche Aufklärung dienen zur Information über Gefahren und Verhütung von AIDS

AIDS – eine neue Viruskrankheit

1. Welche Zellen unseres Körpers werden von AIDS-Viren angegriffen?

2. Wie vermehren sich AIDS-Viren?

3. Wo kommen AIDS-Viren häufig vor?

4. Betrachte Abb. 95.1.! Schildere den Krankheitsverlauf bei AIDS!

5. Wie können wir Ansteckung mit AIDS-Viren vermeiden?

6. Bei welchen Gelegenheiten kann man sich nicht anstecken?

7. Wie können Virusträger andere Menschen gegen AIDS schützen?

Eine besonders gefährliche Viruskrankheit kennen wir erst seit einigen Jahren. Sie heißt AIDS und hat sich sehr schnell ausgebreitet. Das Wort kommt aus dem Englischen und bedeutet „erworbene Immunschwäche".

Die AIDS-Viren dringen in weiße Blutkörperchen ein, die für die körpereigene Abwehr verantwortlich sind. Die weißen Blutkörperchen leben dann nicht normal weiter, sondern bilden neue AIDS-Viren. Dabei werden sie zerstört. Die neu gebildeten Viren befallen wieder andere weiße Blutkörperchen. So kann unser Körper immer weniger Abwehrstoffe bilden und immer weniger Krankheitserreger zerstören. Ansteckende Krankheiten, mit denen er sonst leicht fertig wird, können schließlich zum Tod führen.

Die Viren können nur in Körperflüssigkeiten leben und sich nur verbreiten, wenn sie direkt in den Blutkreislauf gelangen.

1. Ansteckung	AIDS-Viren dringen in den Körper ein.
2. Inkubationszeit	Die AIDS-Viren vermehren sich. Das kann einige Monate, aber auch mehrere Jahre dauern.
3. Ausbruch der Krankheit	Krankheitserreger, die der Körper sonst unschädlich machen kann, verursachen jetzt Krankheiten mit Schwellung der Lymphknoten, Fieber, Kopf- und Gliederschmerzen.
4. Krankheit	Der Körper kann sich nicht mehr gegen Krankheitserreger wehren. Lungenentzündungen und Hautkrebs treten auf. Gehirnzellen werden zerstört.
5. Tod	Es gibt noch kein Heilmittel gegen AIDS. Die Krankheit führt zum Tod.

95.1. Krankheitsverlauf bei AIDS

AIDS-Viren können im Blut, in der Samenflüssigkeit von Männern und im Scheidensekret von Frauen vorkommen. Sie werden hauptsächlich beim Geschlechtsverkehr übertragen, wenn einer der Partner ein Virusträger ist.

Aber auch Drogenabhängige, die dieselbe Spritze verwenden, können sich untereinander anstecken. Frauen, die ein Baby erwarten und sich anstecken, geben die Viren vor oder während der Geburt oder später mit der Muttermilch an das Kind weiter.

Wer die Viren in sich trägt, kann sie auch dann weitergeben, wenn er selbst noch nicht erkrankt ist. Ob man Virusträger ist, erfährt man zuverlässig bei einem AIDS-Test. Er wird bei jedem Gesundheitsamt kostenlos durchgeführt.

AIDS darf sich nicht weiter ausbreiten! Dafür kann jeder etwas tun.

AIDS – hierbei besteht große Ansteckungsgefahr:

* Geschlechtsverkehr unter Männern

* gemeinsame Verwendung von Spritzen

* Geschlechtsverkehr mit häufig wechselnden Partnern

* Geschlechtsverkehr ohne Kondom

AIDS – keine Angst vor Ansteckung bei:

* Händeschütteln, Umarmung, Kuss auf Wangen oder Lippen

* Gemeinsamer Benutzung von Geschirr

* Schwimmbad- und Saunabesuch

* Benutzung öffentlicher Toiletten

* Arzt- oder Zahnarztbesuch, Blutübertragung

AIDS bekommt man nicht wie einen Schnupfen! Wer die Viren in sich trägt oder erkrankt ist, braucht Verständnis und Zuwendung. Er darf die Viren aber auch nicht leichtfertig weitergeben!

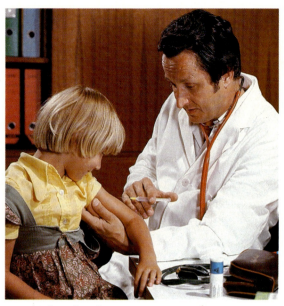

96.1. Schutzimpfung

96.2. Schluckimpfung
schützt vor Kinderlähmung

Kleiner Piks – große Wirkung!

1. Betrachte Abb. 97.1. oben! Was geschieht bei der aktiven Immunisierung?

2. Beschreibe die passive Immunisierung! Nimm Abb. 97.1. unten zu Hilfe!

3. Schaue in dein Impfbuch! Vergleiche mit Abb. 97.2.! Welche Impfungen hast du bekommen?

4. Warum wird die Röteln-Impfung besonders für Mädchen dringend empfohlen?

Herr Lutz ist mit seiner Tochter beim Kinderarzt. Meike ist zwei Jahre alt. Sie muss heute zur Vorsorgeuntersuchung. Der Arzt untersucht sie, „Alles in Ordnung", sagt er, „dann bekommt Meike heute eine **Impfung** gegen Masern, Mumps und Röteln. Keine Angst, das ist nur ein kleiner Piks." Er gibt Meike eine Spritze in den Arm. Meike weint ein bisschen, aber als Herr Lutz sie tröstet, lacht sie wieder.

Meike hat *abgeschwächte oder abgetötete Krankheitserreger* eingespritzt bekommen. Weil sie sich nicht mehr vermehren können, sind sie nicht so gefährlich wie lebende Bakterien oder Viren. Ohne krank zu werden, bildet Meikes Körper jetzt Abwehrstoffe (Antikörper) gegen Masern, Mumps und Röteln. Dadurch wird Meike immun gegen diese Krankheiten. Weil der Körper sich dabei aktiv wehrt, heißt dieser Vorgang **aktive Immunisierung.**

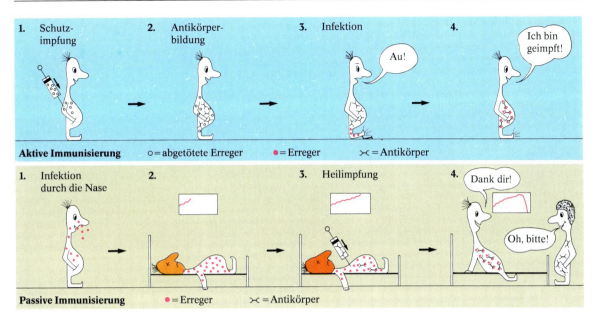

97.1. *Aktive und passive Immunisierung*

Es gibt Impfstoffe gegen viele Krankheiten. Manche Impfungen müssen öfter wieder „aufgefrischt" werden, denn der Impfschutz lässt mit der Zeit nach.

Wenn der Arzt nicht weiß, ob der Impfschutz eines Patienten ausreicht, oder wenn der Patient bereits in einer lebensbedrohlichen Situation ist, kann nur noch die **passive Immunisierung** helfen. Dabei spritzt der Arzt dem Patienten einen Impfstoff, der **Abwehrstoffe** gegen die Krankheit enthält. Diese Abwehrstoffe gewinnt man aus dem Blut von Tieren, die vorher mit abgeschwächten Krankheitserregern geimpft worden sind. Häufig gibt der Arzt beide Impfstoffe gleichzeitig.

Impfung mit abgeschwächten oder getöteten Krankheitserregern heißt aktive Immunisierung. Impfung mit Abwehrstoffen nennt man passive Immunisierung.

Impfung wird empfohlen	Impfung wird dringend geraten!	Lebens-jahr
Tuberkulose	**Diphtherie, Tetanus, Kinderlähmung (Keuchhusten)**	1. Lebens-jahr
	Diphtherie, Tetanus, Kinderlähmung (Keuchhusten) **Masern, Mumps, Röteln**	2. Lebens-jahr
	Diphtherie	6. Lebens-jahr
	Kinderlähmung, Tetanus	10. Lebens-jahr
eventuell: **Tuberkulose**	**Röteln** (nur für Mädchen)	10. bis 15. Lebens-jahr
alle 10 Jahre: alle 8 bis 10 Jahre: evtl. jährlich:	**Kinderlähmung** **Tetanus** **Grippe**	

97.2. *Impfen nach Plan*

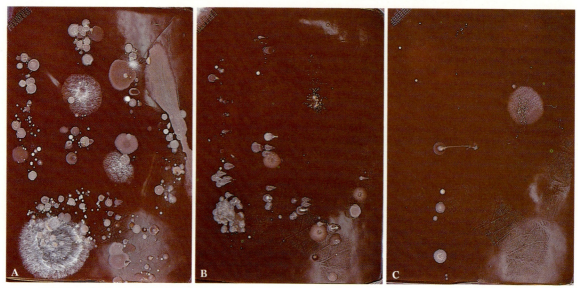

98.1. A Abdruck einer ungewaschenen Hand; B Abdruck einer frisch gewaschenen Hand;
C Abdruck einer desinfizierten Hand

Vorbeugen durch Sauberkeit

1. Betrachte Abb. 98.1.!
   Vergleiche die drei Bilder und
   erläutere die Unterschiede!

2. Begründe, warum regelmäßige
   Körperpflege notwendig ist!

3. Überlege, warum man mit Reinigungsmitteln sparsam umgehen soll
   und wie man sie sparen kann!

4. Betrachte Abb. 99.1.!
   Warum muss im Operationssaal auf
   größtmögliche Sauberkeit geachtet
   werden? Wie wird dies erreicht?

5. Nenne Möglichkeiten, den Körper
   abzuhärten! Was wird dadurch
   bewirkt?

Klaus und seine Mitschüler waren gespannt. Ihre Klassenlehrerin hatte behauptet, schon beim Händewaschen würden viele Bakterien abgespült. Sie hatten dagegen gewettet.

In zwei *Petrischalen* hatten sie gekochten Nährboden gegeben. Darauf hatte Klaus Fingerabdrücke der ungewaschenen und der gewaschenen Hand hinterlassen. Die Schalen stellte die Lehrerin anschließend für einige Tage warm.

Als sie nun ihre *Bakterienkulturen* überprüften, sahen sie es deutlich: Die Wette war verloren! Der Abdruck der gewaschenen Hand trug viel weniger Bakterienkolonien als der Abdruck der ungewaschenen Hand. Auf der gewaschenen Hand mussten also auch viel weniger Bakterien gewesen sein! Noch viel weniger Bakterien hinterlässt eine Hand, die vorher mit *Desinfektionsmittel* behandelt wurde.

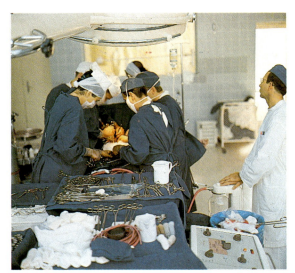

99.1. Im Operationssaal muss es besonders sauber sein

Gegen viele Krankheiten können wir uns schützen, indem wir die Ausbreitung der Erreger verhindern oder den Kontakt mit ihnen meiden. **Händewaschen** und **regelmäßige Körperpflege** sind deshalb sehr wichtig. Schädliche Bakterien werden so an der Vermehrung gehindert. **Zähneputzen** nach den Mahlzeiten beugt Karies und Zahnfleischerkrankungen vor.

Sauberkeit im Haushalt trägt ebenso zur Erhaltung unserer Gesundheit bei. Man soll aber übertriebenen Gebrauch von Reinigungsmitteln vermeiden. Sie belasten unser Wasser und richten so wiederum Schaden an. Milde Seifenlauge und Essigwasser sind bewährte Putzmittel und weniger schädlich.

Durch richtige Körperpflege und Sauberkeit im Haushalt können wir Krankheiten vorbeugen.

10 wichtige Gesundheitsregeln!

* Regelmäßig die Hände waschen!

* Täglich Körper und Zähne pflegen! Wäschewechsel nicht vergessen!

* Auf Sauberkeit im Haushalt achten, vor allem in Küche, Bad und WC! Aber: Reinigungsmittel sparsam verwenden!

* Lebensmittel richtig lagern und auf Haltbarkeit achten!

* Auf ausreichenden Impfschutz achten!

* Vorsicht vor Ansteckung! Beim Husten oder Niesen die Hand vor den Mund halten!

* In öffentlichen Bädern Badeslipper tragen und die Fußdusche benutzen!

* Dem Wetter angepasste Kleidung tragen!

* Auf gesunde Ernährung achten! Nur bei gesunder Ernährung besitzt der Körper genügend Abwehrkräfte!

* Den Körper abhärten! Dusche kalt und bewege dich in frischer Luft!

100.1. Eine Radtour – Bewegung in frischer Luft

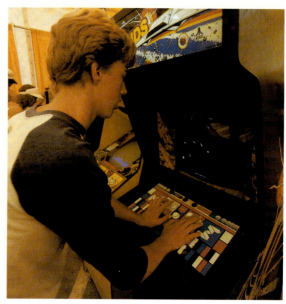

100.2. Vermeintliche „Entspannung"

Macht unsere Freizeit uns krank?

1. Betrachte Abb. 100.1. und 100.2.! Beurteile die abgebildeten Freizeitbeschäftigungen!

2. Schreibe einmal deinen Tagesablauf auf!
   a) Wie viel Freizeit hast du?
   b) Wie verbringst du sie?

3. Betrachte Abb. 101.1.! Möchtest du so deine Ferien verbringen? Begründe deine Antwort!

4. Lies den Text im blauen Kasten auf Seite 101!
   a) Beschreibe die Arbeit am Hochofen!
   b) Wie schadet die Wechselschicht dem Körper?
   c) Nenne andere Berufe, in denen in Wechselschicht gearbeitet wird!

Uta, Karin, Silke und Till wollen eine Radtour machen. Unterwegs treffen sie Peter. Er ist auf dem Weg zu einer Spielhalle, um sich dort „zu entspannen", wie er sagt. „Aber dabei sitzt du doch stundenlang nur vor der Kiste", meint Till. „Und das soll Entspannung sein?" Sie überreden Peter, auch sein Rad zu holen.

Schule und Arbeitsplatz belasten uns einseitig. Wir müssen viele Tätigkeiten ausüben, an die unser Körper gar nicht angepasst ist. So sitzen wir z.B. stundenlang in geschlossenen Räumen, bewegen uns wenig und führen immer die gleichen Tätigkeiten aus.

Deshalb ist es wichtig, dass wir in der Freizeit auf einen *gesunden Ausgleich* zu den Belastungen von Schule und Arbeitsplatz achten. Viele Menschen sind gereizt oder werden krank, weil sie sich in der Freizeit nicht ausreichend erholen.

101.1. Freizeit – immer ein Vergnügen?

Aber nicht jede Freizeitbeschäftigung schafft den richtigen Ausgleich. Stundenlanges Fernsehen und Videospiele bringen eher zusätzliche Belastungen mit sich. Die erhoffte Entspannung bleibt aus.

Viele Menschen können sich selbst im Urlaub nicht ausreichend erholen. Sie nehmen z.B. stundenlange Autofahrten auf sich, um an verschmutzten, überfüllten Stränden in der Sonne zu liegen.

In der Freizeit braucht unser Körper einen gesunden Ausgleich, z.B. durch *Bewegung* und *Sport* in frischer Luft. Körperliche und geistige Belastung, Anspannung und Entspannung müssen miteinander abwechseln. Ausreichender *Schlaf* hält uns gesund und leistungsfähig.

Richtige Freizeitgestaltung trägt zu unserer Gesunderhaltung bei.

Schichtarbeit – nichts für die innere Uhr

101.2. Schichtarbeit am Hochofen

Marcel, Steffi, Jan und Bea sitzen am Nachmittag auf einer Bank hinter dem Wohnblock. Aus dem Kofferradio erklingt die Hitparade. Die Freunde unterhalten sich. Plötzlich geht ein Fenster auf: „Könnt ihr nicht mal woanders hingehen mit eurem Gedudel, mein Mann kann ja gar nicht schlafen!" „Am hellen Tag schlafen, da wüsst' ich was Besseres", meint Steffi. „Lasst nur", sagt Bea, „ich glaub', der hat wieder Nachtschicht…"

Herr Bauer, von dem da gesprochen wird, ist Schichtarbeiter am Hochofen. Das bedeutet für ihn Wechselschicht: Er arbeitet abwechselnd eine Woche in der Frühschicht, eine Woche in der Spätschicht und eine Woche in der Nachtschicht. Sein Körper muss sich dauernd umstellen. Die wechselnden Arbeits- und Ruhezeiten bringen den Körper aus dem Rhythmus. Seine Gesundheit ist stark belastet!

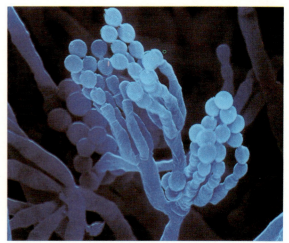

102.2. Schimmelpilze
(Mikroskopische Aufnahme)

102.1. Toastbrot mit Schimmelbefall

Pilze und Bakterien verderben Nahrungsmittel

1. Warum darf man schimmelige Nahrungsmittel nicht mehr essen?

2. Auf welche Weise verderben Bakterien unsere Nahrungsmittel?

3. Unter welchen Bedingungen vermehren sich Pilze und Bakterien besonders gut?

4. Betrachte Abb. 103.1.! Erkläre die abgebildeten Verfahren zur Konservierung von Lebensmitteln!

5. Warum muss auf vielen Lebensmitteln im Handel ein Haltbarkeitsdatum angegeben sein?

6. Warum sollen Lebensmittel nach Ablauf des Haltbarkeitsdatums nicht mehr gegessen werden?

Lars hat noch kurz vor Ladenschluss eine Packung Toastbrot gekauft. Ein muffiger Geruch schlägt ihm entgegen, als er sie öffnet. Die oberste Scheibe schimmert grün: Schimmel! Ärgerlich stellt Lars fest, dass das Haltbarkeitsdatum auf der Packung längst abgelaufen ist.

Schimmelpilze entwickeln sich auf vielen Nahrungsmitteln, vor allem in feuchter Umgebung. Sie dringen bis in das Innere der Nahrungsmittel vor und machen sie ungenießbar. Einige Schimmelpilzarten scheiden Stoffe ab, die Krebs erregen. Deshalb darf man schimmelige Lebensmittel auf keinen Fall essen!

Auch **Bakterien** können unsere Nahrung verderben. Sie zersetzen pflanzliches und tierisches Eiweiß und machen es ungenießbar. Sie bewirken, dass Fleisch, Wurst, Fisch, Gemüse und Obst schlecht werden.

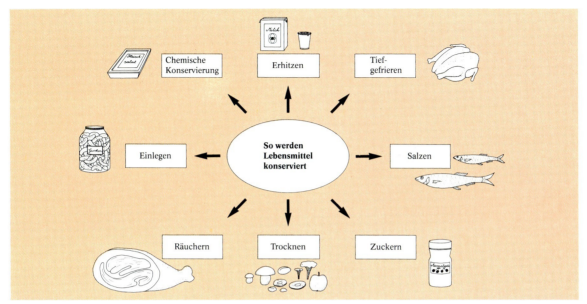

103.1. Lebensmittel kann man haltbar machen

An fauligen Stellen erkennen wir verdorbenes Obst und Gemüse. Übler Geruch, z.B. von Fleisch oder Wurst, macht uns darauf aufmerksam, dass Bakterien mit der Zersetzung begonnen haben. Manche Bakterien erzeugen Stoffe, die zu einer lebensgefährlichen **Nahrungsmittelvergiftung** führen können.

Um Nahrungsmittel länger haltbar zu machen, müssen wir sie so behandeln, dass sich Bakterien und Pilze nicht entwickeln können. Wir müssen sie **konservieren.** Man konserviert z.B. durch *Erhitzen,* durch *kühle Lagerung* oder *Gefrieren,* durch *Salzen* oder *Zuckern,* durch *Säuern* oder *Trocknen.* Dabei werden Bakterien und Pilze entweder getötet oder sie werden an der Vermehrung gehindert.

Nahrungsmittel können wir durch Konservieren vor dem Verderb schützen.

Konservierungsmittel – achte auf Nebenwirkungen!

Kenn-Nummer	Name	Bemerkungen
E 200	Sorbinsäure	gilt als unbedenklich
E 210	Benzoesäure	Allergien sind möglich
E 220	Schwefeldioxid	in Rosinen, Trockenobst. Es gibt auch Rosinen ohne Schwefeldioxid
E 236	Ameisensäure	in hoher Dosierung giftig
E 250	Natriumnitrit	wird für Nitritpökelsalz verwendet; Krebs erregende Wirkung nicht auszuschließen

7. Suche auf Lebensmittelpackungen die Angaben über Konservierungsmittel! Welche Nebenwirkungen können sie haben?

104.1. Bakterien breiten sich rings um die Schimmelpilze nicht weiter aus

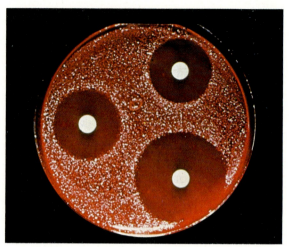

104.2. Wirkung von Antibiotika

Pilze und Bakterien – vom Menschen genutzt

1. Betrachte Abb. 104.1.!
   Beschreibe die Wirkung der Schimmelpilze!

2. Betrachte Abb. 104.2.!
   Hier sind künstlich hergestellte Antibiotika aufgetragen. Beurteile ihre Wirksamkeit!

3. Nenne Nahrungsmittel, zu deren Herstellung man Bakterien benötigt!

4. Lies den Text im blauen Kasten auf Seite 105!
   Erläutere die einzelnen Schritte bei der Herstellung von Jogurt!

Vor mehr als 60 Jahren machte der Bakterienforscher ALEXANDER FLEMING eine wichtige Entdeckung. Als er eine verschimmelte Bakterienkultur näher betrachtete, bemerkte er, dass in der Nähe der Schimmelpilze keine Bakterien mehr wuchsen! Diese Pilze müssen also einen Stoff ausscheiden, der Bakterien vernichtet!

Der Schimmelpilz, der sich auf der Kultur ausgebreitet hatte, steht durch das Mikroskop aus wie ein Pinsel. Er heißt deshalb **Pinselschimmel.** Der Stoff, der Bakterien am Wachstum hindert, heißt **Penicillin.**

Heute kennen wir viele Stoffe, die Bakterien vernichten. Man nennt sie **Antibiotika.** Durch sie können ansteckende Krankheiten erfolgreich bekämpft werden, an denen früher viele Menschen starben. Zu oft oder zu lange eingenommen können sie aber dem Körper auch schaden.

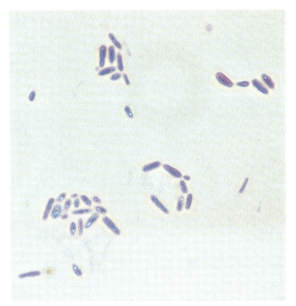

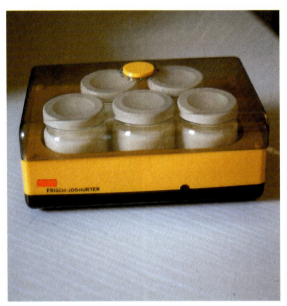

105.1. Milchsäurebakterien (Mikrofoto)   *105.2. Jogurt-Bereiter*

Jogurt, *Quark* und *Käse* gehören heute zur gesunden Ernährung. Hättest du gedacht, dass an ihrer Herstellung Bakterien beteiligt sind? Es handelt sich dabei um **Milchsäurebakterien.**

Bei der Herstellung von Jogurt „impft" man Milch mit Milchsäurebakterien. In warmer Umgebung (42 °C) vermehren sich die Bakterien. Sie bewirken, dass die Milch sauer wird und gerinnt. Auf ähnliche Weise erhält man *Dickmilch*.

Auch zur Herstellung von Quark und Käse braucht man Milchsäurebakterien. Sie helfen die festen Bestandteile der Milch von der *Molke* zu trennen. Die festen Bestandteile werden zu Quark und Käse verarbeitet.

Aus Schimmelpilzen gewinnen wir Antibiotika. Bakterien werden bei der Herstellung von Nahrungsmitteln genutzt.

Jogurt – selbst hergestellt

Zutaten:	Geräte:
1 l H-Milch	6 Bechergläser mit Verschluss
3 Esslöffel Sahne	
1 Becher Naturjogurt	1 Rührschüssel
	1 Löffel

So wird's gemacht!
Gib den Jogurt, die Sahne und die H-Milch in die Schüssel und verrühre alles sorgfältig. Verteile auf die Bechergläser und verschließe diese gut. Stelle sie für drei Stunden in den Backofen (50 °C). Stelle sie anschließend für einige Stunden in den Kühlschrank. Der fertige Jogurt schmeckt naturrein oder mit Früchten vermischt. Halte einen der 6 Becher für eine neue Kultur zurück!

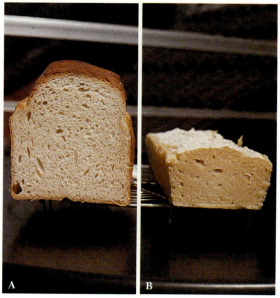

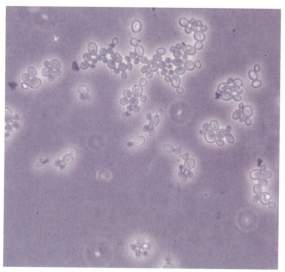

106.2. Hefezellen durch das Mikroskop betrachtet

106.1. Brot. A mit Hefe; B ohne Hefe gebacken

Ohne Hefe geht es nicht

1. Vermische ein Stückchen Backhefe mit einem halben Glas Wasser! Betrachte einen Tropfen davon unter dem Mikroskop! Vergleiche mit Abb. 106.2.!

2. Beschreibe, wie sich Hefezellen vermehren!

3. Wovon ernähren sich Hefepilze?

4. Beschreibe die alkoholische Gärung durch Hefepilze! Nimm Abb. 107.1.B zu Hilfe!

5. Betrachte Abb. 106.1.! Erkläre den Unterschied zwischen den abgebildeten Broten!

Ina probiert ein neues Rezept für Partybrötchen aus. Sie hat dazu einen Hefeteig zubereitet. Die geformten Brötchen lässt sie vor dem Backen noch einige Zeit im lauwarmen Backofen „gehen". Jetzt sind die Brötchen fast doppelt so groß geworden. Der Teig hat Blasen geworfen. Die Brötchen können gebacken werden.

Hefeteig enthält Mehl, Wasser und Zucker. Dazu gibt man **Hefen.** Das sind einzellige Pilze, die sich bei *Wärme* rasch vermehren. Sie brauchen *Kohlenhydrate* und *Wasser* zum Wachsen. Dabei entstehen *Kohlenstoffdioxid* und *Alkohol.* Diese Stoffe bilden Blasen. Beim Backen entweichen Kohlenstoffdioxid und Alkohol. Es bleiben Hohlräume zurück, die den Teig auflockern.

Hefezellen vermehren sich durch **Sprossung.** Im Mikroskop kann man erkennen, wie sich dabei Tochterzellen abschnüren.

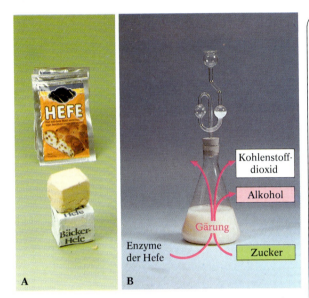

107.1. A *Backhefe kann man frisch oder getrocknet kaufen;* **B** *Alkoholische Gärung (Schema)*

Pizzabrötchen

Zutaten:	Geräte:
500 g Mehl	kleiner Topf
1 Päckchen Frischhefe	Rührschüssel
1 Tasse lauwarmes Wasser	Tasse
1 Teelöffel Zucker	Gabel zum Rühren
1 Teelöffel Salz	Messer
4 Esslöffel Öl	Backblech Küchentuch

So wird's gemacht!

1. Verrühre in einem kleinen Topf die Hefe mit Wasser und Zucker. Stelle diesen Vorteig für 15 Minuten zugedeckt an einen warmen Ort.

2. Vermische in einer Rührschüssel Mehl, Salz und Öl.

3. Gib den Vorteig dazu und verknete die Zutaten.

4. Forme aus dem Teig kleine Brötchen. Lege sie auf ein bemehltes Backblech und ritze sie mit einem Messer kreuzweise ein.

5. Lass die Brötchen noch eine halbe Stunde zugedeckt an dem warmen Ort „aufgehen".

6. Schiebe das Blech in den Ofen. Backzeit: 15 Minuten bei 200 °C.

Hefepilze spielen auch eine wichtige Rolle bei der Herstellung alkoholischer Getränke, wie z.B. Wein. Die *Weinbeeren* werden in eine große Presse gegeben. Der ausgepresste Saft wird *Most* genannt. Er wird in große Fässer oder Tanks gefüllt, die der Winzer mit *Gärröhrchen* luftdicht verschließt.

Hefepilze, die im Most enthalten sind, setzen die **alkoholische Gärung** in Gang. Der Most enthält Zucker, von dem sich die Hefepilze ernähren. Dabei scheiden sie *Alkohol* und *Kohlenstoffdioxid* aus. Der Most wird zu Wein. Das Kohlenstoffdioxid entweicht durch das Gärröhrchen. Nach einer Ruhezeit kann der Wein nun gefiltert und in Flaschen gefüllt werden.

Bei der alkoholischen Gärung verwandeln Hefepilze Zucker in Kohlenstoffdioxid und Alkohol.

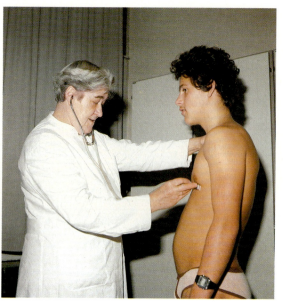

108.1. Bei der amtsärztlichen Untersuchung

Aufsicht über	Kontrolle und Überwachung von

Ärzte und Therapeuten
Krankenhäuser
Krankentransport und
  Rettungsdienst
Apotheken und Drogerien
	Trinkwassergewinnungs-
	  anlagen
	Schwimmbädern
	Herstellung und Verkauf
	  von Lebensmitteln
	Hotels und Gaststätten

Beratung und Information
Mütterberatung
z.B.
– zur Schwangerschaft
– zu Fragen der Klein-
  kinderziehung
– bei Behinderung oder
  Krankheit
	Altenheimen, Kindergärten,
	  Schulen
	Abfall- und Abwasser-
	  beseitigung
	Luftreinhaltung und
	  Lärmschutz
	Leichenschau und
	  Bestattungswesen

*Beratung von Lehrern
und Erziehern über
Gesundheitserziehung*
 	
*Gesundheitliche
Aufklärung*
z.B.
– über Infektionskrank-
  heiten
– über Schutzimpfungen
 	
*Drogen- und Sucht-
beratung*
	**Untersuchung und Schutz-
	maßnahmen**
	Untersuchung von Kinder-
	  garten- und Schulkindern
	  durch Ärzte und Zahnärzte
	Seh- und Hörtests
	Untersuchung bestimmter
	  Berufsgruppen
	Untersuchung auf
	  Geschlechtskrankheiten
	Schutzimpfungen gegen
	  Infektionskrankheiten

108.2. Einige Aufgaben des Gesundheitsamtes

Öffentliche Gesundheitsfürsorge

1. Welche Berufsgruppen werden beim Gesundheitsamt regelmäßig untersucht? Nenne die Gründe hierfür!

2. Welche Aufgaben erfüllt das Gesundheitsamt in Schulen und Kindergärten?

3. Was geschieht bei der Mütterberatung?

4. Wie bekämpft das Gesundheitsamt die Ausbreitung ansteckender Krankheiten?

5. Wo findest du das für deine Gemeinde zuständige Gesundheitsamt?

Klaus will sein Betriebspraktikum in einer Bäckerei machen. Dafür benötigt er ein *amtsärztliches Gesundheitszeugnis*. Klaus stellt sich einer Ärztin beim **Gesundheitsamt** vor.

Jeder, der beruflich mit Lebensmitteln in Berührung kommt, muss sich auf ansteckende Krankheiten untersuchen lassen. Dazu gehören eine *Stuhlprobe*, eine *Röntgenuntersuchung* auf Tuberkulose und die *ärztliche Untersuchung*. Auch wer z.B. im Krankenhaus, in der Schule, als Busfahrer oder Taxifahrer arbeiten will, muss sich beim Gesundheitsamt auf ansteckende Krankheiten untersuchen lassen.

Das Gesundheitsamt hat außerdem die Aufgabe, dafür zu sorgen, dass wir gesundes Wasser trinken können und dass nur gesundes Fleisch verkauft wird. Die Herstellung von Lebensmitteln muss überwacht werden.

109.1. Imbiss-Stände müssen regelmäßig kontrolliert werden

109.2. Mit dem Stempel gibt die Fleisch-beschauerin gesundes Fleisch zum Verkauf frei

Läden und Gaststätten müssen regelmäßig kontrolliert, öffentliche Bäder ständig überprüft und desinfiziert werden.

Zur Früherkennung von gesundheitlichen Schäden führen Mitarbeiter des Gesundheitsamtes in Kindergärten und Schulen **Hör-** und **Sehtests** durch. Ärzte und Zahnärzte untersuchen Schüler. Frauen, die ein Baby bekommen oder kleine Kinder haben, erhalten Rat bei der **Mütterberatung.**

Das Gesundheitsamt beugt durch **Impfungen** der Ausbreitung von Masern, Mumps, Röteln und Kinderlähmung vor. Manche ansteckenden Krankheiten, wie z.B. Geschlechtskrankheiten, müssen vom Arzt dem Gesundheitsamt gemeldet werden.

Das Gesundheitsamt dient der Bekämpfung ansteckender Krankheiten und der Früherkennung gesundheitlicher Schäden.

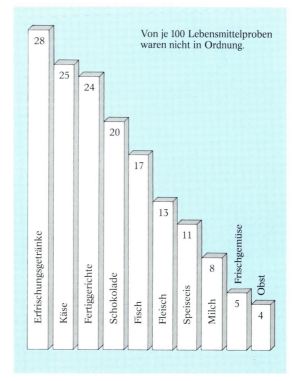

109.3. Aus dem Bericht eines Gesundheitsamtes

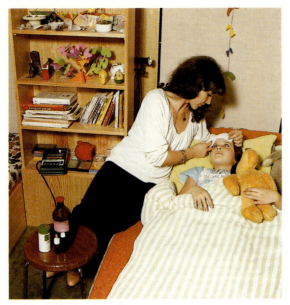

110.1. Silke ist krank

> ### Was meint der Arzt, wenn er sagt ...
>
> **Symptome:**   Anzeichen einer Krankheit
>
> **Diagnose:**   Feststellen und Erkennen einer Krankheit
>
> **Therapie:**   Heilbehandlung
>
> **intramuskulär:**   Ein Medikament wird in einen Muskel gespritzt
>
> **intravenös:**   Ein Medikament wird in eine Vene gespritzt
>
> **oral:**   durch den Mund
>
> **rektal:**   durch den After

Häusliche Krankenpflege

1. Welche Beschwerden hat Silke?

2. Woran erkennt der Arzt Mumps?

3. Welche Heilmaßnahmen verordnet der Arzt?

4. Überlege, warum Frau Lutz ihre Tochter nicht allein lassen darf!

5. Warum darf Silke keinen Besuch haben?

6. Betrachte Abb. 110.1.!
   Was unternimmt die Mutter, damit Silke keine Langeweile hat?

Die halbe Nacht hat Frau Lutz am Bett ihrer Tochter verbracht. Silke klagt seit gestern über starke *Ohrenschmerzen* und hat *Fieber*.

Gleich morgens ruft Frau Lutz den Hausarzt an. Er kann zum Glück sofort kommen. Die Mutter schildert ihm die **Symptome** der Krankheit. Der Arzt untersucht Silke gründlich. „Ihre Tochter hat Mumps", sagt er. „Die *Ohrspeicheldrüsen* sind stark geschwollen."

Frau Lutz ruft ihre Arbeitsstelle an und sagt, dass sie nicht kommen kann. Sie kann ihre Tochter jetzt auf keinen Fall allein lassen. Silke braucht strenge *Bettruhe*. Eine Nachbarin besorgt das *Medikament* aus der Apotheke, das der Arzt verschrieben hat.

Damit sich niemand ansteckt, darf Silke vorerst keinen Besuch haben. Die Mutter hatte als Kind selbst Mumps, deshalb kann sie sich nicht anstecken.

Fieber messen mit einem modernen Thermometer

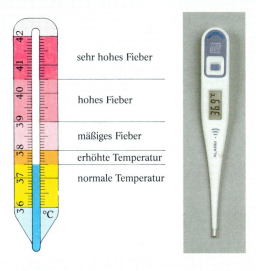

sehr hohes Fieber

hohes Fieber

mäßiges Fieber

erhöhte Temperatur

normale Temperatur

* Fieberthermometer reinigen

* Bedienungsknopf drücken; die Bereit-schaftsanzeige blinkt

* Thermometer unter die Zunge legen, bis die Anzeige nicht mehr blinkt

* Temperatur auf der Digitalanzeige ablesen

* Bedienungsknopf zum Ausschalten drücken

Ein Kranker im Haus braucht besondere Pflege. Er muss gut beobachtet werden. *Puls* und *Körpertemperatur* müssen *gemessen* werden. Falls sich der Zustand des Kranken verschlechtert, muss man den Arzt rufen.

Der Kranke braucht *Ruhe*. Das Krankenzimmer sollte *sauber* und gut *gelüftet* sein. Kann der Kranke selbst nicht für seine *Körperpflege* sorgen, so muss ein Helfer das tun. Dazu gehören tägliches Waschen am ganzen Körper sowie Haar- und Zahnpflege. Vor allem bei fiebrigen Erkrankungen muss täglich die *Bettwäsche gewechselt* werden.

Die Anweisungen des Arztes müssen genau befolgt und Medikamente nach Vorschrift eingenommen werden. Kranke brauchen gesunde, *leicht verdauliche Kost.*

Kranke brauchen besondere Pflege und ärztliche Betreuung.

7. Betrachte den blauen Kasten auf S. 111!
   Beschreibe, wie man richtig Fieber misst!

8. Was muss man tun, wenn sich der Zustand eines Kranken verschlechtert?

9. Welche Pflegemaßnahmen braucht ein Kranker im Haus?

10. Warum soll man ein Krankenzimmer gut lüften?

11. Nenne geeignete Krankenkost! Schlage eventuell S. 44 auf!

12. Überlege, warum die Anweisungen des Arztes unbedingt befolgt werden müssen!

2 Mullbinden 6 cm breit	Brandgel
2 Mullbinden 8 cm breit	Wunddesinfektionsmittel
1 Verbandpäckchen klein	Antiseptischer Wundpuder
2 Verbandpäckchen mittel	Mittel gegen Insektenstiche
1 Verbandpäckchen groß	Mittel gegen Durchfall und
1 Rolle Heftpflaster,	Verstopfung
2,5 cm breit	Mittel gegen Erkältungs-
1 Wundschnellverband 10×4 cm	krankheiten
1 Wundschnellverband 10×6 cm	Mittel gegen Halsschmerzen
1 Wundschnellverband 10×8 cm	Schmerztabletten
1 Pressrolle Verbandwatte 25 g	evtl. vom Arzt verordnete
12 Sicherheitsnadeln	Medikamente
2 Verbandklammern	
1 Splitterpinzette	Fieberthermometer
1 Verbandschere	Mundspatel
3 Dreiecktücher	Lederfingerling
	Feindesinfektionsmittel

112.1. Hausapotheke   *112.2. Das gehört in jede Hausapotheke!*

Vorsicht mit Medikamenten!

1. Betrachte Abb. 113.1.! Erläutere die abgebildeten Anwendungsmöglichkeiten von Medikamenten!

2. Untersuche Beipackzettel von Arzneimitteln! Welche Angaben findest du auf jedem Beipackzettel?

3. Was bedeutet der Ausdruck „rezeptpflichtig"?

4. Was ist beim Umgang mit Arzneimitteln zu beachten?

5. Lies den Text im blauen Kasten auf S. 113!
   a) Erkläre die Wirkung der dort angegebenen Hausmittel!
   b) Welche weiteren Hausmittel kennst du?

Stoffe, die Krankheiten heilen, lindern oder verhüten sollen, nennen wir **Medikamente** oder **Arzneimittel.** Wir müssen mit ihnen sachgerecht umgehen.

Tabletten, Dragees, Kapseln, Säfte oder *Tropfen* werden eingenommen, *Zäpfchen* in den After eingeführt. *Salben* werden äußerlich angewandt. Viele Medikamente werden vom Arzt in Muskeln, in Venen oder unter die Haut gespritzt.

Die gewünschte Wirkung haben Medikamente nur, wenn sie in der richtigen Menge verabreicht werden. Falsch dosiert können sie schwere körperliche Schäden hervorrufen. Wie sie dosiert werden müssen, sollte ein Arzt nach gründlicher Untersuchung des Patienten entscheiden. Gibt der Arzt die richtige Menge nicht an, so findet man auf dem *Beipackzettel* des Medikamentes Hinweise für die richtige Dosierung.

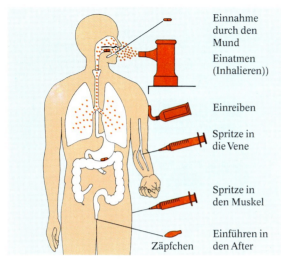

Einnahme durch den Mund

Einatmen (Inhalieren))

Einreiben

Spritze in die Vene

Spritze in den Muskel

Zäpfchen

Einführen in den After

113.1. Wie Medikamente angewendet werden

Manche Medikamente haben schädliche Nebenwirkungen oder machen süchtig. Sie sind deshalb *rezeptpflichtig.* Apotheken dürfen sie nur auf ärztliche Verordnung abgeben.

Für den Umgang mit Medikamenten gilt:
- **Nur einnehmen, wenn man wirklich krank ist!**
- **Nur auf ärztliche Anweisung einnehmen!**
- **Nur richtig dosiert einnehmen!**

Am besten werden Medikamente kühl in einem besonderen abschließbaren Schrank aufbewahrt, der **Hausapotheke.** Dort kann man auch Heftpflaster und Verbandsmaterial unterbringen. Nicht mehr benötigte Medikamente kann man an die Apotheke zurückgeben.

Medikamente können schädliche Nebenwirkungen haben!

Oft geht es auch ohne Medikament

1. **Ein altes Hausmittel bei Erkältung: Ein Kamille-Dampfbad!**
Eine Handvoll Kamilleblüten mit kochendem Wasser übergießen. Die heißen Kamilledämpfe unter einem Handtuch einige Minuten einatmen!

2. **Waden- oder Brustwickel senken Fieber!**
Die feuchten, kalten Tücher werden alle 10 Minuten erneuert.

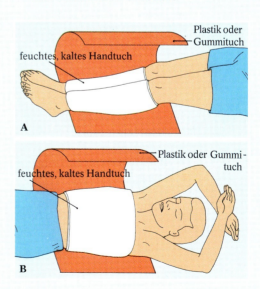

Plastik oder Gummituch

feuchtes, kaltes Handtuch

A

Plastik oder Gummituch

feuchtes, kaltes Handtuch

B

114.1. Ein Verkehrsunfall

114.2. Richtig! Zuerst das Warndreieck 100 m vor der Unfallstelle aufstellen!

Ein Verkehrsunfall

1. Warum muss man eine Unfallstelle absichern? Beschreibe, wie es gemacht werden soll!

2. Betrachte Abb. 115.1.! Zeige den Rautek-Griff an einem Mitschüler!

3. Betrachte Abb. 115.2.! Worauf musst du bei einer Notfallmeldung achten? Übe mit einem Partner!

4. Wo findet man Material für die erste Hilfe bei einem Autounfall?

5. Informiere dich, wo in der Schule ein Erste-Hilfe-Kasten zu finden ist!

6. Wo finden an deinem Wohnort Lehrgänge zur ersten Hilfe statt?

Das kann dir täglich passieren: Du wirst Zeuge eines Unfalls. An einer Kreuzung, gleich hinter einer Kurve, sind zwei Autos zusammengeprallt. Ein Wagen steht quer mitten auf der Kreuzung, ein anderer ist rückwärts in den Graben gerutscht. Was musst du tun?

Zuerst muss die **Unfallstelle** nach allen Seiten **abgesichert** werden, damit andere Verkehrsteilnehmer rechtzeitig abbremsen können. Unfallbeteiligte und Helfer dürfen nicht durch nachfolgende Fahrzeuge in Gefahr gebracht werden.

Ein **Warndreieck** gehört deshalb zur Ausrüstung jedes Autos. Auf Straßen mit schnellem Verkehr stellt man es etwa 100 m vor der Unfallstelle am Fahrbahnrand auf. Zusätzlich muss die **Warnblinkanlage** eingeschaltet werden. Ist man allein, bringt man zunächst Verletzte aus der Gefahrenzone.

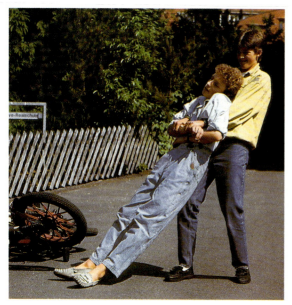

115.1. Bergung mit dem Rautek-Griff

115.2. Notrufsäule

Dazu eignet sich der *Rautek-Griff* (siehe Abb. 115.1.). Sind noch andere Personen am Unfallort, so kann eine davon schnellstens eine **Notfallmeldung** durchgeben.

Über die Telefonnummer 112 erreicht man überall eine *Rettungsstation*, über 110 die Polizei. Für eine richtige Notfallmeldung ist Folgendes wichtig: **Wer meldet den Unfall? Wo ist er passiert? Was ist passiert?** Nur bei genauen Angaben zu diesen Fragen können *Rettungsfahrzeuge* schnell zur Stelle sein!

Bis *Notarzt* oder *Rettungssanitäter* eintreffen, müssen verletzte Personen versorgt werden. Richtige Maßnahmen zur ersten Hilfe sollte man in einem Lehrgang üben!

**Maßnahmen am Unfallort:
Sichern – Bergen – Melden – Helfen!**

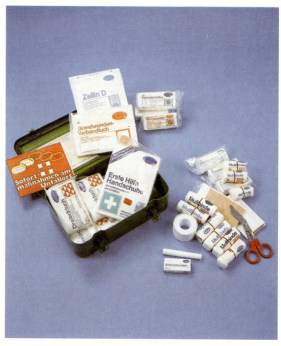

115.3. In jedem Auto muss ein solcher Verbandskasten mitgeführt werden. Zur ersten Hilfe bei Unfällen ist jeder gesetzlich verpflichtet.

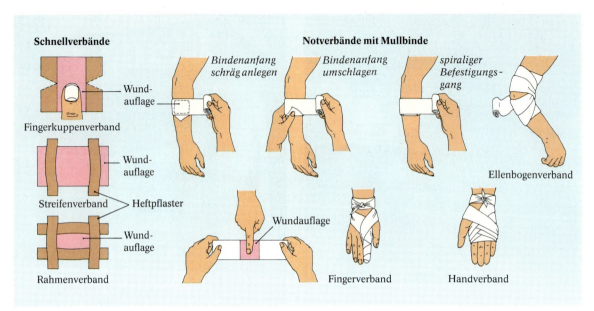

116.1. Einige Verbände

Erste Hilfe kann Leben retten!

Wundversorgung

Von **Wunden** spricht man bei Verletzungen der Haut.

Die Haut schützt unseren Körper gegen eindringende Krankheitserreger. Bei einer Verletzung der Haut fehlt dieser Schutz. Damit keine Krankheitserreger eindringen können, muss die Wunde mit einer **keimfreien Wundauflage** bedeckt werden. Dazu gibt es für kleine Wunden **Pflaster,** für größere Wunden **Verbandspäckchen.** Sie sind keimfrei verpackt.

**Wunden und Wundauflage niemals mit den Fingern berühren!
Einmal-Handschuhe tragen!**

Verbrennungen

Man unterscheidet folgende **Verbrennungen:**
1. Grades: Die Haut ist stark gerötet.
2. Grades: Brandblasen erscheinen.
3. Grades: Die Haut verschorft.

Bei Verbrennungen 2. und 3. Grades immer einen Arzt rufen!

Die verbrannten Hautstellen 10 Minuten unter fließendem Leitungswasser kühlen! Danach mit **keimfreiem Brandwundenverband** abdecken.

Brandblasen nicht aufstechen!

Erste-Hilfe-Maßnahmen

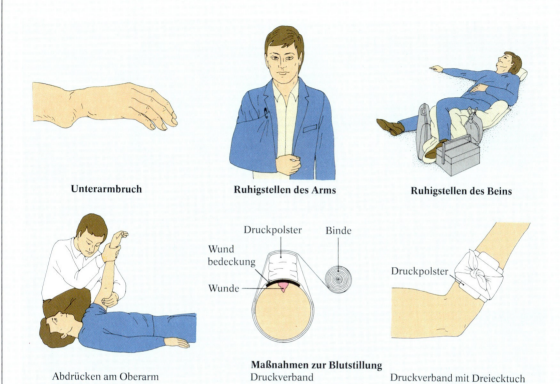

Unterarmbruch   Ruhigstellen des Arms   Ruhigstellen des Beins

Druckpolster   Binde

Wund bedeckung

Wunde

Abdrücken am Oberarm

Druckpolster

Maßnahmen zur Blutstillung
Druckverband   Druckverband mit Dreiecktuch

Verstauchung Schwellung, Schmerz	Gelenk ruhig stellen! Kühlen! (Kalte Umschläge, Eisbeutel)	**Hitzeerschöpfung** *Kreislaufstörung durch Wasser- und Salzverlust* Schwach auf den Beinen, Puls schnell und flach, Blässe, Frösteln	Im Schatten flach lagern, leicht zudecken, Salzwasser geben (1 Teel. auf 1 l Wasser)
Verrenkung Schwellung, Schmerz Gelenkkopf ist aus der Pfanne gedrückt	Gelenk ruhig stellen! Kühlen! (Kalte Umschläge, Eisbeutel). Nicht einzurenken versuchen!	**Hitzschlag** *Wärmestau im Körper* Hochroter Kopf, trockene, heiße Haut, hohes Fieber, unsicherer Gang	Mit erhöhtem Oberkörper in den Schatten legen Kleidung öffnen, kalte Waden- oder Brustwickel
Knochenbruch Schwellung, oft Bluterguss oder Blutung, Knochenteile verschoben	Ruhig stellen, Lage des gebrochenen Körperteils nicht ändern. Offener Bruch: Blutung stillen	**Sonnenstich** *durch direkte Sonnenein-strahlung auf unbe-deckten Kopf* *Hochroter Kopf, kühle Körperhaut, Kopfschmer-zen, Übelkeit, Unruhe*	Kopf erhöht lagern, kühlende Umschläge
Gehirnerschütterung Schwindel, Übelkeit, Kopfschmerzen, Bewusstlosigkeit	Stabile Seitenlage Atmung und Kreislauf beobachten		
Schädelbasisbruch Geringe Blutung aus Nase, Mund, Ohr; Bewusstlosigkeit, **Lebensgefahr!**	Stabile Seitenlage Atmung und Kreislauf beobachten		

Schockbehandlung

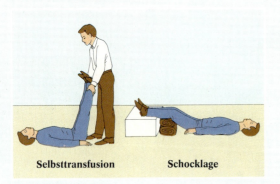

Selbsttransfusion   Schocklage

Transport eines Verletzten

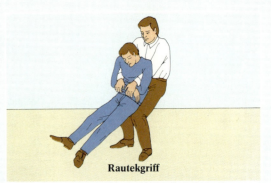

Rautekgriff

Schock: Herz-Kreislauf-Störung, Lebensgefahr!
Ursachen: 1. Direkter Blutverlust. 2. Angst,
Schreck oder Schmerz erweitern die Blutgefäße
in Bauch und Beinen. Das Blut „versackt".
Merkmale: Frieren, kalter Schweiß, Blässe,

Unruhe, schlechte Ansprechbarkeit.
Schneller Puls, der rasch schwächer wird.
Maßnahmen: Beruhigen, warmhalten, Schocklage. Hochhalten der Beine nur, wenn keine körperlichen Verletzungen zu sehen sind.

Lagerung eines Bewusstlosen (Stabile Seitenlage)

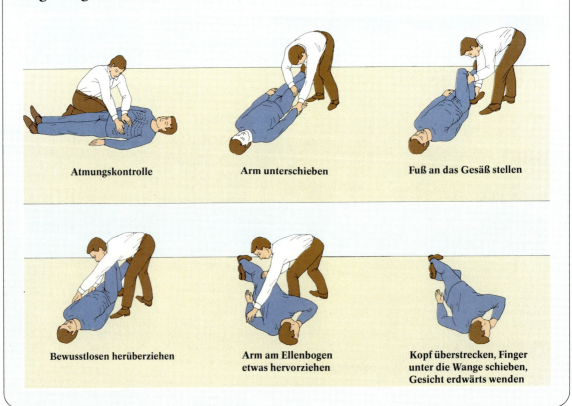

Atmungskontrolle   Arm unterschieben   Fuß an das Gesäß stellen

Bewusstlosen herüberziehen   Arm am Ellenbogen etwas hervorziehen   Kopf überstrecken, Finger unter die Wange schieben, Gesicht erdwärts wenden

Das ABC der Wiederbelebung

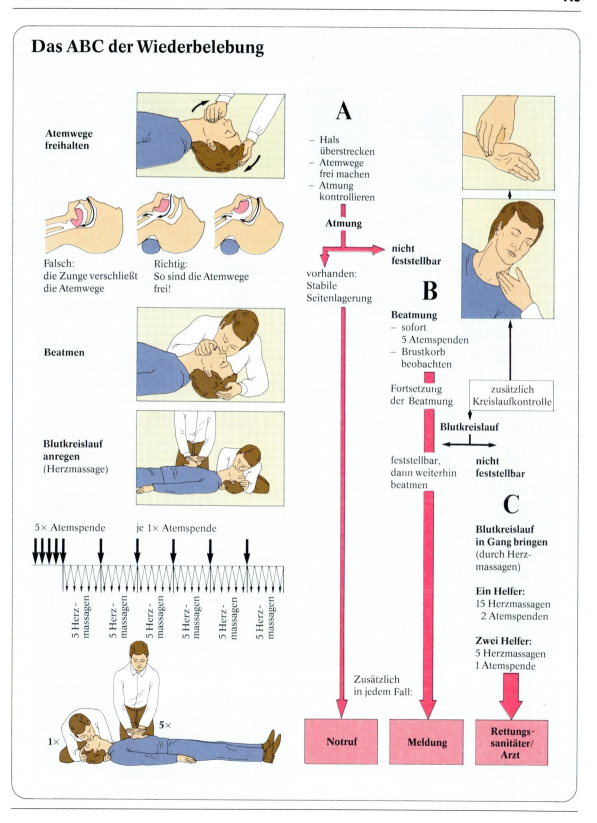

Atemwege freihalten

Falsch: die Zunge verschließt die Atemwege

Richtig: So sind die Atemwege frei!

Beatmen

Blutkreislauf anregen (Herzmassage)

5× Atemspende   je 1× Atemspende

5 Herz-massagen · 5 Herz-massagen · 5 Herz-massagen · 5 Herz-massagen · 5 Herz-massagen · 5 Herz-massagen

1×   5×

A
– Hals überstrecken
– Atemwege frei machen
– Atmung kontrollieren

Atmung

vorhanden: Stabile Seitenlagerung

nicht feststellbar

B

Beatmung
– sofort 5 Atemspenden
– Brustkorb beobachten

Fortsetzung der Beatmung

zusätzlich Kreislaufkontrolle

Blutkreislauf

feststellbar, dann weiterhin beatmen

nicht feststellbar

C

Blutkreislauf in Gang bringen (durch Herz-massagen)

Ein Helfer:
15 Herzmassagen
2 Atemspenden

Zwei Helfer:
5 Herzmassagen
1 Atemspende

Zusätzlich in jedem Fall:

Notruf

Meldung

Rettungs-sanitäter/Arzt

120.1. *Plakate gegen das Rauchen*

120.2. *Gefährdung durch Passivrauchen*

Die Gesundheit steht auf dem Spiel

1. Welche schädlichen Bestandteile sind im Tabakrauch enthalten?

2. Beschreibe, wie Teer unserem Körper schadet!

3. Welche Gesundheitsschäden werden durch Nikotin verursacht?

4. Wie schadet Kohlenstoffmonoxid unserem Körper?

5. Betrachte Abb. 121.1.!
Welche Gesundheitsschäden entstehen in den verschiedenen Körperorganen?

Viele Umfragen haben ergeben, dass die Mehrzahl aller Jugendlichen das Rauchen ablehnt. Trotzdem greifen immer mehr Jugendliche zur Zigarette.

Die meisten Raucher wissen, dass Rauchen ihrer Gesundheit schadet. Aber alle hoffen, dass gerade sie nicht erkranken.

Wer täglich 15 Zigaretten raucht, nimmt mit dem Rauch in 15 Jahren etwa 1000 g **Teer** in sich auf. Mit dem *Raucherhusten* gelangt nur eine geringe Menge davon wieder nach außen. Die Inhaltsstoffe des Zigarettenrauches gefährden die Gesundheit. Sie führen zunächst zu *Atembeschwerden*. Später treten häufig *Lungenkrebs*, *Luftröhrenkrebs* und *Kehlkopfkrebs* auf.

Von den etwa 25 000 Menschen, die jährlich in der Bundesrepublik Deutschland an Lungenkrebs sterben, sind 90% Raucher.

Herz:	Blutgefäße:
Verengung der Herzkranzgefäße	Verengung der Blutgefäße
Herzmuskel wird nicht ausreichend mit Sauerstoff versorgt	Verminderung der Durchblutung in den Organen und den Muskeln
Herzschmerzen	Ablagerungen an den Gefäßwänden, dadurch bleibende Gefäßverengung
Erhöhung der Herzfrequenz	Absterben von Geweben
Herzinfarkt	Raucherbein
Mundhöhle und Verdauungstrakt:	**Atemwege und Lunge:**
Lippenkrebs	Luftröhrenkrebs
Zungenkrebs	Kehlkopfkrebs
Mundbodenkrebs	Lungenkrebs
Speiseröhrenkrebs	Raucherhusten
Magenkrämpfe	chronische Entzündung der Bronchien
Magengeschwüre	Blählunge: Die Wände der Lungenbläschen lösen sich auf, ganze Lungenläppchen sterben ab, Atembeschwerden treten auf
Mastdarmkrebs	

121.1. Gesundheitsschäden durch Rauchen

Über die Lunge werden Nikotin und Kohlenstoffmonoxid aus dem Rauch in den Körper aufgenommen. Das **Kohlenstoffmonoxid** behindert den Sauerstofftransport im Blut. Es belastet das Herz. Durch das **Nikotin** verengen sich die Blutgefäße. Dort bilden sich Ablagerungen. Dadurch werden die Gefäße noch enger. Obwohl das Herz schneller schlägt, werden nicht mehr alle Körperstellen richtig durchblutet.

Bei mangelnder Durchblutung des Herzmuskels kann es schließlich zu einem *Herzinfarkt* kommen, der oft tödlich endet. Auch ein Raucherbein kann bei mangelnder Durchblutung entstehen. Das Gewebe stirbt ab und das Bein muss abgenommen werden.

Rauchen schadet der Gesundheit und macht den Körper abhängig!
Wer nicht raucht, lebt länger!

6. Warum kann man mit dem Rauchen nicht einfach aufhören?

7. Betrachte Abb. 120.1.!
   Erkläre, was diese Plakate aussagen wollen!

8. Betrachte Abb. 120.2.!
   a) Erkläre den Ausdruck *Passivraucher!*
   b) Überlege, wieso Raucher auch Passivraucher gefährden!

9. Startet in der Schule eine Aktion gegen das Rauchen mit selbst entworfenen Plakaten!

122.2. Jugendliche Mofafahrer

122.1. Keine Feier ohne Alkohol?

Alkohol verschleiert den Blick

Aus dem Jugendschutzgesetz

§ 3

(1) Der Aufenthalt in Gaststätten darf Kindern und Jugendlichen unter sechzehn Jahren nur gestattet werden, wenn ein Erziehungsberechtigter sie begleitet. Dies gilt nicht, wenn Kinder oder Jugendliche
1. an einer Veranstaltung eines anerkannten Trägers der Jugendhilfe teilnehmen,
2. sich auf Reisen befinden oder
3. eine Mahlzeit oder ein Getränk einnehmen.

(2) Jugendlichen ab sechzehn Jahren ist der Aufenthalt in Gaststätten ohne Begleitung eines Erziehungsberechtigten bis 24 Uhr gestattet.

§ 4

(1) In Gaststätten, Verkaufsstellen oder sonst in der Öffentlichkeit dürfen
1. Branntwein, branntweinhaltige Getränke oder Lebensmittel, die Branntwein in nicht nur geringfügiger Menge enthalten, an Kinder und Jugendliche,
2. andere alkoholische Getränke an Kinder und Jugendliche unter sechzehn Jahren
weder abgegeben noch darf ihnen der Verzehr gestattet werden.

(3) In der Öffentlichkeit dürfen alkoholische Getränke nicht in Automaten angeboten werden. Dies gilt nicht, wenn ein Automat in einem gewerblich genutzten Raum aufgestellt und durch Vorrichtungen oder durch ständige Aufsicht sichergestellt ist, dass Kinder und Jugendliche unter sechzehn Jahren alkoholische Getränke nicht aus dem Automaten entnehmen können.

„Endlich 16! Das muss natürlich gefeiert werden!", sagt Ralf. Er hat ein paar Freunde zu sich nach Hause eingeladen. Es ist für sie selbstverständlich, dass Ralf genügend alkoholische Getränke einkauft. Eine Feier ohne Alkohol kann sich nämlich kaum einer von ihnen vorstellen.

Bernd denkt anders darüber. Er findet es langweilig, ein Bier nach dem anderen in sich hineinzuschütten. Er ist mit seiner Freundin Anne gekommen. Bernd möchte lieber mit ihr tanzen und sich unterhalten. Außerdem hat er sein Mofa dabei.

Viele Menschen trinken regelmäßig **Alkohol.** Kaum jemand denkt an die Folgen, die dieses **Genussgift** für unseren Körper haben kann. Alkohol gelangt über den Blutkreislauf zum Gehirn. Anfangs bewirkt er eine gehobene Stimmung und Kontaktfreudigkeit.

123.1. Tunnelblick

Blutalkohol	Stimmung	beobachtbare Wirkungen
bis 0,5 Promille	fröhlich, von Sorgen befreit	redselig, weniger ängstlich, leichte Schläfrigkeit, entspannt
0,5 bis 1,5 Promille	mutig, zum „Bäume-Ausreißen" aufgelegt	wenig selbstkritisch, Auffassungsgabe geschwächt, leichte Gleichgewichtsstörungen, schwerfälliges Sprechen
bis 2,5 Promille	traurig, angriffslustig, weinerlich	unsichere Bewegungen, starkes Schwanken beim Gehen, stark verlängerte Reaktionszeit, unvollständige Sätze, Reizbarkeit
über 2,5 Promille	innerlich unruhig, stark erregt, aggressiv	Umgebung wird nicht mehr realistisch wahrgenommen, körperlich hilflos, narkoseähnlicher Tiefschlaf, überängstlich oder aggressiv

123.2. Alkohol im Blut und seine Wirkung

Gleichzeitig lässt aber das Reaktionsvermögen nach. Das Blickfeld wird enger, es kommt zum „Tunnelblick". Schon kleine Mengen alkoholischer Getränke können bewirken, dass man mit Fahrzeugen oder Maschinen nicht mehr sicher umgehen kann.

Alkoholmissbrauch führt zu bleibenden Schäden. Magengeschwüre, Herz- und Lebererkrankungen können zum Beispiel die Folge sein. Viele Menschen „spülen anfangs Ärger oder Stress hinunter" und merken nicht, dass sie schließlich ohne Alkohol nicht mehr leben können. Sie sind **süchtig** geworden. Alkoholabhängige Menschen sind krank und brauchen Hilfe. Viele gehen regelmäßig zu Selbsthilfegruppen. Dort helfen sie einander, nicht wieder rückfällig zu werden.

Alkohol schadet dem Körper und kann zur Abhängigkeit führen!

1. Betrachte Abb. 123.1. und 123.2.! Welche Auswirkungen hat Alkohol auf den menschlichen Körper?

2. Nenne Gefahren durch Alkohol im Straßenverkehr und am Arbeitsplatz!

3. Welche körperlichen Schäden können durch Alkoholmissbrauch entstehen?

4. Beschreibe, wie Alkoholabhängigkeit entstehen kann!

5. Lies den Text im blauen Kasten auf S. 122! Darf ein 14-jähriger Schüler im Supermarkt Bier einkaufen!

124.1. Drogen können töten

Geheimsprache der Drogenszene

Dope:	Rauschgift
drücken, fixen:	Spritzen von Drogen (Schuss, Druck)
einwerfen:	Einnahme von Drogen in Tablettenform
Gras:	Haschisch
Joint:	Haschisch-Zigarette
Junkee:	Rauschgiftabhängiger
Turkey:	schmerzhafte Entzugserscheinungen
Schnee:	Heroin

Drogen zerstören das Leben

1. Wo suchen Dealer ihre Abnehmer? Wie würdest du dich verhalten, wenn ein Dealer dir Drogen anböte?

2. Beschreibe, wie Dealer ihre Abnehmer für sich gewinnen!

3. Beschreibe, wie es zu Drogenabhängigkeit kommen kann!

4. Betrachte Abb. 125.1.! Erläutere den dargestellten Teufelskreis!

5. Betrachte Abb. 124.1.! Beschreibe die dargestellte Szene!

Stell dir einmal vor, du gehst mit Freunden in eine Disco. In einer Ecke oder auf dem Flur bietet dir jemand kostenlos **Drogen** an. Sie bewirken angeblich, dass du „voll drauf" bist und alle Probleme vergisst! Wie reagierst du?

Es kann dir täglich passieren, dass du auf einen solchen *Dealer* triffst. Dealer handeln oft mit Drogen, von denen man sehr schnell abhängig wird, wie z.B. *LSD, Heroin* oder *Kokain*. Viele Jugendliche, die Probleme zu Hause, in der Schule oder im Beruf haben oder einfach neugierig auf Drogen sind, sind gefährdet.

Drogen oder **Rauschmittel** wirken auf das Gehirn. Sie schaffen einen Rauschzustand, der das ganze Erleben verändert. Oft genügt schon die erste Probe, um süchtig zu werden. Damit beginnt ein Teufelskreis, den man aus eigener Kraft nicht durchbrechen kann.

125.1. Abhängig – ein Teufelskreis

Kampf dem Drogenhandel!

125.2. Fahndungserfolg! Am 24. 1. 1989 wurden in Aachen 113 kg Heroin im Schwarzmarktwert von 20 Millionen Mark beschlagnahmt.

Wer Drogen nimmt, vergisst im Rauschzustand seine Probleme. Sie kommen wieder, wenn der Rausch nachlässt. Um damit fertig zu werden, nimmt der Süchtige dann wieder Drogen. Er braucht immer mehr davon und wird *seelisch abhängig*. Manche Rauschmittel machen auch *körperlich abhängig*. Wenn man sie absetzt, treten schwere Entzugserscheinungen auf.

Das ganze Leben eines Süchtigen kreist schließlich nur noch um Drogen. Er zieht sich von seinen Mitmenschen zurück. Viele Abhängige dealen selbst, verkaufen ihren Körper oder stehlen, um das notwendige Geld für ihr tägliches ‚Dope‘ zusammenzubekommen. Eine Entziehungskur kann helfen, von Drogen freizukommen. In größeren Städten gibt es Drogenberatungsstellen.

Drogen machen abhängig. Sie zeigen keinen Ausweg aus Problemen.

Die meisten Drogen kommen aus dem Ausland zu uns. Haschisch und Marihuana werden aus einer indischen Hanfpflanze hergestellt. Opium, Morphium und Heroin gewinnt man aus Schlafmohn. Andere Drogen, z.B. LSD, werden künstlich hergestellt.

Handel, Herstellung und Einnahme von Drogen sind in der Bundesrepublik Deutschland verboten. Trotzdem sind bei uns mehr als 60 000 Menschen drogenabhängig. Viele sterben an einer Überdosis.

Der Kampf gegen den Drogenhandel ist sehr schwierig. Kriminelle Drogenhändler haben ein weltweit verzweigtes Verteilernetz aufgebaut. Sie schaffen auf geheimen Wegen Drogen ins Land und verteilen sie an andere Drogenhändler. Kleinere Dealer, die oft selbst süchtig sind, verkaufen die Drogen weiter. Sie sterben nicht selten selbst daran. Den wirklich Schuldigen lässt sich nur schwer etwas beweisen.

Oliver berichtet

126.1. Oliver ist 16 Jahre alt. Er trinkt keinen Alkohol. Er hat aus nächster Nähe miterlebt, was es heißt, alkoholabhängig zu sein.

„Mein Vater ist Alkoholiker. Doch, seit drei Jahren ist er trocken, das heißt er trinkt keinen Tropfen Alkohol mehr. Unsere Familie hat viel durchgemacht, damals.

Anfangs trank er nach der Arbeit hier und da ein Bier. Später brauchte er mehr und mehr, ‚um seinen Ärger am Arbeitsplatz zu vergessen‘, wie er sagte. Schließlich konnte er nicht mehr ohne Alkohol leben. Schon am frühen Morgen begann er zu trinken, sonst zitterte er am ganzen Körper. Er hatte nur noch Interesse an Schnaps und Bier, seine Familie war ihm ganz egal. Immer öfter fehlte er in der Firma.

Meine Mutter war völlig verzweifelt. Täglich gab es Krach zu Hause. Vater verlor seine Arbeit, weil er so unzuverlässig war. Er kam und ging, wann er wollte. Mutter musste zu Hause alles allein machen. Das Geld reichte hinten und vorne nicht mehr, obwohl sie Überstunden machte.

Schließlich musste Vater mit Leberzirrhose ins Krankenhaus. Bis heute ist er nicht wieder ganz gesund.

Als er dann mit der Therapie in der Klinik anfing, hat es noch sehr lange gedauert, bis es bei uns wieder ein richtiges Familienleben gab. Vater weiß, dass er nie wieder Alkohol trinken darf, weil er sonst wieder rückfällig wird. Es macht ihm jetzt aber nichts mehr aus, wenn ihn z.B. bei einer Feier jemand darauf anspricht, dass er nur alkoholfreie Getränke nimmt."

1. a) Woran erkennt man, dass Olivers Vater alkoholabhängig ist?

   b) Welche Folgen hat die Krankheit für ihn und seine Familie?

Peter hat es geschafft

Peter ist 19 Jahre alt. Er hat zwei Jahre lang Drogen genommen. Das Geld beschaffte er sich hauptsächlich aus dem Verkauf gestohlener Sachen. Zusammen mit einem anderen jungen Mann wurde er bei einem „Bruch" festgenommen und verurteilt. Die Strafe wurde zur Bewährung ausgesetzt. Inzwischen hat Peter eine Therapie hinter sich. Sie hat über ein Jahr gedauert.

Aus einem Gespräch zwischen Peter und Rolf, seinem Bewährungshelfer:

Peter: Ich dachte zuletzt nur noch von einem Druck zum nächsten. Alles andere war egal. Hauptsache, genug Stoff.

Rolf: Wie bist du an das Geld für den Stoff gekommen?

Peter: Wir haben meistens Autoradios gestohlen und verkauft. Oft genug ging es mir total dreckig. Diese Schmerzen im ganzen Körper, wenn ich nichts hatte, waren kaum auszuhalten. Deshalb brauchte ich das Zeug unbedingt. Und umsonst geben sie es dir nur beim ersten Mal.

Rolf: Wie ging es dir, als du mit der Therapie anfingst?

Peter: Als ich schließlich in die Therapie kam, war ich total kaputt. Ich wusste nur, dass ich sowieso draufgehen würde. Es hat lange gedauert, bis ich kapierte, dass ich den Leuten dort vertrauen konnte und bei denen gut aufgehoben war. Ich lernte, über meine Ängste und Schwierigkeiten zu sprechen. Ich weiß jetzt, wie wichtig das ist. Langsam lernte ich, dass ich auch ohne Drogen leben kann. Ich kann wieder für mich selbst verantwortlich sein.

1. In welche Schwierigkeiten geriet Peter durch seine Drogensucht?

> **Wer Drogenprobleme hat, kann sich an eine Drogenberatungsstelle wenden. Näheres erfährt man beim Gesundheitsamt oder beim Sozialamt. Man kann dort anrufen, ohne seinen Namen zu nennen.**

Natur im Gleichgewicht

Kronenbrüter
Pirol, Goldhähnchen,
Elster, …

Stammbrüter
Buchfink, Sperber,
Ringeltaube,…

Höhlenbrüter
Specht, Hohltaube,
Kleiber, Waldkauz, …

Buschbrüter
Singdrossel, Amsel,
Grasmücken, …

Bodenbrüter
Laubsänger, Nachtigall,
Rotkehlchen, …

128.1. Nistorte von Vögeln in einem Mischwald

Vögel in allen Stockwerken

1. Welche Vogelarten brüten in Nisthöhlen?

2. Betrachte den blauen Kasten auf Seite 129!
   Stelle zusammen, wozu ein Specht einen Baum braucht!

3. Überlege, warum abgestorbene Bäume im Wald stehen bleiben sollen!

4. Wie kann man Höhlenbrüter ansiedeln?

5. Betrachte Abb. 129.1.!
   Beschreibe das Nest eines Sperberpaares!

6. Wie werden Nester in Baumkronen angelegt, damit sie halten?

7. Wie tarnen Bodenbrüter ihre Nester?

Sven hat zum Geburtstag ein Fernglas bekommen. Am nächsten Tag beobachtet er mit seinem Freund Jens die Vögel im Park. Von einer Buche hören sie das Klopfen eines Spechtes. Sie sehen, wie ein *Buntspecht* gerade Holzspäne aus dem Flugloch wirft.

Spechte ziehen ihre Jungen in selbst gezimmerten Baumhöhlen auf. Nach der Aufzucht geben sie ihre geschützten Nistplätze auf. Im folgenden Jahr bauen sie eine neue Höhle. *Kleiber* übernehmen die frei gewordenen Spechthöhlen zur Brutpflege. Spechte und Kleiber sind **Höhlenbrüter.**

Mehrere Meter hoch an einem Baumstamm entdecken Sven und Jens ein Geflecht aus trockenen Zweigen. Dort hat ein *Sperber* auf einem Ast sein Nest gebaut. Auch *Ringeltauben* bauen solche tellerförmigen Nester. Sperber und Ringeltauben zählen zu den **Stammbrütern.**

129.1. Stammbrüter: Sperber

129.2. Höhlenbrüter: Kleiber

In den höchsten Ästen liegen versteckt zwischen den Blättern die Nester von *Pirol* und *Elster.* Das Nistmaterial wird kunstvoll zwischen den Astgabeln verflochten. Diese Bauweise gibt den Nestern sicheren Halt. Vögel, die wie Pirol und Elster in Baumkronen brüten, nennen wir **Kronenbrüter.**

Amsel und *Singdrossel* bevorzugen ein niedrigeres Stockwerk des Waldes. Sie nisten in dichten Sträuchern und Büschen. Sie zählen zu den **Buschbrütern.**

Die Nester von *Laubsänger* und *Nachtigall* sind in der Krautschicht am Boden schwer zu finden. Die **Bodenbrüter** verwenden das Nistmaterial aus der unmittelbaren Umgebung und tarnen das Nest auf diese Weise.

Die einzelnen Stockwerke des Waldes werden von bestimmten Vogelarten bewohnt.

Specht und Baum – Vielfältige Beziehungen

Rufen

Trommeln

Absammeln

Trinken

Schmieden

Brüten

Klettern

Hacken

Hacken

Züngeln

130.1. Laubwald im Frühjahr

130.2. Laubwald im Sommer

Hunger auf Licht

1. Überlege, warum ein Buschwindröschen nur im Frühjahr blühen kann!

2. Betrachte Abb. 130.1. und Abb. 130.2.!
   Vergleiche einen Laubwald im Frühjahr mit einem Laubwald im Sommer!

3. Betrachte Abb. 131.1.!
   Beschreibe die Lichtverhältnisse im Laubwald im Frühjahr und im Sommer!

4. Betrachte Abb. 131.1. und Abb. 131.3.!
   Vergleiche die Lichtverhältnisse von Laub- und Nadelwald!

5. Welche Auswirkungen hat der Lichtmangel im Nadelwald?

Wenn du im März durch einen Buchenwald gehst, kannst du grüne Blätterteppiche mit weißen Blüten sehen. Es sind *Buschwindröschen*, die den Waldboden bedecken. Wenn du im Juni wiederkommst, sind sie nicht mehr zu sehen. Was könnte die Ursache für ihr kurzes Auftreten sein?

Im Frühjahr fällt das Sonnenlicht fast ungehindert durch die kahlen Äste auf den Boden. Das *Sonnenlicht* und die *Wärme* fördern das Wachstum der Buschwindröschen. Sie haben bereits im Vorjahr Aufbaustoffe in ihren unterirdischen Stängeln gespeichert.

Wenn im Juni die Bäume rundherum Laub tragen, dann liegt der Standort der Buschwindröschen im Schatten. Nur noch ein geringer Anteil des Sonnenlichts erreicht den Boden. **Lichtpflanzen,** wie das Buschwindröschen, vertragen den Schatten nicht. Ihre grünen Teile sterben ab.

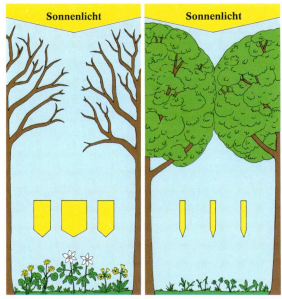

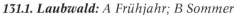

131.1. Laubwald: *A Frühjahr; B Sommer*

131.2. Nadelwald

Die Lichtverhältnisse im Laubwald schwanken während eines Jahres. In der laubfreien Zeit scheint mehr als die Hälfte des auf den Wald treffenden Sonnenlichts durch die kahlen Äste. Wenn die Bäume Blätter tragen, fällt weniger als ein Zehntel dieses Lichts auf den Waldboden. Mit wenig Sonnenlicht kommen z.B. *Sauerklee* sowie *Farne* und *Moose* aus. Es sind **Schattenpflanzen**.

Im Nadelwald sind die Lichtverhältnisse anders. Das ganze Jahr über erreicht wenig Licht den Waldboden. In der Krautschicht einer Monokultur aus Fichten herrscht dauernd *Lichtmangel*. Infolge davon treten selbst Schattenpflanzen nur vereinzelt auf. Die Nadeln und Zweige im unteren Teil der Bäume sterben wegen des fehlenden Lichts ab.

Licht- und Schattenpflanzen benötigen unterschiedlich viel Licht zum Wachsen.

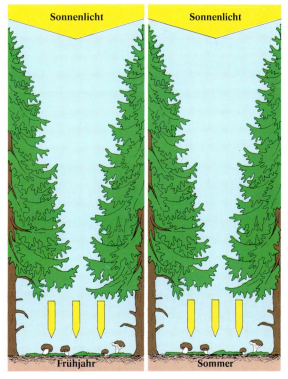

131.3. Nadelwald: *A Frühjahr; B Sommer*

132.1. Umtopfen von Zimmerpflanzen

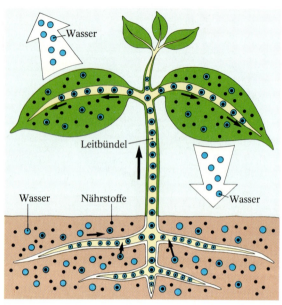

132.2. Aufnahme von Wasser und Mineralstoffen

Wie sich Pflanzen ernähren

1. Betrachte Abb. 132.2.!
   Beschreibe den Weg des Wassers vom Boden bis zum Blatt!

2. Wozu benötigt eine Pflanze Wasser?

3. Warum ist im Gewächshaus so feuchte Luft?

4. Nenne Mineralstoffe, die für das Pflanzenwachstum wichtig sind!

5. Vergleiche die Rapspflanzen in Abb. 133.3. miteinander! Begründe ihr unterschiedliches Wachstum!

6. Betrachte Abb. 133.4.!
   Welche Folgen hat der Mangel an Mineralstoffen für eine Wiese?

Seit einiger Zeit wächst Inkas Zimmerpflanze nicht mehr so gut wie vorher. Die Mutter hat ihr geraten, sie in einen größeren Blumentopf umzupflanzen. Als sie die Pflanze aus dem Topf nimmt, ist sie überrascht. Die Erde ist vollständig von Wurzeln durchzogen.

Mit den **Wurzeln** nimmt die Pflanze Wasser aus dem Boden auf. Es dringt in die kleinen Haarwurzeln ein. Durch feine Poren in den Zellwänden wird es weitergegeben, bis es in röhrenförmige Zellen gelangt. Diese Zellen bilden **Leitbündel.** In ihnen wird das Wasser in die Stängel und Blätter weitergeleitet.

Wasser benötigt die Pflanze zum Aufbau neuer Stoffe und Zellen. Den größten Teil des Wassers gibt die Pflanze aber über die Blätter wieder als Wasserdampf an die Luft ab. Durch diese *Verdunstung* entsteht in den Pflanzen ein Sog. Das verbrauchte Wasser muss ständig ergänzt werden.

133.1. Wasserleitung im Stängel

133.2. Verdunstung durch die Blätter

133.3. Rapspflanzen: *A Humusboden; B Sandboden*

Außer Wasser benötigen die Pflanzen noch *Mineralstoffe*. Sie kommen im Boden als **Nährsalze** vor. Die Wurzeln können sie nur aufnehmen, wenn sie im Wasser gelöst sind.

Die wichtigsten **Mineralstoffe** sind *Stickstoff (N), Phosphor (P)* und *Kalium (K)*. Fehlt einer dieser Grundstoffe im Boden, so entwickeln sich die Pflanzen unvollkommen. Durch Dung und Mineraldünger kann der Mineralstoffgehalt im Boden erhöht werden.

Dunkler *Humusboden* ist nährstoffreich, weil die zersetzten Tier- und Pflanzenreste viele Nährsalze liefern. Heller *Sandboden* ist dagegen nährstoffarm.

Pflanzen brauchen zum Leben Wasser und Mineralstoffe. Diese werden von den Wurzeln aufgenommen und in alle Teile der Pflanzen geleitet.

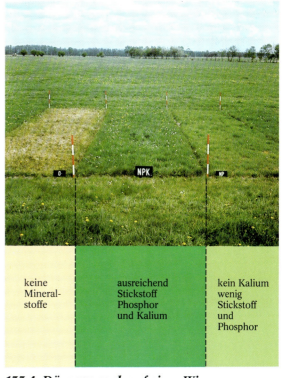

keine Mineralstoffe

ausreichend Stickstoff Phosphor und Kalium

kein Kalium wenig Stickstoff und Phosphor

133.4. Düngeversuch auf einer Wiese

134.1. Blätter im Licht

134.2. Laubblatt im Querschnitt
(Lichtmikroskopisches Bild)

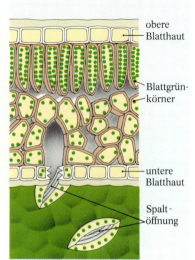

obere
Blatthaut

Blattgrün-
körner

untere
Blatthaut

Spalt-
öffnung

134.3. Blattquerschnitt
(Schema)

In den Blättern entstehen Nährstoffe

1. Betrachte Abb. 134.2. und
   Abb. 134.3.!
   Beschreibe, wie ein Laubblatt
   aufgebaut ist!

2. Welche Aufgaben erfüllen die Blattgrünkörner?

3. Was wird bei der Fotosynthese
   verbraucht? Welche Stoffe entstehen
   neu? Betrachte dazu Abb. 135.1.!

4. Begründe, warum die Fotosynthese
   die Grundlage für alles Leben ist!
   Betrachte dazu Abb. 135.2.!

5. Welche Folgen hat das Abholzen
   großer Urwaldgebiete für die Luft-
   hülle der Erde?

Blatt ist nicht gleich Blatt. Ein Blatt dieses Buches besteht aus einer einzigen Schicht. Das Blatt einer Pflanze ist dagegen aus mehreren unterschiedlichen Schichten aufgebaut.

Betrachtest du den Querschnitt eines Laubblattes, erkennst du oben und unten je eine Zellschicht. Sie wird als *Blatthaut* bezeichnet. Unter der oberen Blatthaut reihen sich längliche Zellen dicht aneinander. In ihnen sind zahlreiche *Blattgrünkörner* enthalten. Sie geben den Blättern die grüne Farbe.

Die nächste Schicht ist locker aus Zellen und Hohlräumen zusammengesetzt. Die Blattunterseite ist mit zahlreichen Spalten versehen, die *Spaltöffnungen* genannt werden. Durch sie können Stoffe mit der Außenluft ausgetauscht werden. Durch die Spaltöffnungen dringt Luft in die Blätter ein. Diese enthält Kohlenstoffdioxid.

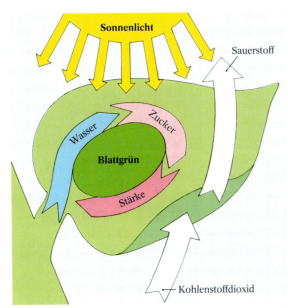

135.1. Vorgänge bei der Fotosynthese

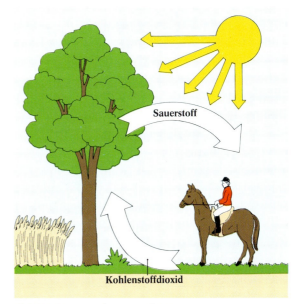

135.2. Fotosynthese und Atmung

Die Blattgrünkörner sind in der Lage, *Kohlenstoffdioxid* und *Wasser* chemisch in *Zucker* und *Stärke* umzuwandeln. Dazu ist *Sonnenlicht* erforderlich. Bei dieser Umwandlung entsteht *Sauerstoff*, der an die Luft abgegeben wird.

Mithilfe des Lichts entstehen also pflanzliche Nährstoffe und Sauerstoff. Dieser Vorgang wird als **Fotosynthese** bezeichnet. Die Fotosynthese ist die Grundlage für alles Leben auf der Erde. Die Pflanzen erzeugen Sauerstoff, den alle Lebewesen zum Atmen brauchen. Alle Lebewesen scheiden bei der Atmung Kohlenstoffdioxid aus, das die Pflanzen aufnehmen. Es besteht also ein *Stoffkreislauf* zwischen den Lebewesen.

Bei der Fotosynthese werden aus Kohlenstoffdioxid und Wasser mithilfe des Sonnenlichtes Zucker, Stärke und Sauerstoff hergestellt.

Bei der Fotosynthese entsteht Sauerstoff

Nimm ein Becherglas und lege einige Sprosse der Wasserpest hinein. Stülpe einen Trichter darüber und gieße eine Mischung aus Mineral- und Leitungswasser hinzu. Stelle die Versuchsanordnung ins Sonnenlicht. Fange das entstehende Gas in einem mit Wasser gefüllten Reagenzglas auf. Halte einen glimmenden Holzspan in das entstehende Gas. Beobachte und berichte über den Versuchsablauf!

136.1. Totengräber als Aasfresser

136.2. Mistkäfer als Kotfresser

136.3. Kleintiere als Falllaubfresser

Abfallverwertung im Wald

1. Betrachte Abb. 136.1. und Abb. 136.2.!
   Wie werden z.B. tote Mäuse und Tierkot wieder verwertet?

2. Welche Kleintiere ernähren sich von der Laubstreu?

3. Wie wird Humus gebildet?

4. Welche Aufgabe erfüllen Pilze und Bakterien bei der Abfallverwertung?

5. Betrachte Abb. 137.1.! Beschreibe den Kreislauf der Mineralstoffe!

6. Vergleiche die Vorgänge in der Laubstreu und im Komposthaufen. Was stellst du fest?

7. Welche Haushaltsabfälle kannst du kompostieren?

Die Verwertung des Abfalls, die uns Menschen Probleme bereitet, ist im Wald hervorragend gelöst. In der Natur werden alle Abfälle wieder verwertet.

Eine tote Maus wird zum Beispiel von *Totengräbern* eingescharrt. Der verwesende Körper dient den Larven dieser Käfer als Nahrung. *Mistkäfer* stopfen ihre Gänge mit Tierkot voll, um damit ihre Larven zu ernähren.

Jedes Jahr fallen Milliarden Blätter auf den Boden des Laubwaldes. Trotzdem sammeln sie sich im Laufe der Zeit nicht meterhoch an. Wenn du der Laubverwertung auf den Grund gehen willst, schiebe die Blätter am Boden zur Seite. Du findest darunter feuchte Blätter mit kleinen Löchern. Dieser Lochfraß wird von *Springschwänzen* und *Schnurfüßern* hervorgerufen. Von den faulenden Blättern ernähren sich auch *Milben, Asseln, Mückenlarven* und *Fliegenlarven.*

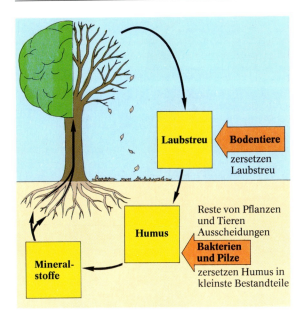

137.1. Kreislauf der Mineralstoffe

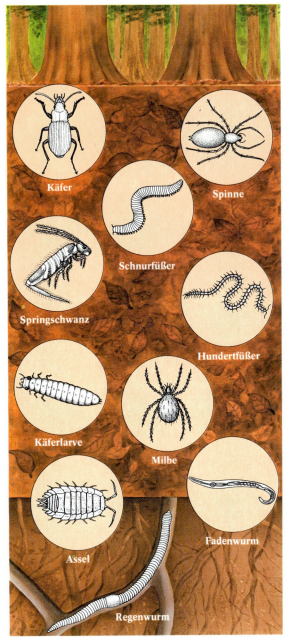

Alle diese Bodentiere scheiden winzige Kotkrümel aus. Davon und von den zersetzten Pflanzenresten leben *Regenwürmer* und *Fadenwürmer*. Außerdem leben noch Spinnen und Käfer in der Laubstreu.

Auf der Suche nach Nahrung durchwühlen diese Kleinlebewesen die vermodernde Laubschicht. Sie durchmischen dabei die Pflanzen- und Tierreste mit feinen Bodenteilchen. Es entsteht ein dunkler, nährstoffreicher **Humus.**

Pilze und Bakterien führen die Zersetzung des Humus fort. Sie werden daher als **Zersetzer** bezeichnet. Schließlich bleiben nur noch die Mineralstoffe übrig, die von den Pflanzen wieder aufgenommen werden. So schließt sich der **Kreislauf der Mineralstoffe.**

Bodentiere, Pilze und Bakterien zersetzen pflanzliche und tierische Abfälle.

137.2. Kleintiere im Waldboden

8. Suche in der Laubstreu nach Kleintieren. Bestimme sie mithilfe von Abb. 137.2.!

138.1. Untersuchung eines Steinbruchs

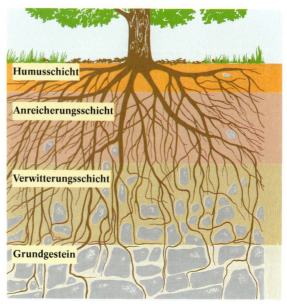

138.2. Bodenschichten

Der Boden ist die Haut der Erde

1. Betrachte Abb. 138.2.!
   Nenne die Bodenschichten und beschreibe, woran du sie erkennst!

2. Erkläre den Begriff Humus!

3. Betrachte Abb. 139.1.!
   Erläutere, welche Ansprüche die Pflanze an den Boden stellt!

4. Wozu dienen im Boden die Poren?

5. Wozu benötigt die Pflanze Wasser?

6. Stelle in eurem Garten fest, wie dick die Humusschicht ist!

7. Warum wird bei einem Bauvorhaben der Humusboden besonders gelagert?

Hast du dir schon einmal eine Baugrube oder einen Steinbruch angesehen? Man erkennt, dass nur eine verhältnismäßig dünne Schicht der Erdoberfläche von fruchtbarem Boden bedeckt ist.

Oben liegt die dunkle **Humusschicht,** die wir auch *Mutterboden* nennen. Der *Humus* wird von abgestorbenen pflanzlichen und tierischen Bestandteilen gebildet. Er ist von zahlreichen Bodenlebewesen besiedelt.

Darunter liegt die **Anreicherungsschicht.** Dort werden *Humus-* und *Mineralstoffe* eingelagert.

Im Steinbruch erkennen wir darunter noch eine **Verwitterungsschicht.** Durch Frost, Wasser und Einwirkung der Pflanzen zerfällt das Gestein in immer feinere Teile. Das Ausgangsmaterial für den Boden ist das **Grundgestein** wie *Granit, Sandstein* und *Kalk.*

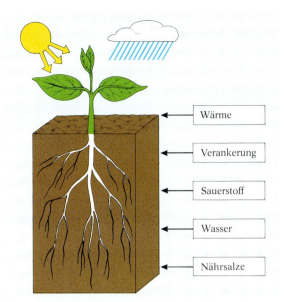

139.1. Ansprüche der Pflanzen an den Boden

Bodenuntersuchungen

Für die Pflanzen bietet der Boden wichtige Voraussetzungen zum Wachsen. Er gibt den Pflanzen *Halt.* Sie verankern sich mit ihren verzweigten Wurzeln darin. Der Boden heizt sich bei Sonnenschein auf und speichert die *Wärme.* In der Nacht wärmt er die Pflanzen.

Boden besteht aus verschieden großen Teilchen wie Sand und Kies. Zwischen den Bodenteilchen liegen winzige Hohlräume oder *Poren.* Durch sie dringt Sauerstoff ein, den die Wurzeln zum Atmen brauchen. Außerdem wird in den Poren *Wasser* gespeichert. Darin lösen sich *Nährsalze,* die mit dem Wasser über die Haarwurzeln aufgenommen werden.

Der Boden besteht aus unterschiedlichen Schichten. Er bietet den Pflanzen Verankerung, Wärme, Sauerstoff, Wasser und Nährsalze als Lebensgrundlagen.

1. Schlämmprobe
a) Gib eine trockene Bodenprobe in ein Küchensieb und trenne die Grobteile von den Feinteilen.
b) Fülle einen Glasbehälter zu etwa einem Drittel mit diesem Feinboden.
c) Schütte Wasser hinzu und schüttle!
d) Lass das Gefäß so lange stehen, bis das Wasser klar geworden ist.
e) Miss die Höhe der Schichten!

2. Wasserhaltevermögen
a) Besorge verschiedene Bodenarten.
b) Verschließe ein Glasrohr mit einem durchbohrten Stopfen, in den du ein Röhrchen steckst.
c) Stopfe etwas Watte hinein und fülle es zu Dreiviertel mit trockenem Boden.
d) Drücke die Probe gut an und gieße eine abgemessene Wassermenge darauf!
e) Stelle fest, wie viel Wasser durchläuft und errechne, wie viel Wasser vom Boden festgehalten wird.
f) Vergleiche die Ergebnisse bei verschiedenen Bodenarten!

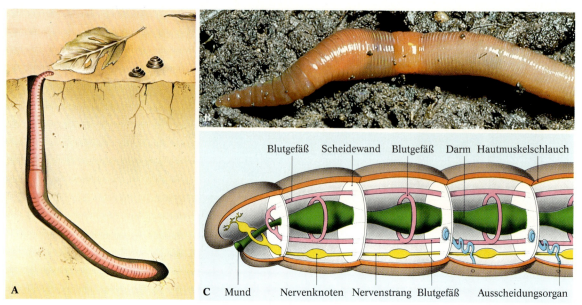

140.1. Regenwurm: *A in seiner Röhre; B kriechender Regenwurm; C innere Organe des Regenwurms*

Der Regenwurm – ein Nützling im Boden

1. Beschreibe, wo der Regenwurm lebt und wovon er sich ernährt!

2. Betrachte Abb. 140.1.B und C! Beschreibe, wie ein Regenwurm aufgebaut ist!

3. Beschreibe, wie Regenwürmer den Boden verbessern!

4. Betrachte Abb. 141.1.! Erkläre die Bodenvermischung durch Regenwürmer! Du kannst den Versuch auch selbst im Einmachglas durchführen!

Beim Umgraben im Garten kommen sie fast mit jedem Spatenstich nach oben: dicke, rötliche Würmer, die sich rasch wieder in den Boden zurückziehen. Es sind **Regenwürmer.** In großer Zahl leben diese lichtscheuen Tiere auch im Waldboden.

Ihr Körper besteht aus vielen einzelnen *Ringen.* Abwechselnd strecken sich einige Abschnitte, andere verkürzen und verdicken sich. So bewegen die Würmer sich fort.

Vor allem bei Regenwetter findet man sie an der Erdoberfläche. Daher haben sie ihren Namen. Bei Trockenheit ziehen sie sich tief in die Erde zurück. Weil sie durch die *Haut atmen*, brauchen sie eine feuchte Umgebung. Sie durchwühlen ständig den Boden. Dadurch wird das Erdreich gelockert, umgeschichtet und belüftet. In ihre verzweigten Gänge sickert Wasser, das die Wurzeln von Pflanzen aufnehmen können.

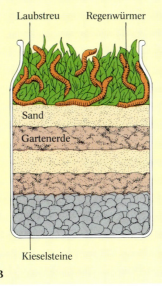

141.1. Regenwürmer durchmischen den Boden

Jeder Wurm braucht täglich sein eigenes Körpergewicht an Nahrung. Das sind Erdbröckchen und verrottende Pflanzenteile. Vor allem bei Nacht ziehen Regenwürmer abgefallenes Laub in ihre Wohnröhren, wo es einige Zeit faulen muss, bevor sie es aufnehmen können. Die aufgenommene Nahrung wird im Darm des Wurms zerrieben und verdaut. Was als Kot den Körper wieder verlässt, ist beste Erde. Sie enthält wertvolle Nährsalze für das Pflanzenwachstum.

Versuche haben gezeigt, dass Boden durch Regenwürmer viel fruchtbarer wird. So lieferte z.B. ein Weizenfeld mit Regenwürmern fast doppelt so hohen Ertrag wie ein Feld ohne Regenwürmer.

Der Regenwurm verwandelt Pflanzenreste in fruchtbare Erde. Er durchmischt und belüftet den Boden.

5. Lass einen dicken Regenwurm über ein Blatt Papier kriechen! Welche Geräusche hörst du? Was schließt du daraus?

6. Betrachte die Körperoberfläche eines Regenwurms mit der Lupe und beschreibe sie!

7. Nimm einen Regenwurm vorsichtig in die Hand. Wie fühlt sich seine Hautoberfläche an?

8. Lege einen Regenwurm auf Papier und beobachte, wie er sich fortbewegt! Was stellst du fest?

Eiche ⟶ Eichenwickler-Raupe ⟶ Meise

142.1. Nahrungsbeziehungen

Fressen und gefressen werden

1. Betrachte Abb. 142.1.! Wer wird von wem gefressen?

2. Erkläre anhand von Abb. 143.1. den Begriff Nahrungskette!

3. Schreibe alle Nahrungsketten auf, die du in Abb. 143.3. findest!

4. Vergleiche die Größe der Tiere in den Nahrungsketten! Welche Entwicklung stellst du fest?

5. Erläutere anhand von Abb. 143.2. den Begriff Nahrungspyramide!

6. Stelle eine Nahrungskette zusammen, die beim Menschen endet!

7. Welche Folgen hat es, wenn eine Raupe Schadstoffe frisst, die der Körper nicht abbaut?

Tiere und Pflanzen leben nicht zufällig an einem Ort zusammen. Zwischen ihnen bestehen mehr oder weniger enge Beziehungen.

Von den Blättern einer *Eiche* ernähren sich die Raupen des *Eichenwicklers*. Doch nicht alle bleiben am Leben. Ein Teil wird zur Beute der *Kohlmeise*. *Sperber* jagen Meisen im Flug und fressen sie.

Am Anfang von Nahrungsbeziehungen stehen die Pflanzen. Sie bilden die Lebensgrundlage, da sie Zucker und Stärke selbst herstellen können. Die Pflanzen werden als **Erzeuger** bezeichnet. Tiere ernähren sich von Pflanzen oder von Tieren. Sie sind **Verbraucher.**

Erzeuger und Verbraucher sind wie die Glieder einer Kette miteinander verbunden. Wir sprechen von einer **Nahrungskette.**

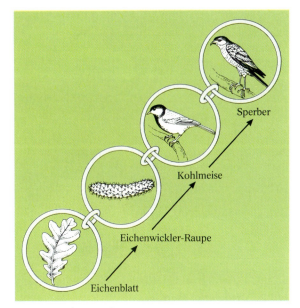

143.1. Nahrungskette

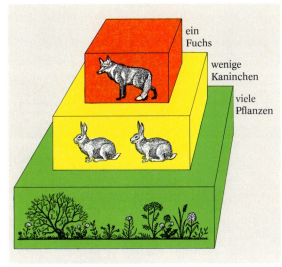

143.2. Nahrungspyramide

Ein Lebewesen kann zu mehreren Nahrungsketten gehören. Die Kohlmeise hat beispielsweise noch Baummarder und Habicht zum Feind. Die Nahrungskette verzweigt sich also an einzelnen Gliedern oder ist mit anderen Gliedern netzartig verknüpft. Wir sprechen von einem **Nahrungsnetz.**

Blätter, Wurzeln, Früchte und Samen sind die Nahrung der *Wildkaninchen.* Kaninchen sind also *Pflanzenfresser.* Sie dienen wiederum dem Fuchs, der *Fleischfresser* ist, als Nahrung. In einem Lebensraum gibt es weniger Kaninchen als Pflanzen und weniger Füchse als Wildkaninchen. Von einer Nahrungsstufe zur anderen nimmt die Anzahl der Lebewesen ab. Wenn wir dieses zeichnen, entsteht eine **Nahrungspyramide.**

Nahrungskette, Nahrungsnetz und Nahrungspyramide stellen Fressbeziehungen in der Natur dar.

143.3. Ausschnitt aus einem Nahrungsnetz

144.1. Waldschädling:
A Buchdrucker; B Larven mit Fraßgängen

144.2. Natürliche Feinde:
A Rote Waldameise; B Schlupfwespe

Biologisches Gleichgewicht

1. Welche Waldschäden richten Buchdrucker und Kiefernbuschhornblattwespen an?

2. Vergleiche eine Monokultur mit einer Mischkultur. Wo gibt es mehr Nahrungsketten?

3. Welche Bedeutung haben die Roten Waldameisen für den Wald?

4. Wie vernichtet die Schlupfwespe eine Raupe?

5. Was geschieht in einer Mischkultur, wenn die Anzahl der Schädlinge abnimmt?

6. Lies den blauen Kasten auf S. 145! Beschreibe die biologische Schädlingsbekämpfung!

Florian entdeckt auf dem Waldboden ein Stück Rinde mit Einkerbungen an der Innenseite. Wer hat diese Muster hineingeritzt?

Es waren die Larven vom *Buchdrucker*, einem Holzkäfer, der unter der Rinde von Kiefern und Fichten seine Eier ablegt. Die Larven fressen Gänge unter der Rinde, und der Baum vertrocknet. Buchdrucker sind Schädlinge des Waldes. Andere Schädlinge haben sich auf Baumnadeln spezialisiert. Die Larven der *Kiefernbuschhornblattwespen*, die wie Raupen aussehen, fressen die Kiefern kahl.

Von den Waldschädlingen sind besonders die **Monokulturen** betroffen. Hier finden die Schädlinge ihre Nahrung reichlich. Sie vermehren sich deshalb stark. Wenn die Anzahl der natürlichen Feinde gering ist, können sich die Schädlinge massenhaft ausbreiten und zur Plage werden.

145.1. *Monokultur und Mischkultur*

In **Mischkulturen** mit abwechslungsreichem Pflanzenbestand ist dies nicht der Fall. Hier halten sich viele schädlingsfressende Vögel wie Specht, Meise und Kleiber auf.

Weitere Helfer des Waldes sind die *Roten Waldameisen.* Auch sie ernähren sich von Raupen.

Die *Schlupfwespe* bohrt ihren Legestachel in den Körper von Raupen oder Larven und legt ein Ei hinein. Die aus dem Ei schlüpfenden Schlupfwespenlarven fressen den Schädling von innen auf.

Wenn es weniger Schädlinge gibt, dann geht auch die Zahl der natürlichen Feinde zurück. In der Natur stellt sich ein *biologisches Gleichgewicht* ein.

In einer Mischkultur herrscht ein biologisches Gleichgewicht.

Pflanzenschutz ja – aber wie?

In Nadelwäldern werden häufig röhren- oder kastenförmige Fallen aufgehängt. Darin ist ein Lockstoff enthalten, der bei der Paarung der Borkenkäfer eine wichtige Rolle spielt. Die Männchen werden in der Hoffnung angelockt, ein Weibchen anzutreffen. Dabei geraten sie in die Fallen. Die Weibchen bleiben unbefruchtet.

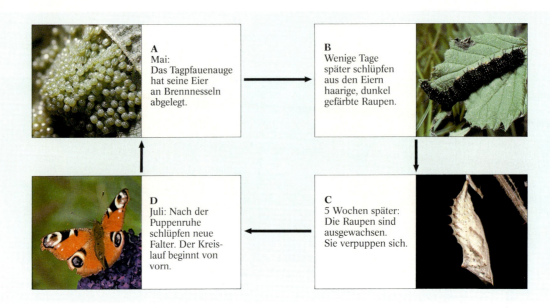

A
Mai:
Das Tagpfauenauge
hat seine Eier
an Brennnesseln
abgelegt.

B
Wenige Tage
später schlüpfen
aus den Eiern
haarige, dunkel
gefärbte Raupen.

D
Juli: Nach der
Puppenruhe
schlüpfen neue
Falter. Der Kreis-
lauf beginnt von
vorn.

C
5 Wochen später:
Die Raupen sind
ausgewachsen.
Sie verpuppen sich.

146.1. Entwicklung eines Schmetterlings (Tagpfauenauge)

Schmetterlinge sind selten geworden

1. Betrachte Abb. 146.1.!
   Beschreibe die Entwicklung des
   Tagpfauenauges!

2. Beschreibe den Bau des Tagpfauenauges. Nimm Abb. 146.1. D zu Hilfe!

3. Wovon lebt die Raupe des Tagpfauenauges?

4. Wovon lebt das Tagpfauenauge als
   Schmetterling?

5. Erkläre, warum Schmetterlinge bei
   uns selten geworden sind!

6. Was kannst du unternehmen, um
   Schmetterlinge z.B. im Garten
   anzusiedeln?

Mit den ersten warmen Sonnenstrahlen verlässt im März ein **Tagpfauenauge** seinen
Schlupfwinkel. Getarnt durch die dunklen
Unterseiten seiner vier Flügel, hat der Falter
in **Winterstarre** die kalte Jahreszeit an einem
dunklen Ort verbracht. Jetzt lässt er sich auf
einer Blüte nieder, um Nektar zu saugen. Er
entrollt seinen langen *Saugrüssel*, der bis
zum Boden der Blüten reicht.

Wenn man sich ihm vorsichtig nähert, lässt
sich der Schmetterling genauer betrachten.
Unter der Lupe erkennt man zahlreiche win-
zige *Flügelschuppen* auf den ausgebreiteten
Flügeln. Sie bewirken die prächtige Färbung.
Zwei große *Netzaugen* und zwei *Fühler* mit
Geruchsorganen befinden sich am Kopf des
Falters.

Schmetterlinge gehören zu den Insekten. Ihr
Körper gliedert sich in *Kopf, Brust* mit *drei
Beinpaaren* und *Hinterleib*.

Trauermantel

Zitronenfalter

Admiral

Kleiner Fuchs

Distelfalter

Bläuling

147.1. Einige heimische Schmetterlingsarten

Das Leben des Falters dauert nach der Winterstarre nur wenige Wochen. In dieser Zeit legt ein Weibchen befruchtete **Eier** auf Brennnesseln ab. Nach einigen Tagen schlüpfen dunkel gefärbte, behaarte **Raupen** aus. Sie ernähren sich von Brennnesselblättern

Bis sie ausgewachsen sind, häuten sich die Raupen mehrmals. An einem geschützten Platz verpuppen sie sich. Die **Puppenruhe** dauert etwa zwei Wochen, dann schlüpfen neue Falter. Sie pumpen Blutflüssigkeit und Luft in die zarten Adern ihrer Flügel. So entfalten sich die Flügel und erhärten.

Viele Pflanzen, die den Schmetterlingen und deren Raupen als Nahrung dienen, werden vom Menschen vernichtet. Deshalb werden Schmetterlinge bei uns immer seltener.

Schmetterlinge gehören zu den Insekten. Viele Arten sind vom Aussterben bedroht.

Achtung: Schmetterlinge stehen unter Naturschutz und dürfen nicht gesammelt werden!

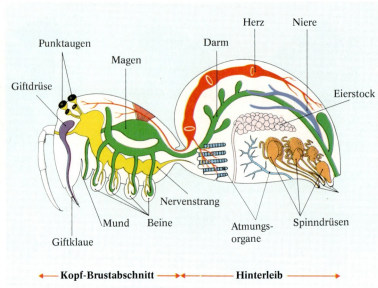

148.1. Kreuzspinne am Netz   **148.2. Körperbau einer Webspinne** (*Schema*)

Spinnen spinnen und weben

1. Betrachte Abb. 148.1. und Abb. 148.2.!
   Beschreibe den Körperbau einer
   Kreuzspinne!

2. Beschreibe, wie eine Kreuzspinne
   ihre Beute verzehrt!

3. Worin unterscheidet sich eine Spinne
   von einem Insekt?
   Lies auf Seite 146 nach!

4. Betrachte Abb. 149.2.!
   Beschreibe, wie ein Radnetz entsteht!

5. Warum soll man Spinnennetze nicht
   zerstören?

In einem Versteck neben ihrem *Radnetz* lauert eine **Kreuzspinne** auf Insekten. Da – der *Signalfaden* zwischen ihren Vorderbeinen bewegt sich! Eine Fliege hat sich im Netz verfangen. Die Fliege wehrt sich mit aller Kraft, kann sich aber nicht befreien.

Sofort stürzt sich die Spinne auf ihre Beute und spinnt sie mit einem Faden ein. Ein Biss mit den *Giftklauen* tötet die Fliege. Die Spinne presst nun Verdauungssäfte in den Körper ihrer Beute. Die inneren Organe der Fliege lösen sich auf. Die Spinne kann sie nach einiger Zeit aussaugen.

Spinnen unterscheiden sich deutlich von Insekten, zum Beispiel von Schmetterlingen. Der Körper besteht aus dem *Kopf-Brust-Abschnitt* mit *acht Beinen* und dem *Hinterleib*. Flügel und Fühler fehlen. Aus den Eiern, die ein Spinnenweibchen legt, schlüpfen kleine, voll entwickelte Spinnen.

149.1. Spinnwarze mit Fadenbündel

Das Netz einer Spinne wird kunstvoll gewebt:

1. Ein Faden zwischen zwei Halmen oder Zweigen bildet eine *Brücke*.

2. Von deren Mitte aus lässt sich die Spinne zu einem dritten Punkt herab. Drei *Speichen* des Radnetzes sind nun fertig.

3. Die Spinne legt einen *Rahmen* an, den sie an mehreren Punkten befestigt. Weitere Speichen folgen.

4. Von der Mitte aus legt die Spinne eine *Hilfsspirale* an, die später wieder aufgefressen wird.

5. Ein klebriger Faden bildet die *Fangspirale*. Daran bleiben Insekten haften. Eine ölige Flüssigkeit an ihren Beinen verhindert das Festkleben der Spinne.

6. Die Spinne legt einen Signalfaden an.

Spinnen spinnen einen Faden und weben ein Netz. Sie sind nützlich, denn sie fressen viele Schadinsekten.

149.2. Eine Spinne webt ihr Netz mit einem gesponnenen Faden

150.1. Schädlinge: *A Blattläuse; B Sitkalaus; C Apfelblütenstecher*

Schädlinge – was tun?

1. Erkläre das Wort „Schädling"!

2. Sammle z.B. im Schulgarten Fraßbilder von Schädlingen und stelle sie in der Schule aus!

3. Überlege, wie man Schädlinge in Grenzen halten kann. Betrachte dazu die Seite 151! Kennst du noch andere Möglichkeiten?

4. Nenne Vor- und Nachteile der chemischen und der biologischen Schädlingsbekämpfung!

Pflanzen, die wir anbauen, nutzen nicht wir allein. Davon leben z.B. auch Blattläuse, Raupen oder andere Insektenlarven. Wir bekämpfen solche Lebewesen als **Schädlinge,** denn sie schmälern unsere Ernte.

Bei der **chemischen Schädlingsbekämpfung** gelangen chemische Pflanzenschutzmittel, die man **Pestizide** nennt, in die Nahrungskette. Sie gefährden dadurch unsere Gesundheit. Sie töten nicht nur die Schädlinge. Auch deren Feinde und nützliche Insekten sterben.

Die **biologische Schädlingsbekämpfung** kommt ohne Gift aus. Dort, wo Schädlinge auftreten, bürgert man ihre natürlichen Feinde ein.

Biologische Schädlingsbekämpfung ist besser als chemische Schädlingsbekämpfung.

Schädlingsbekämpfung ohne Gift

Nistkasten: Diesen Nistkasten nehmen z. B. Meisen gern an. Die Vorderwand kann man zum Reinigen herausnehmen.
Material: Bretter, 2 cm stark, Nägel, Dachpappe. Das Flugloch soll 32 mm Durchmesser haben.

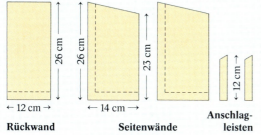

Rückwand 26 cm, ← 12 cm →

Seitenwände 26 cm, 23 cm, ← 14 cm →

Anschlag-leisten 12 cm

Boden 11,5 cm, ← 11,5 cm →

Dach ← 20 cm →, 18 cm

Quer-leisten 3,5 cm, ← 16 cm →

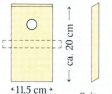

Vorderwand ca. 20 cm, ← 11,5 cm →

Seiten-ansicht

Griffleiste 2 cm, ← 16 cm →

Aufhänge-leiste 40 cm

Igelhaus: Schnecken und Insekten-larven sind Leckerbissen für den Igel. Dieses einfache Holzhaus bietet ihm Unterschlupf. Man stellt es unter einen Strauch und deckt es mit Laub ab.

Material:
Bretter, 2 cm stark, Nägel, Dachpappe.

Dachplatte ca. 50 cm x 60 cm

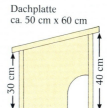

← 40 cm →, 56 cm, ca. 15 cm, 30 cm, 40 cm

Ohrwürmerunterschlupf:
Ohrwürmer interessieren sich nicht für unsere Ohren! Aber sie vertilgen viele Schadinsekten im Garten. Als Behausung kann man ihnen mit Holz-wolle gefüllte Blumentöpfe anbieten. Diese hängt man umgestülpt dicht am Stamm von Obstbäumen auf. In Beeten werden sie an Holzstäben befestigt.

152.1. Ein See ist von Pflanzengürteln umgeben

Der See – ein vielfältiger Lebensraum

1. Betrachte Abb. 153.1.! Nenne die Pflanzengürtel eines Sees!

2. Betrachte Abb. 153.1.! Nenne die Pflanzen des Röhrichtgürtels!

3. Erkläre, wie es zu dem Wort Schwimmblattgürtel gekommen ist!

4. Beschreibe die Blattformen der Tauchpflanzen!

5. Erkläre, warum Armleuchteralgen noch im tiefen Wasser vorkommen!

6. Wie kann es zur Grünfärbung des Seewassers kommen?

7. Betrachte den blauen Kasten auf S. 153! In welchen Monaten müssen Bootsfahrer Rücksicht auf brütende Wasservögel nehmen?

Inka und Ole wollen auf dem See rudern. Sie gehen durch einen Baumbestand aus *Erlen* und *Weiden*. Auf dem feuchten Boden wachsen *Seggen*. Das sind Gräser, die meistens harte Blätter und dreikantige Stängel haben. Diese Uferzone nennt man **Seggengürtel.**

Sie steigen auf einen Holzsteg, denn nahe am Ufer wird es sumpfig. Hier wachsen *Froschlöffel* und *Pfeilkraut*, die je nach Wasserstand unterschiedliche Blätter bilden. Im flachen Wasser stehen meterhohe Halme von *Schilf* und *Rohrkolben*. Inka und Ole haben den **Röhrichtgürtel** erreicht.

Am Ende des Stegs blicken sie auf den See. Dort schwimmen die tief eingeschnittenen Blätter der *Teich-* und *Seerose* auf dem Wasser. Auch die länglichen Schwimmblätter vom *Wasserknöterich* treiben auf der Oberfläche. Hier beginnt der **Schwimmblattgürtel.**

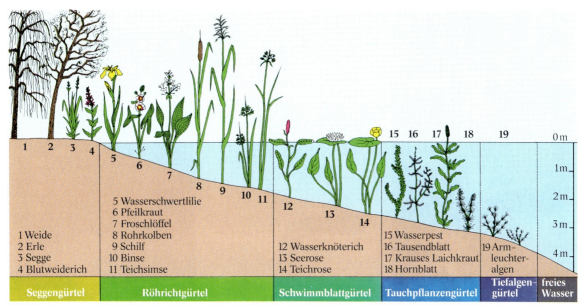

1 Weide
2 Erle
3 Segge
4 Blutweiderich

5 Wasserschwertlilie
6 Pfeilkraut
7 Froschlöffel
8 Rohrkolben
9 Schilf
10 Binse
11 Teichsimse

12 Wasserknöterich
13 Seerose
14 Teichrose

15 Wasserpest
16 Tausendblatt
17 Krauses Laichkraut
18 Hornblatt

19 Arm-
leuchter-
algen

| Seggengürtel | Röhrichtgürtel | Schwimmblattgürtel | Tauchpflanzengürtel | Tiefalgen-gürtel | freies Wasser |

153.1. Pflanzengürtel eines Sees *(Schema)*

Unter der Wasseroberfläche sind die grünen Triebe vom *Tausendblatt* und vom *Hornblatt* zu erkennen. Nur ihre Blütenstände ragen aus dem Wasser. Im **Tauchpflanzengürtel** haben die Pflanzen schmale oder fein verzweigte Blätter.

Als Ole und Inka zur Seemitte rudern, entdecken sie in der Tiefe noch dichte Pflanzenteppiche. *Armleuchteralgen* kommen dort mit wenig Licht aus. Sie bilden den **Tiefalgengürtel.**

Das freie Wasser ist zur Zeit grün gefärbt. Es schweben winzige pflanzliche Lebewesen darin. Es sind Algen, die sich stark vermehrt haben.

Im See lassen sich verschiedene Pflanzengürtel unterscheiden. In jeder Zone sind die Pflanzen an die besonderen Bedingungen angepasst.

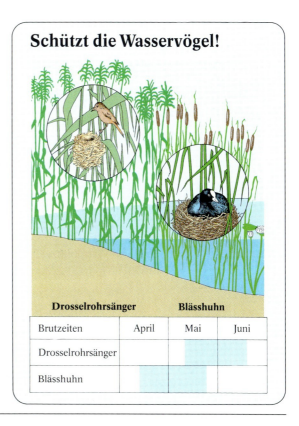

Schützt die Wasservögel!

	Drosselrohrsänger		Blässhuhn
Brutzeiten	April	Mai	Juni
Drosselrohrsänger			
Blässhuhn			

154.1. Schwimmblattpflanzen: *A Seerose; B Bau eines Schwimmblattes; C Teichrose*

Schwimmende Inseln

1. Betrachte Abb. 154.1.B! Beschreibe, wie Schwimmblätter aufgebaut sind!

2. Warum schwimmen die Blätter von See- und Teichrosen?

3. Warum perlt das Regenwasser von den Schwimmblättern ab?

4. Überlege, warum bei Schwimmblättern die Spaltöffnungen an der Oberseite sind!

5. Betrachte Abb. 154.1.B! Wie gelangt Luft in die Erdstängel?

Seerose und Teichrose gehören zu den Schwimmblattpflanzen.

Wie tellergroße Inseln liegen grüne Blätter auf der Wasseroberfläche. Selbst bei starkem Wellengang tauchen sie nicht unter. Sogar kleine Wasservögel können darüber laufen.

Es sind die **Schwimmblätter** der *Weißen Seerose* oder der *Gelben Teichrose*. In den Blättern befinden sich zwischen den Zellen luftgefüllte Räume. Dieses *Durchlüftungsgewebe* wirkt wie eine Luftmatratze.

Die Blattoberfläche ist von einer *Wachsschicht* überzogen, von der das Wasser abperlt. An der Unterseite dagegen haftet das Wasser. Bei den Schwimmblättern befinden sich die *Spaltöffnungen* an der Oberseite. Landpflanzen dagegen haben sie an der Unterseite der Blätter.

Die Blattstiele sind sehr biegsam. Sie geben den Bewegungen des Wassers nach. Für die Verankerung sorgen kräftige *Erdstängel*.

Wir legen einen Teich an

A Ein geeigneter Platz sollte wenigstens 6 Stunden am Tag von der Sonne beschienen werden. Der Teich sollte nicht kleiner als 10 Quadratmeter sein. Wir achten darauf, dass wenig Laub ins Wasser gelangt.
Mit einem Band legen wir eine abgerundete Teichform fest. Mit Spaten und Schaufel wird das Erdreich abgetragen und an der Nord- oder Westseite des Teiches abgelagert. Am Rand legen wir eine Flachwasserzone von 15–40 cm Tiefe an. In der Mitte heben wir eine 60–100 cm tiefe Grube aus. Die Böschung lassen wir sanft abfallen.

B Der Untergrund und die Wände müssen frei von spitzen Gegenständen sein. Um die Größe der Folie festzustellen, legen wir die Grube mit einem Bandmaß aus. Nach diesen Maßen lassen wir uns eine 0,8–1 mm dicke Teichfolie anfertigen.

C Auf die Folie füllen wir eine 5–10 cm hohe Schicht aus Sand und Lehm. Dahinein setzen wir die Pflanzen. Eventuell beschweren wir die Wurzeln mit Steinen. Entsprechend Abb. 153.1. verwenden wir einheimische Wasserpflanzen.
Weil viele Wasserpflanzen unter Naturschutz stehen, kaufen wir sie beim Gärtner. Auch Gartenteichbesitzer geben gern Pflanzen ab.

D Zum Füllen eignet sich Leitungswasser. Beim Wässern achten wir darauf, dass möglichst wenig Boden und Pflanzen aufgewirbelt werden.
Das Ufer befestigen wir mit Natursteinen und legen um den See einen Plattenweg an. Die Teichfolie schneiden wir jetzt erst etwa 2 cm über dem umgebenden Boden ab.

Wenn wir den Teich frühzeitig beleben wollen, füllen wir einige Eimer Wasser und etwas Schlamm aus einem anderen Teich hinzu.

156.1. Mit dem Kescher am Teich

156.2. Pflanzliches Plankton

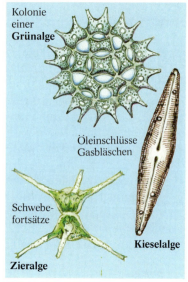

156.3. Schwebeeinrichtungen bei Algen

Wir untersuchen Teichwasser

1. Wie fängst du Kleinlebewesen im Wasser? Betrachte dazu den Kasten auf S. 157!

2. Betrachte Abb. 156.3. und Abb. 157.1.! Beschreibe die Lebewesen!

3. Erkläre den Begriff Plankton!

4. Warum können Algen im Wasser schweben? Betrachte dazu Abb. 156.3.!

5. Vergleiche Abb. 156.2. und Abb. 156.3.! Welche Algen findest du auf dem Foto wieder?

6. Betrachte Abb. 157.2.! Beschreibe, wie sich Wasserflöhe und Hüpferlinge fortbewegen!

Ziehe einen Kescher mit feinen Maschen mehrmals durchs Teichwasser. Entnimm dem Netz einen Wassertropfen und untersuche ihn unter dem Mikroskop!

Ein Tropfen Teichwasser enthält eine Vielzahl von Kleinlebewesen, die insgesamt als **Plankton** bezeichnet werden. Das *pflanzliche Plankton* besteht aus *Algen*, die in ihren Zellen Blattgrün enthalten.

Einige *Blaualgen* sehen aus wie Kugeln oder Stäbchen, andere wie Fäden. *Grünalgen* können zu Zellhaufen oder Kolonien zusammengeschlossen sein. **Kieselalgen** haben die Form von Schiffchen oder Sternchen.

Viele Algen haben Einrichtungen, die sie zum Schweben im Wasser befähigen. Öltröpfchen oder Gasbläschen in den Zellen erhöhen den Auftrieb. Zackenförmige Dornen bremsen beim Absinken.

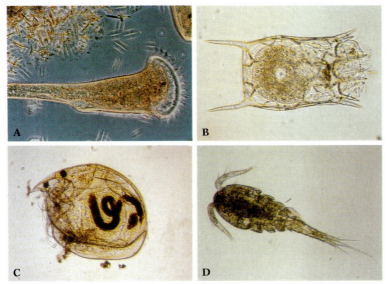

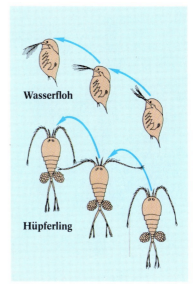

157.1. Tierisches Plankton: *A Wimpertierchen;*
B Rädertierchen; C Wasserfloh; D Hüpferling

157.2. Fortbewegung von
Hüpferling und Wasserfloh

Zahlreiche tierische Kleinlebewesen im Wasser bilden das *tierische Plankton.* Einige von ihnen haben ebenfalls *Schwebeeinrichtungen.*

Über die Hälfte des *tierischen Planktons* besteht aus winzigen Krebsen. Auch *Wasserflöhe* zählen dazu. Sie schlagen ruckartig mit ihren Fühlern am Kopfende. Dabei springen sie wie Flöhe durchs Wasser. *Hüpferlinge* schlagen mit ihren Ruderfüßen, um aufzusteigen. Während sie absinken, breiten sie ihre Antennen aus, die dann wie Fallschirme wirken.

Wimpertierchen bewegen sich durch Wimpernschlag fort und strudeln mit ihren Wimpern Nahrungsteilchen in ihren Mund.

Die im Wasser schwebenden
Kleinlebewesen werden als tierisches
und pflanzliches Plankton bezeichnet.

Bau eines Plankton-Keschers

1. Nimm ein Küchensieb.

Kunststoffkleber

2. Klebe eine runde Plastikfolie von 8 cm Durchmesser auf den Siebboden.

3. Klebe ein Stück Feinstrumpfhose so in das Sieb, dass es ganz ausgekleidet ist.

4. Befestige das Sieb an einem Stiel.

Algen ➡ Mückenlarven ➡ Rotfeder ➡

158.1. Nahrungsbeziehungen im See

Nahrungsbeziehungen im See

1. Welche Leistung vollbringen die Algen und Landpflanzen?

2. Betrachte Abb. 159.1.! Nenne die Glieder einer Nahrungskette im See!

3. Welche Folgen hat eine starke Vermehrung der Algen für das nachfolgende Glied in der Nahrungskette?

4. Was leisten die Erzeuger? Nenne Beispiele!

5. Begründe, warum die Verzehrer von den Pflanzen abhängig sind!

6. Warum sind die Bakterien im Wasser für die Pflanzen wichtig?

7. Betrachte Abb. 159.2.! Beschreibe den Kreislauf der Nährstoffe im Wasser!

Im Wasser leisten die Algen das, was an Land die grünen Pflanzen schaffen. Sie erzeugen mithilfe der Fotosynthese nährstoffreiche Pflanzenmasse. *Kohlenstoffdioxid* wird dabei dem Wasser entnommen und *Sauerstoff* an das Wasser abgegeben.

Von den *Algen* ernähren sich z.B. *Mückenlarven* und Planktontierchen. Für die *Rotfeder* sind Mückenlarven ein willkommenes Futter. Schließlich frisst ein *Hecht* die Rotfeder. Algen, Mückenlarven, Rotfeder und Hecht bilden im See eine **Nahrungskette.**

Wenn sich im Frühjahr die Algen stark vermehren, dann steigt auch die Zahl der Mückenlarven, die sich von ihnen ernähren. Wenn die Massenentwicklung der Algen zurückgeht, dann nimmt auch die Zahl der sie fressenden Mückenlarven ab. Diese Entwicklung wirkt sich auch auf die folgenden Glieder der Nahrungskette aus.

Hecht

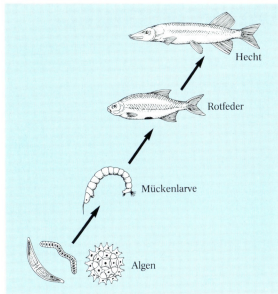

Hecht

Rotfeder

Mückenlarve

Algen

159.1. Nahrungskette in einem See

In einem gesunden See herrscht daher ein **biologisches Gleichgewicht.** Die Algen und Tauchpflanzen erzeugen Pflanzenmasse. Sie werden als **Erzeuger** bezeichnet. Zum Wachsen nehmen sie die benötigten Grundstoffe aus dem Wasser und dem Seeboden auf.

Von den Erzeugern sind die **Verzehrer** abhängig. Sie benötigen zum Leben die Nährstoffe, die die Pflanzen aufbauen.

Abgestorbene Pflanzen und Tiere sinken auf den Seeboden. Dort werden sie von *Bakterien* zersetzt. Die **Zersetzer** bauen die tierischen und pflanzlichen Reste zu Wasser, Kohlenstoffdioxid und Mineralstoffen ab. Diese können nun wieder von den Pflanzen aufgenommen werden. Damit schließt sich der *Kreislauf der Nährstoffe* im See.

Erzeuger, Verzehrer und Zersetzer bilden einen Stoffkreislauf.

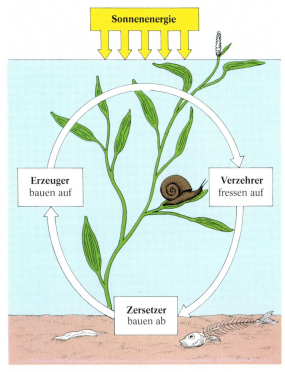

Sonnenenergie

Erzeuger
bauen auf

Verzehrer
fressen auf

Zersetzer
bauen ab

159.2. Kreislauf der Nährstoffe

Umweltschutz

Tankschiffe / Bohrinseln
Öl

Haushalte / Industrie
geklärte und
ungeklärte Abwässer

Landwirtschaft
Dünger
Pflanzenschutzmittel

160.1. Wasserverschmutzungsarten bis zum Meer

Wer verschmutzt die Gewässer?

1. Warum darfst du nicht aus jedem Bach trinken?

2. Betrachte Abb. 160.1.!
Nenne Ursachen für die Verschmutzung unserer Flüsse und Seen!

3. Betrachte Abb. 161.1.!
Vergleiche die einzelnen Verbrauchsmengen miteinander!

4. Lies im Abstand von 24 Stunden die Wasseruhr in eurem Haus ab!
Berechne den täglichen Wasserverbrauch pro Hausbewohner!

5. Überlege, wie du zu Hause den Wasserverbrauch senken kannst!

Andrea und Claudia wandern an einem kleinen Bach entlang. Sie haben Durst, aber zum Trinken ist das Wasser ungeeignet. Es ist bereits mit gesundheitsschädlichen Stoffen verschmutzt. Von der Quelle bis zur Mündung werden noch viele Schadstoffe dazukommen. Woher stammen diese Verschmutzungen?

In der **Landwirtschaft** werden natürliche Dünger, Kunstdünger und Pflanzenschutzmittel auf Äcker und Wiesen gesprüht. Ein Teil davon gelangt mit dem Regen ins Grundwasser sowie in Bäche, Flüsse und Seen.

Auch ungeklärte oder schlecht geklärte Abwässer aus **Haushalten** und **Industriebetrieben** werden in die Flüsse geleitet.

Tankschiffe und **Bohrinseln** verlieren Öl und verschmutzen das Wasser in der Nähe der Küsten und in Flüssen.

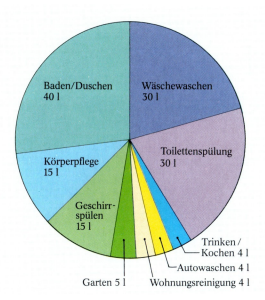

161.1. Wasserverbrauch im Haushalt

Trinkwasser

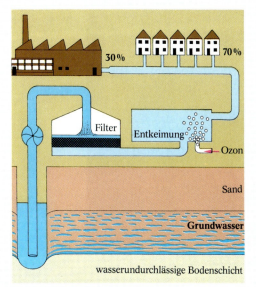

161.2. Trinkwassergewinnung aus Grundwasser

Etwa 150 Liter Wasser verbraucht jeder Bundesbürger täglich. Zum Baden oder Duschen, zum Waschen, zur Reinigung der Wäsche, zur Toilettenspülung, zum Trinken und Kochen und für den Geschirrspüler benutzen wir **Trinkwasser.** Es wird aber immer schwieriger, sauberes Trinkwasser zu gewinnen!

Um reines Wasser zu erhalten, werden quellreiche Zonen und einige Talsperren zu *Wasserschutzgebieten* erklärt. Man darf in solchen Gebieten sein Auto nicht waschen. Es dürfen hier keine Tankwagen fahren und die Wasserfläche darf nicht von Motorbooten befahren werden. Unser Trinkwasser erhalten wir heute oft aus *Tiefbrunnen*.

Sauberes Wasser ist lebenswichtig! Die Verschmutzung unseres Grundwassers und des Oberflächenwassers muss vermieden werden.

Unser Trinkwasser erhalten wir heute hauptsächlich aus Grundwasser. Regenwasser versickert, bis es auf eine wasserundurchlässige Schicht trifft. Brunnen werden in die darüber liegende, Wasser führende Schicht gebohrt.

Das Wasser wird gefiltert und mit Chlor oder Ozon desinfiziert. Gelöste Stoffe wie Eisen trennt man ab. Eisen färbt das Wasser braun.

So aufbereitet, gelangt das Wasser durch Pumpen zu den Abnehmern. Es wird zu 70% in die Haushalte und zu 30% zu den Fabriken geleitet.

6. Beschreibe die Trinkwassergewinnung aus Tiefbrunnen!

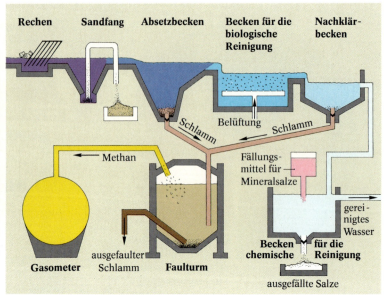

162.1 Kläranlage   **162.2. Schema einer Kläranlage**

Geklärte Abwässer

1. Wo entstehen Abwässer?
Nimm Abb. 163.2. zu Hilfe!

2. Betrachte Abb. 162.1. und Abb. 162.2.!
Ordne die einzelnen Stationen des
Fotos der Schemazeichnung zu!

3. Nenne die drei Klärstufen in einer
Kläranlage und ihre Aufgaben!
Nimm Abb. 162.2. zu Hilfe!

4. Beschreibe die Wasserreinigung
durch den Bodenraum der Binsen!
Betrachte dazu Abb. 163.1.!

Wo in Haushalten und Industriebetrieben
Wasser verbraucht wird, entstehen **Abwäs-**
ser. Diese gelangen durch unterirdische
Kanäle zu **Kläranlagen.** Die Anlagen müssen das Wasser von verschiedenen Stoffen
befreien.

In der **mechanischen Klärstufe** durchfließt
das verschmutzte Wasser den *Rechen*. Alle
großen Gegenstände werden hier aufgefangen. Sand wird im *Sandfang* ausgeschieden.
Im *Absetzbecken* wird am Boden der
Schlamm abgesondert.

Danach gelangt das Wasser zur **biologischen**
Reinigung. Hier wird es gut durchlüftet.
Bakterien bauen weitere Schadstoffe ab.
Im *Nachklärbecken* setzen sich nochmals
kleine Mengen an Schlamm ab. In der **che-**
mischen Reinigungsstufe werden aus dem
Wasser Salze ausgefällt. Danach wird das
Wasser in Bäche oder Flüsse geleitet.

163.1. Wurzelraumanlage: A im Bau; B im Betrieb

Der Schlamm, der in den verschiedenen Reinigungsstufen anfällt, wird in den *Faulturm* gepumpt. Bakterien zersetzen ihn, wobei Methangas entsteht. Der ausgefaulte Schlamm wird auf Deponien gelagert.

Eine natürliche Form der Klärung ist die **Wurzelraumbehandlung.** Binsen, Rohrkolben, Schwertlilien und Schilfrohr wachsen mit den Wurzeln im Wasser. In großen teichartigen Anlagen durchsickert das Abwasser den Wurzelraum dieser Pflanzen. Dabei werden 98% der biologisch und 76% der chemisch abbaubaren Stoffe entzogen.

Verunreinigtes Wasser aus Haushalten und Industrie muss in Kläranlagen gereinigt werden.

A = Haushalts- und kleingewerbliche Abwässer
B = Industrieabwässer
C = Oberflächen- und Grundwasser

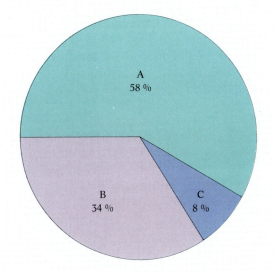

163.2. Wasserverschmutzer

164.1. Müllabfuhr

164.2. Zusammensetzung von Hausmüll

Wohin mit unseren Abfällen?

1. Betrachte Abb. 164.2.!
   Berichte, woraus der Hausmüll
   zusammengesetzt ist!

2. Betrachte Abb. 165.1.!
   Wie ist die Mülldeponie aufgebaut?

3. Was zählt man zum Sondermüll?

4. Nenne Hausabfälle, die auf den
   Sondermüll gehören!

5. Wie kannst du dazu beitragen, dass
   weniger Müll entsteht?

6. Überlege, warum es verboten ist,
   selbst Abfälle zu verbrennen!

Lars hört auf der Straße ein lautes Geräusch.
Eine Mülltonne ist umgefallen. Was liegt da
alles auf der Straße?

Der *Hausmüll* von einer Woche enthält Flaschen aus Kunststoff, Dosen aus Blech,
Küchenabfälle, Papier und Gläser! Der Müll-
mann sammelt alles wieder ein. Die Tonne
entleert er in das Müllauto. Wenn es voll ist,
fährt das Auto zur **Mülldeponie.**

Etwa $\frac{3}{4}$ unseres Mülls wird auf Deponien
gelagert. Damit keine schädlichen Stoffe ins
Grundwasser gelangen, muss der Untergrund
abgedichtet werden. Um Geruchsbildung zu
vermeiden, wird der Müll mit Erde abgedeckt. Darunter verfault ein Teil des Mülls,
wobei giftige Gase entstehen.

Größere Gegenstände bezeichnen wir als
Sperrmüll. Sie werden von besonderen Fahrzeugen abgeholt.

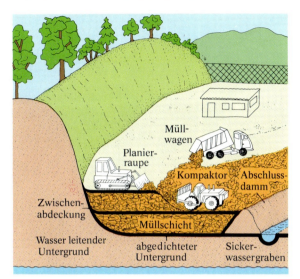

165.1. Mülldeponie

Viele große Städte haben eine **Müllver-brennungsanlage.** Beim Verbrennen bleibt Schlacke übrig, die weniger Deponieraum erfordert. Trotz Filteranlagen gelangen giftige Verbrennungsgase in die Luft.

Gefährlicher *Sondermüll* wie z.B. giftige Chemikalien, Batterien, Lacke usw. müssen auf gesonderten Deponien gelagert oder unschädlich gemacht werden. *Atommüll* aus Labors und Atomkraftwerken stellt wegen der Strahlung eine große Gefahr dar.

Jeder von uns kann etwas gegen die Müll-lawine tun. Wir können *Müll vermeiden,* indem wir Beutel oder Netze zum Einkaufen benutzen. Wir können Glas, Papier und Metalle zur **Wiederverwertung** sammeln.

Aus Müll können wichtige Rohstoffe zurückgewonnen werden. Abfallvermeidung ist besser als Abfallbeseitigung.

Papier aus Altpapier

Materialien und Geräte:
Mixer, kleine Plastikschüssel, 2 Filzstücke (ca. 10 × 10 cm), Fliegendraht, 2 Holzbrettchen, Zeitungen (keine Illustrierten!), 2 Schraubzwingen.

Durchführung:
1. Zerreiße eine Seite der Zeitung in kleine Schnitzel und gib sie in den Mixer!

2. Gieße Wasser hinzu, bis das Papier gut bedeckt ist!

3. Rühre mit dem Mixer, bis ein grauer Brei entsteht!

4. Gieße den Brei in die Plastikschüssel und gib unter Rühren noch 1 Liter Wasser hinzu!

5. Schöpfe mit dem Drahtnetz alle festen Bestandteile ab!

6. Lege ein Filzstück darauf. Arbeite genau nach Abb. 165.2.!

7. Entferne alles nach 5 Minuten. Hebe vorsichtig das neu entstandene Papier ab und trockne es auf einer Leine!

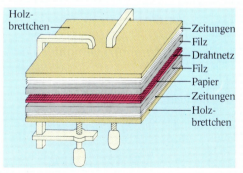

165.2. Papier aus Altpapier

166.1. Lärm: *A im Straßenverkehr; B auf dem Fußballplatz; C in der Diskothek*

Macht Lärm krank?

1. Betrachte Abb. 166.1.A, B, C! Berichte über eigene Erfahrungen!

2. Beschreibe, was du und andere Familienmitglieder unter Lärm verstehen!

3. Welche Gesundheitsschäden sind durch Lärm festgestellt worden?

4. Wodurch lässt sich der Straßenlärm verringern?

5. Nenne Lärmschutzmaßnahmen in Betrieben!

6. Überlege, wann Lärm besonders störend auf Menschen wirkt!

Markus und Achmed überqueren auf dem Weg zu einem Fußballspiel eine sehr dicht befahrene Straße. An den *Straßenlärm* haben sich beide schon gewöhnt. Im Stadion unterstützen die Fans lautstark ihre Mannschaft. Markus klagt über diesen Lärm. Achmed findet ihn gar nicht so schlimm. Am Abend gehen die beiden noch in eine Diskothek. „Oh, wie ist es hier laut", meint nun Achmed.

Menschen reagieren unterschiedlich auf *Geräusche*. Was dem einen unerträglich laut erscheint, scheint dem anderen nichts auszumachen.

Ärzte haben aber festgestellt, dass **Lärm** unsere *Gesundheit gefährden* kann. Es werden Sinneszellen im Innenohr geschädigt. *Schwerhörigkeit* kann entstehen. Auch *Bluthochdruck* und *Konzentrationsschwächen* durch Lärm wurden nachgewiesen.

167.1. Lärmschutz in einer Großdruckerei

dB	Lärmquellen		Folgen			
140	startendes Düsenflugzeug in 30 m Entfernung		Schlafstörungen	Lern- und Konzentrationsstörungen	Verständnisschwierigkeiten	Gehörschäden
130	Kanonenschlag in 1 m Entfernung					
120	Martinshorn	schmerzhaft				
110	Rockband, Disco					
100	Presslufthammer	unerträglich				
90	Kreissäge, Mofa					
80	Hauptverkehrsstraße					
70	Rasenmäher					
60	Pause auf dem Schulhof	laut				
50	Tischgespräche					
40	leises Sprechen, leises Radio					
30	tickender Wecker	leise				
20	Flüstern					
10	normales Atmen	ruhig				
0	Hörschwelle					

167.2. Lärmquellen und ihre Wirkungen

Es gibt viele Maßnahmen, um Menschen vor Lärm zu schützen. So müssen z.B. die Mitarbeiter in vielen Betrieben *Gehörschutz* tragen. Auch *Geschwindigkeitsbeschränkungen* für Kraftfahrzeuge sollen helfen, Lärmbelästigung zu vermeiden. In Kurorten oder in reinen Wohnsiedlungen gelten zum Teil *Nachtfahrverbote* für besonders laute Fahrzeuge.

Du kannst selbst etwas gegen den Lärm tun. Stelle deine Musikanlage immer auf Zimmerlautstärke. Achte darauf, dass weder du noch deine Freunde mit lauter Musik andere belästigen. Verhalte dich im Betriebspraktikum vorbildlich und trage den vorgeschriebenen Gehörschutz.

Das Gehör des Menschen wird durch Lärm geschädigt. Nimm Rücksicht auf deine Gesundheit und die Gesundheit deiner Mitmenschen.

7. Betrachte Abb. 167.2.! Beschreibe Lärmquellen und ihre Folgen!

8. Berichte aus deiner Umgebung, wo Lärmschutz angewandt wird!

9. Begründe, warum es für viele Flughäfen ein Nachtflugverbot gibt!

10. Warum sollten Häuser, die in einer Flugschneise oder an einer stark befahrenen Straße liegen, Fenster mit Doppelglas haben?

11. Warum darf man an der Auspuffanlage eines Motorfahrzeuges den Schalldämpfer nicht verändern?

168.1. Luftverschmutzung durch Industrieabgase

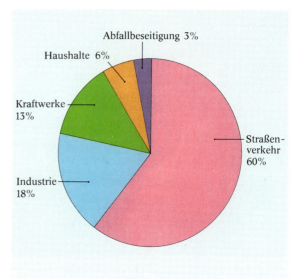

168.2. Verursacher der Luftverschmutzung in der Bundesrepublik Deutschland

Dicke Luft

1. Betrachte Abb. 168.2.!
Nenne die Verursacher der Luftverschmutzung!

2. Welche Bedeutung hat der Abgaskatalysator beim Auto für die Luftreinhaltung?

3. Welche Bedeutung hat die regelmäßige Kontrolle der Abgaswerte von Heizungsanlagen durch den Schornsteinfeger?

4. Warum gibt es auch in industriefernen Gebieten Luftverschmutzung?

5. Erkläre, wie es zu einer Klimaveränderung kommen kann!

Als Nina durch ein großes Industriegebiet fährt, fallen ihr riesige Rauchschwaden auf. Hohe Schornsteine entlassen gelblichen Rauch. Menschen, Tiere und Pflanzen benötigen zum Leben aber saubere Luft.

In den *Haushalten* werden Holz, Kohle, Öl oder Gas verbrannt. Dadurch entstehen giftige Gase, die an die Luft abgegeben werden. Zusätzlich belasten *Kraftwerke, Industriebetriebe* und der *Straßenverkehr* die Luft mit Schadstoffen.

Durch *Wind* und *Regen* werden die **Schadstoffe** weithin verteilt. Wir atmen die verunreinigte Luft ein. Sie durchströmt die Bronchien und gelangt in die Lunge. Atemnot und Husten können die Folge sein.

Auch die Pflanzen sind durch die Giftstoffe aus der Luft gefährdet. In unseren Wäldern finden wir heute viele kranke Bäume.

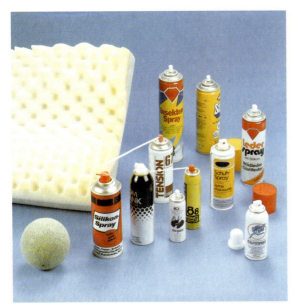

169.1. FCKWs zerstören die Ozonschicht

Wissenschaftler haben festgestellt, dass die **Ozonschicht** an den Polkappen teilweise zerstört ist. Verursacher sind vor allem die **Fluorchlorkohlenwasserstoffe** (FCKWs). Bei der Herstellung von *Lacken* und *Schaumstoffen* entweichen z.B. diese giftigen Gase. Die Ozonschicht liegt in etwa 30 km Höhe rund um die Erde.

Wissenschaftler befürchten, dass durch die zerstörte Ozonschicht gefährliche Sonnenstrahlen bis zur Erde vordringen können. Dadurch kann unsere Gesundheit gefährdet werden. Auf der Erde könnte auch die Temperatur ansteigen. Es kann zu *Klimaveränderungen* kommen. Das Eis der Polgebiete könnte schmelzen und der Meeresspiegel ansteigen.

Menschen, Tiere und Pflanzen brauchen reine Luft zum Leben. Verunreinigungen müssen unbedingt eingedämmt werden.

Was ist Smog?

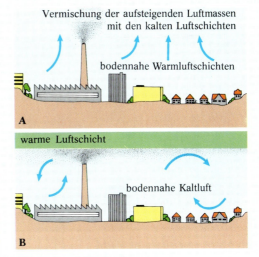

169.2. Zwei Wetterlagen

Im Spätherbst und Winter besteht in unseren Großstädten Smoggefahr. Das Wort Smog ist zusammengesetzt aus den englischen Wörtern smoke = Rauch und fog = Nebel.

A Bei der **Normalwetterlage** steigt die mit Schadstoffen angereicherte bodennahe Warmluft auf. Sie kann sich in größeren Höhen mit Kaltluft vermischen.

B Liegt aber über der bodennahen Luftschicht warme Luft, so kann die kalte Bodenluft nicht aufsteigen. Sie verdichtet sich zu **Smog.**

Smog gefährdet unsere Gesundheit. Bei Alten, Kranken und Kindern führt er häufig zu Atembeschwerden.

6. Betrachte Abb. 169.2.!
   Erkläre die Normalwetterlage und die Smogbildung!

170.1. Stark geschädigter Wald

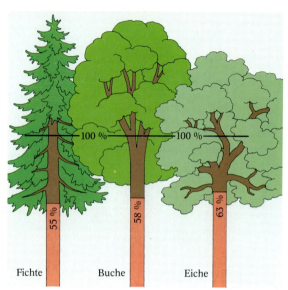

100 %   100 %

55 %   58 %   63 %

Fichte   Buche   Eiche

170.2. Schädigung von Fichte, Buche und Eiche in der Bundesrepublik Deutschland

Stirbt unser Wald?

1. Betrachte Abb. 170.1.!
   Woran erkennt man die erkrankten Bäume?

2. Betrachte Abb. 170.2.!
   Erkläre die Gefährdung verschiedener Baumarten!

3. Wodurch werden Baumschäden verursacht?

4. Erkläre, wie Luftschadstoffe in industrieferne Gebiete gelangen können!

Die Klasse 9a hat bei einem Waldausflug Baumschäden untersucht und fotografiert.

Kranke Bäume fallen durch gelichtete, teilweise entlaubte oder entnadelte Kronen auf. Die Baumschäden werden durch Luftschadstoffe hervorgerufen. Sie sind in den Abgasen von Autos, Haushalten, Industriebetrieben und Kraftwerken enthalten.

Baumschäden sind auch in industriefernen Gebieten zu beobachten. Hohe Schornsteine von Fabriken und Kraftwerken in Industriegebieten befördern den Schmutz in große Höhen. Wind und Regen tragen die Schadstoffe dann auch in die Reinluftgebiete.

Unsere Wälder sind durch Luftverschmutzung stark gefährdet.

171.1. Gelichtete Krone

171.2. Gelblich verfärbte Nadeln

171.3. Kranker Fichtenzweig

Kranke Fichten in unseren Wäldern

Bei gesunden Fichten kann man durch die Spitze nicht hindurchsehen. Durch die Kronen kranker Fichten scheint die Sonne hindurch. Wie kommt es zu dieser Veränderung im Bereich der Krone?

Wenn wir eine kranke Fichte aus der Nähe betrachten, so fallen uns völlig entnadelte Äste auf. Nadeln wurden abgeworfen und nicht durch neue ersetzt. Manche Nadeln sind besonders kurz. Häufig haben sie außerdem eine hellgrüne bis gelbliche Färbung. Mit zunehmendem Alter werden sie gefleckt.

An einer gefällten kranken Fichte können wir am Stammquerschnitt typische Veränderungen feststellen. Die letzten unter der Rinde liegenden Jahresringe sind sehr schmal.

Auch im Bereich der Wurzeln können wir Schäden feststellen. Viele Wurzelspitzen sind abgestorben.

5. Beschreibe, woran man kranke Fichten erkennen kann!

171.4. Gesunder Fichtenzweig

172.1. Abgasprüfung durch den Schornsteinfeger

172.2. Kontrolle der Luftverschmutzung

Wer schützt unsere Umwelt?

1. Berichte, wie die Luftverschmutzung überprüft wird!

2. Nenne Lärmschutzmaßnahmen!

3. Welche Arten von Abfällen werden in deinem Heimatort in Containern gesammelt?

4. Welche Vorteile hat die Sammlung von Abfällen in Containern?

5. Welches sind wesentliche Verschmutzer von Wasser?

6. Welche Maßnahmen sind zum Schutz von Grund- und Oberflächenwasser getroffen worden?

7. Lies den Text im blauen Kasten auf Seite 173! Wie beurteilst du die Ergebnisse der Konferenz?

Neulich war bei Saschas Eltern der Schornsteinfeger. Er führte die jährliche Kontrolle der Zentralheizung durch. Dabei überprüfte er die *Abgaszusammensetzung* nach der Verbrennung. Die Werte waren in Ordnung, die Heizung musste nicht neu eingestellt werden.

In der Nähe großer Industrieanlagen wird mit Messwagen die Luftverschmutzung kontrolliert. Höchstwerte für *Luftschadstoffe* sind gesetzlich festgelegt. Zentrale Landesämter überprüfen, ob bei allen Anlagen die Abgasbestimmungen eingehalten werden.

Schallschluckende Wände und Dämme sollen die Anwohner von verkehrsreichen Straßen vor Lärm schützen. *Geschwindigkeitsbeschränkungen* verringern den Verkehrslärm ebenfalls stark. Schalldämmende Auspuffanlagen bei Autos und Motorrädern sollen den Lärm schon bei der Entstehung bekämpfen.

173.1. Im Mehrfachcontainer werden verschiedene Abfälle gesammelt

In vielen Gemeinden und Städten sind *Mehrfachcontainer* aufgestellt worden. So können Glas, Weißblech, Batterien und Zeitungen gesammelt werden. Aus ihnen können wichtige Rohstoffe gewonnen werden. Diese *Wiederverwertung* hilft außerdem, Wasser und Energie zu sparen. Sie dient auch dazu, die Müllberge zu verkleinern.

Das Wasserwirtschaftsamt überprüft mit Laborschiffen die Wasserqualität unserer Flüsse. Das Gesundheitsamt kontrolliert die *Trinkwasserqualität.* Für den menschlichen Gebrauch sollte das Trinkwasser farb- und geschmacklos sein und darf keine Bakterien enthalten.

Gesetze und Verordnungen sollen die Umweltbelastungen begrenzen. Wir alle müssen unseren Beitrag leisten.

Internationale Nordseeschutz-Konferenz

173.2. Schiff zum Auffangen von Öl, das ins Meer geraten ist

Mit hohen Erwartungen wurde 1984 der ersten Nordseeschutz-Konferenz in Bremen entgegengesehen. Umweltminister aus neun europäischen Staaten trafen zusammen.

Nach heftigen Verhandlungen einigten sie sich auf Zusammenarbeit und gemeinsame Überwachung der Nordsee. Zu sofortigem Handeln zur Rettung der Nordsee vor Verschmutzung konnten sich die Delegationen nicht durchringen. Nicht einmal in der grundsätzlichen Frage, wie gefährdet die Nordsee ist, gab es Übereinstimmung.

Die britischen Teilnehmer erklärten, ihr Land könne auf die Abfallbeseitigung ins Meer nicht verzichten. Die Konferenz drohte zu scheitern. Eine Annäherung der Standpunkte konnte nur dadurch erreicht werden, dass die Anliegerstaaten die Gefahren anerkannten, die durch die Schadstoffeinleitungen verursacht werden.

174.1. Nationalpark Bayerischer Wald

Landschaften pflegen und schützen

1. Berichte über die Aufgaben von Nationalparks!

2. Berichte, was im Nationalpark zum Schutze der Pflanzen und Tiere verboten ist!

3. Welche Naturschutzgebiete gibt es in deiner Umgebung?

4. Welche Aufgaben hat ein Naturschutzgebiet?

5. Nenne Naturdenkmale in deiner Umgebung!

6. Wozu dienen Naturparks?

In vielen europäischen und außereuropäischen Ländern wurden großräumige Naturlandschaften zu **Nationalparks** erklärt. Menschen dürfen diese Landschaften nicht verändern. Der natürliche Artenreichtum der Tier- und Pflanzenwelt soll erhalten bleiben. Wirtschaftliche Nutzungen jeder Art sind deshalb eingeschränkt. Die verschiedenen Lebensräume der Pflanzen und Tiere können auf diese Weise erhalten bleiben. Drei große Gebiete wurden in der Bundesrepublik Deutschland zu Nationalparks erklärt: der Bayerische Wald, das Gebiet um den Königssee bei Berchtesgaden und das Wattenmeer an der Nordsee.

Naturschutzgebiete sind Landschaftsabschnitte, in denen durch Bundesnaturschutzgesetze der Erhalt der Natur und der Landschaften vorgesehen ist. Pflanzen und Tiere sollen vor dem Aussterben gerettet werden.

175.1. Naturschutzgebiet

175.2. Vogelkolonie in einem Naturschutzgebiet

Naturdenkmale sind z.B. alte Bäume oder Baumgruppen, Felsen und besonders schöne Wasserfälle. Sie werden geschützt, gepflegt und erhalten.

Naturparks dienen der Erholung der Menschen. Lehrpfade zur Wissenserweiterung, Trimmpfade, Grillplätze, Schutzhütten und ausgedehnte Wanderwege wurden angelegt und werden unterhalten. Die Naturparks Altmühltal, Pfälzerwald und Südheide sind nur einige der rund 70 Naturparks in der Bundesrepublik Deutschland.

Nationalparks und Naturschutzgebiete tragen zur Erhaltung der natürlichen Tier- und Pflanzenwelt sowie von Naturlandschaften bei. Naturparks dienen der Erholung der Menschen.

Artenschutz in den Nationalparks

Der *Nationalpark Bayerischer Wald* wurde im Jahre 1970 gegründet. Es ist ein Gebiet von etwa 131 km² mit waldreichen Gebirgen und Mooren. Birkhuhn, Uhu und Wildkatze finden hier noch einen Lebensraum.

1978 wurde der *Nationalpark Königssee* gegründet. Auf 208 km² findet man unter anderen noch Steinadler, Schneehuhn und Apollofalter sowie viele seltene Pflanzen der Bergzonen.

Der größte Nationalpark in der Bundesrepublik Deutschland ist das *Wattenmeer* der Nordseeküste. Er ist 2650 km² groß und wurde 1985 gegründet. Seehundsbänke sowie Brut- und Nahrungsplätze von Seevögeln sind hier geschützt.

176.1. *Ein Zug in Indien*

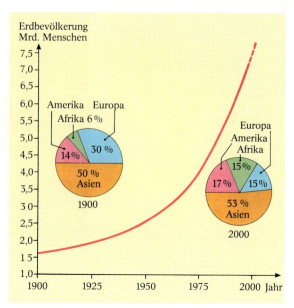

176.2. *Entwicklung der Weltbevölkerung*

Wir werden immer mehr

1. Erkläre, was man unter der Weltbevölkerung versteht!

2. Betrachte Abb. 176.1.!
Beschreibe, woran die Überbevölkerung in Indien sichtbar wird!

3. Betrachte Abb. 176.2.!
In welchen Gebieten steigt die Bevölkerung, wo sinkt sie?

4. Welche Einflüsse haben medizinische Fortschritte auf die Entwicklung der Bevölkerungszahl?

5. In welchen Ländern ist die Geburtenrate höher als die Todesrate?

Claudia staunt über einen Fernsehbericht aus Indien. Die Menschen reisen dort in einem völlig überfüllten Zug. Sie sitzen sogar auf den Dächern. Indien hat eine sehr hohe *Bevölkerungszahl*. Darum sieht man dort oft solche vollen Züge.

Die **Weltbevölkerung** nimmt ständig zu. 1950 lebten etwa 2,5 Milliarden Menschen auf der Erde. Zurzeit sind es etwa 5 Milliarden, also doppelt so viele. Wenn wir uns weiterhin so vermehren, dann wird die Zahl auf 7 Milliarden im Jahre 2000 ansteigen. Die Bevölkerung nimmt aber nicht in allen Ländern der Erde zu.

Kinderreichtum ist ein typisches Merkmal für *Entwicklungsländer*. In Indien werden z.B. viel mehr Kinder geboren, als alte Menschen sterben. Die Bevölkerungszahl steigt an. In der Bundesrepublik Deutschland ist es umgekehrt. Die Bevölkerungszahl nimmt ab.

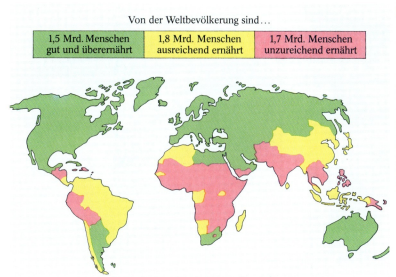

Von der Weltbevölkerung sind...

1,5 Mrd. Menschen gut und überernährt	1,8 Mrd. Menschen ausreichend ernährt	1,7 Mrd. Menschen unzureichend ernährt

177.2. Werbung für Familienplanung in Indien

177.1. „Hungergürtel" der Welt

Durch medizinische Fortschritte konnte weltweit die Sterblichkeit herabgesetzt werden. So sind z.B. Seuchen wie Pest oder Pocken weitgehend ausgerottet.

In vielen Gebieten, in denen die Bevölkerungszahl steigt, herrscht Nahrungsmangel. Darum versuchen die Behörden, mehr Nahrungsmittel anzubauen und die Geburtenrate zu senken. Folgende Maßnahmen zur Senkung der Geburtenrate sind ergriffen worden: Anregung zur gezielten *Familienplanung, Aufklärung* der Bevölkerung, Verbesserung der *sozialen Stellung der Frau, Zwangssterilisierung und Zwangsabtreibungen.* Diese Maßnahmen sind zum Teil sehr umstritten und haben kaum Erfolg.

Die Weltbevölkerung nimmt explosionsartig zu. In vielen Gebieten kann die Ernährung nicht sichergestellt werden.

6. Betrachte Abb. 177.1.!
   Nenne die Hungergebiete der Erde!

7. Betrachte Abb. 177.2.!
   Was soll mit diesem Plakat erreicht werden?

8. Nenne Gründe, warum oft eine Familienplanung abgelehnt wird!

178.1. Nahrungsüberfluss bei uns

178.2. Hunger in einem Entwicklungsland

Nicht alle Menschen werden satt

1. Betrachte Abb. 178.1. und
   Abb. 178.2.!
   Vergleiche Lebensweise und Nahrungsangebot in Industrie- und Entwicklungsländern!

2. Nenne Gründe für Hungersnöte in den Entwicklungsländern!

3. Warum können Spenden nur kurzzeitig die Hungersnöte lindern?

Als Maria zum Einkaufen geht, wird sie vor dem Laden von zwei Jugendlichen um eine Spende gebeten. Es sollen hungernde Kinder in Äthiopien unterstützt werden. Maria gibt eine Spende. Nachdenklich packt sie anschließend im Laden aus dem großen Angebot die Waren zusammen, die sie kaufen soll. Immer wieder wird von **Hungersnöten** in Entwicklungsländern berichtet. Wie kommt es dazu?

Für die *explosionsartig anwachsende Bevölkerung* in vielen Ländern reicht die Nahrung nicht mehr aus. In vielen Gebieten ist die Nahrung nicht nur knapp, sondern auch einseitig zusammengesetzt. Ein erwachsener Mensch braucht z.B. im Durchschnitt etwa 70 – 100 g Eiweiß pro Tag. Dieser Mindestbedarf kann in vielen Ländern nicht gedeckt werden. *Dürrekatastrophen, Überschwemmungen, Erdbeben* oder *Schädlinge* vernichten oft die Ernten.

179.1. Nahrungsmittelvernichtung

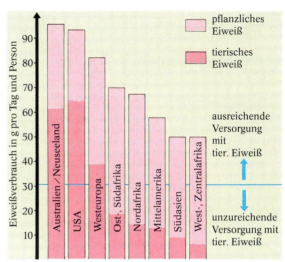

179.2. Eiweißverbrauch ausgewählter Länder

Täglich sterben auf der Erde schätzungsweise 40 000 Kinder an Unterernährung und Hunger. Das entspricht der Einwohnerzahl der Städte Schleswig oder Ravensburg.

Die Industrieländer produzieren Nahrung im Überfluss. Hier werden sogar „Überschüsse" vernichtet. Lebensmittellieferungen aus den Industriestaaten können die Not in den Entwicklungsländern lindern. Aufgabe der **Entwicklungshilfe** sollte es aber sein, die Bevölkerung der Entwicklungsländer in die Lage zu versetzen, sich selbst zu versorgen. Mit der Entwicklungshilfe will man heute besser auf die örtlichen Bedingungen eingehen, damit die Menschen sich langfristig selbst helfen können.

Der Hunger in der Welt kann nur verringert werden, wenn das Bevölkerungswachstum verringert und die Nahrungsproduktion gesteigert werden können.

4. Betrachte Abb. 179.1.!
   Überlege, warum es bei uns zur Überproduktion von Nahrungsmitteln kommt!

5. Betrachte Abb. 179.2.!
   Erkläre die Ernährungslage der Weltbevölkerung!

6. Wodurch versucht man in den Entwicklungsländern, die Ernährungslage zu verbessern?

Pflanzen und Tiere vermehren sich

Blütenblatt

Staubblatt

Kelchblatt

Fruchtknoten

180.1. Längsschnitt durch eine Kirschblüte

Bestäubt ist noch nicht befruchtet

1. Betrachte Abb. 180.1.! Beschreibe den Aufbau einer Kirschblüte!

2. Nenne die männlichen und weiblichen Fortpflanzungsorgane der Kirschblüte!

3. Erkläre den Begriff Bestäubung!

4. Erkläre den Begriff Befruchtung!

5. Betrachte Abb. 181.1.B! Berechne die Vergrößerung durch das Mikroskop!

6. Betrachte Abb. 180.1.! Woraus entwickelt sich die Kirsche?

7. Lies den Text im blauen Kasten auf S. 181!
Stelle Legebilder von verschiedenen Blüten her!

Für Iris ist es Frühling, wenn sich an dem Kirschbaum vor dem Haus die Blüten entfalten. Jede Blüte besteht aus fünf großen, weißen *Blütenblättern*. Darunter stehen fünf grüne *Kelchblätter*.

In der Blüte sind viele *Staubblätter* mit dunkelgelben Staubbeuteln zu erkennen. In ihnen befinden sich die Pollenkörner. Die Staubblätter mit den Pollenkörnern sind die **männlichen Fortpflanzungsorgane** der Pflanze.
Unten in der Blüte ist ein rundliches Gebilde festgewachsen. Es heißt *Fruchtknoten*. In ihm befindet sich die Eizelle. Auf dem Fruchtknoten sitzt ein Stielchen, das an seiner Spitze knopfförmig verdickt ist. Das Stielchen heißt *Griffel* und die Verdickung *Narbe*. Narbe, Griffel und Fruchtknoten werden zusammen als Stempel bezeichnet. Der Stempel ist das **weibliche Fortpflanzungsorgan** der Pflanze.

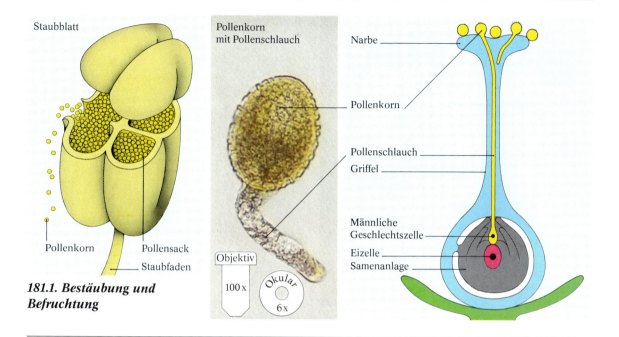

Staubblatt

Pollenkorn mit Pollenschlauch

Narbe

Pollenkorn

Pollenschlauch

Griffel

Männliche Geschlechtszelle

Eizelle

Samenanlage

Pollenkorn

Pollensack

Staubfaden

Objektiv

100 x

Okular

6 x

181.1. Bestäubung und Befruchtung

Bei der **Bestäubung** gelangen Pollenkörner auf die Narbe. Das kann nur geschehen, wenn die Staubblätter reif sind. Die auf den Staubfäden sitzenden Staubbeutel platzen auf. Die Pollenkörner fallen heraus und werden von Insekten weitergetragen. Bei anderen Pflanzen werden die Pollen vom Wind verbreitet.

Auf der Narbe bildet das Pollenkorn einen *Pollenschlauch* aus. Er wächst durch Narbe und Griffel bis zur Eizelle. An seiner Spitze befindet sich der Kern des Pollenkorns. In der Samenanlage verschmilzt der Kern des Pollenkorns mit dem Kern der Eizelle. Dieser Vorgang heißt **Befruchtung.** Nun kann sich eine Frucht bilden.

Bestäubung heißt die Übertragung von Pollenkörnern auf die Narbe. Befruchtung nennt man die Verschmelzung der Kerne von Pollenkorn und Eizelle.

Legebild einer Kirschblüte

1. Lege eine Klebefolie (6 cm × 6 cm) mit der Klebeseite nach oben auf den Tisch! Zupfe von der Blüte vorsichtig mit der Pinzette die Blütenblätter, die Kelchblätter, die Staubblätter und den Stempel ab! Lege die Teile auf die Klebefolie!
2. Bedecke die Folie mit einem schwarzen Zeichenkarton (6 cm × 6 cm) und drücke diesen fest auf die Folie!

182.1. Zweige der Hasel mit Blüten

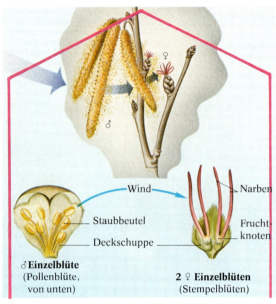

182.2. Hasel: getrenntgeschlechtlich einhäusig

Gibt es männliche und weibliche Pflanzen?

1. Betrachte Abb. 182.1. und Abb. 182.2.! Beschreibe die männlichen und weiblichen Blüten der Hasel!

2. Betrachte Abb. 182.2.! Erläutere die Bestäubung bei der Hasel!

3. Erkläre den Begriff getrenntgeschlechtlich einhäusig!

4. Betrachte Abb. 183.1. und Abb. 183.2.! Beschreibe die männlichen und weiblichen Blüten der Salweide!

5. Betrachte Abb. 183.2.! Erläutere die Bestäubung bei der Salweide!

An einem der ersten sonnigen Tage im Februar fährt Sara mit dem Fahrrad zur Schule. Unterwegs fallen ihr an einem **Haselstrauch** längliche, gelbe Blütenkätzchen auf, die von den Zweigen herabhängen. Sara weiß, dass die blühende Hasel zu den ersten Frühlingsboten gehört.

Die gelben Haselkätzchen sind die männlichen Blütenstände. Der Wind trägt den herausfallenden Blütenstaub zu den weiblichen Blütenständen. Die weiblichen Blütenstände sitzen an demselben Strauch. Sie sind unscheinbar braun gefärbt und sehen aus wie Knospen. Aus ihnen ragen rote Narben heraus. Das sind Teile der weiblichen Geschlechtsorgane.

Bei der Hasel gibt es also zwei verschiedene Blüten, weibliche und männliche Blüten, die an einem Strauch sitzen. Man nennt solche Pflanzen **getrenntgeschlechtlich einhäusig.**

männlich ♂

weiblich ♀

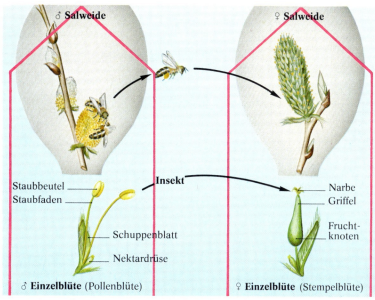

183.1. Blüten der Salweide

183.2. Salweide: getrenntgeschlechtlich zweihäusig

Auch die **Salweide** blüht zeitig im Frühjahr. Von der Salweide gibt es zwei verschiedene Sträucher. Der eine bildet goldgelbe männliche Blütenstände aus, der andere graugrüne weibliche Blütenstände.

Bei der Salweide finden wir also die männlichen und die weiblichen Blütenstände auf verschiedenen Sträuchern. Solche Pflanzen heißen **getrenntgeschlechtlich zweihäusig.**

In der Kirschblüte befinden sich sowohl weibliche als auch männliche Blütenorgane. Solche Pflanzen heißen **zwitterblütig.** Unsere Obstbäume, unsere Brotgetreide und viele andere Pflanzen sind zwitterblütig.

Wir unterscheiden getrenntgeschlechtlich einhäusige, getrenntgeschlechtlich zweihäusige und zwitterblütige Pflanzen.

6. Erkläre den Begriff getrenntgeschlechtlich zweihäusig!

7. Erkläre den Begriff zwitterblütig! Nimm eventuell Abb. 180.1. zu Hilfe!

8. Überlege, welche zwitterblütigen Pflanzen du außer den genannten kennst!

9. Beobachte, welche Pflanzen in deiner Umgebung zeitig im Frühjahr blühen! Trage ihre Namen mit dem Beobachtungsdatum in eine Tabelle ein!

10. Überlege, warum die Salweide unter Naturschutz steht!

184.1. Stecklingsvermehrung in einer Gärtnerei

Vermehrung ohne Blüten

1. Beschreibe die Pflanzenvermehrung durch Stecklinge!

2. Erkläre, was man unter ungeschlechtlicher Vermehrung versteht!

3. Nenne Arten der ungeschlechtlichen Vermehrung bei Pflanzen!

4. Nenne Pflanzen, die ungeschlechtlich vermehrt werden!

5. Betrachte Abb. 185.1. und Abb. 185.2.!
   Beschreibe, wie Obstbäume veredelt werden!

6. Beschreibe, wie Weinreben widerstandsfähig gemacht werden!

Esma hat ein Betriebspraktikum in einer Gärtnerei abgeleistet. Als sie gefragt wird, was sie am meisten beeindruckt hat, berichtet sie von der Stecklingsvermehrung.

Ein Zweigstück wird in ein Sand-Torf-Gemisch gesteckt, bewurzelt sich und wächst zu einer vollständigen Pflanze aus. Begonien, Buntnesseln, Geranien und viele andere Pflanzen werden so vermehrt.

Viele Pflanzenteile haben die Fähigkeit, wieder zu vollständigen Pflanzen heranzuwachsen. Diese Art der Vermehrung heißt **ungeschlechtliche Vermehrung.** Der Gärtner nutzt sie, um von einer Mutterpflanze viele gleich aussehende Tochterpflanzen heranzuziehen. Erdbeere und Efeu lassen sich durch Ausläufer, Kartoffeln durch Knollen vermehren. Der Gärtner unterscheidet daher verschiedene Arten der ungeschlechtlichen Vermehrung.

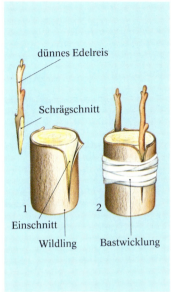

185.1. Pfropfen am Obstbaum   **185.2. Pfropfen** *(Schema)*   **185.3. Veredelter Obstbaum**

Obstbäume werden veredelt. Durch **Pfropfen** können zum Beispiel Zweigstücke von einem Apfelbaum mit besonders wohlschmeckenden Äpfeln auf einen anderen Apfelbaum übertragen werden. Die aufgepfropften Zweigstücke bilden neue Zweige und Äste. An ihnen wachsen nun wohlschmeckende Äpfel. Auf diese Weise lassen sich auch ältere Obstbäume veredeln.

Reben vieler guter Weinsorten sind krankheitsanfällig. Deshalb werden Zweigstücke von ihnen auf besonders widerstandsfähige Weinreben gepfropft. Von diesen veredelten Reben erntet der Winzer dann Trauben der guten Weinsorten. So können edle Reben widerstandsfähig gemacht werden.

Vermehrung durch Stecklinge, durch Ausläufer, durch Knollen und durch Pfropfen sind Formen der ungeschlechtlichen Vermehrung.

185.4. Veredelter Obstbaum mit zwei Apfelsorten

186.1. Birke auf einem Brückenpfeiler

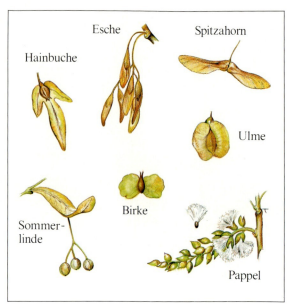

186.2. Samenverbreitung durch den Wind

Wie kommt die Birke auf den Brückenpfeiler?

1. Betrachte Abb. 186.2.! Erläutere, wie die Verbreitung von Früchten und Samen durch den Wind erfolgt!

2. Betrachte Abb. 187.1.! Beschreibe, wie Lockfrüchte durch Tiere verbreitet werden!

3. Betrachte Abb. 187.2.! Beschreibe, wie Klettfrüchte verbreitet werden!

4. Wie tragen Tiere, die Wintervorräte anlegen, zur Verbreitung von Früchten und Samen bei?

5. Lass verschiedene Früchte aus gleicher Höhe fallen! Miss mit der Stoppuhr die Fallzeiten!

„Das glaubt mir niemand!", denkt Evi, als sie auf einem Brückenpfeiler eine kleine Birke erblickt. Evi überlegt, wie sie dort hingekommen sein könnte. Sie stellt sich vor, dass ein Birkensame auf den Pfeiler geweht wurde und dort auskeimte.

Die Früchte der *Birke* haben dünne Flughäute. Die Flughäute sitzen seitwärts am Samen und wirken wie Gleitflügel. Solche Früchte gehören zu den **Flugfrüchten.**

Pflanzen verfügen über die verschiedensten Einrichtungen, um ihre Samen zu verbreiten und so ihre Art zu erhalten.

Die Früchte der *Vogelbeere* zählt man zu den **Lockfrüchten.** Vögel werden durch die rote Farbe angelockt. Sie verzehren die Früchte und scheiden die unverdaulichen Samen mit dem Kot aus. Aus den Samen entwickeln sich dann neue Pflanzen.

Traubenkirsche
Weißdorn
Faulbaum
Gemeiner Schneeball
Trauben- holunder
Gemeine Eberesche

187.1. Lockfrüchte

Waldmeister
Klette
Klebkraut
Klettenkerbel
Odermennig

187.2. Klettfrüchte

Die Früchte der *Klette* haben viele kleine Haken. Mit ihnen bleiben sie am Fell von Tieren haften und werden irgendwo abgestreift. Sie gehören zu den **Klettfrüchten.**

Eichhörnchen, Eichelhäher, Spechte und Mäuse sammeln im Herbst **Vorräte** für den Winter. Sie verstecken Früchte im Boden. Oft finden die Tiere ihre Erdverstecke nicht wieder. So werden Eichen, Buchen und Haselsträucher verbreitet.

Ameisen sammeln die Samen von Lerchensporn, Veilchen, Schöllkraut und Taubnessel. Sie fressen jedoch nur deren süße Anhängsel. Die Samen werden als Abfall aus dem Bau wieder heraustransportiert. Daher sind in der Nähe von Ameisenbauten diese Pflanzen immer wieder anzutreffen.

Pflanzen werden auf verschiedene Art und Weise verbreitet.

187.3. Ameise trägt Samen zum Bau

188.1. Fortpflanzung und Entwicklung bei der Forelle. *A Forelle; B Entwicklungsstadien (Ei mit Embryo, schlüpfender Jungfisch, Jungfisch)*

Wie Tiere sich fortpflanzen

1. Betrachte Abb. 188.1. und Abb. 189.1.A! Beschreibe, wie sich Fische fortpflanzen!

2. Betrachte Abb. 189.1.B! Beschreibe, wie sich Tauben fortpflanzen!

3. Betrachte Abb. 189.1.C! Beschreibe, wie sich Kaninchen fortpflanzen!

4. Erkläre, wodurch sich äußere und innere Befruchtung unterscheiden!

5. Nenne Beispiele für äußere und innere Befruchtung!

6. Überlege, durch welche Verhaltensweisen Tiere ihre Paarungsbereitschaft anzeigen!

Vielleicht hast du schon einmal im Film beobachten können, wie ein Forellenweibchen mit dem Schwanz eine Laichgrube ausschlägt. Damit zeigt es seine Fortpflanzungsbereitschaft an.

Bei Forellen findet eine **äußere Befruchtung** statt, d.h., die Samenzellen befruchten die Eier außerhalb des Körpers des Forellenweibchens.

Bei Tauben findet eine **innere Befruchtung** statt. Die Samenzellen gelangen in den Körper der Taube und befruchten dort die Eier.

Bei Kaninchen findet ebenfalls eine innere Befruchtung statt. Das Weibchen bringt jedoch lebende Junge zur Welt.

Tiere pflanzen sich durch äußere und innere Befruchtung fort.

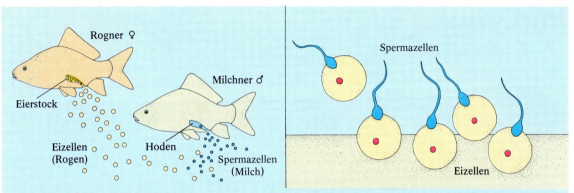

Eiablage und äußere Befruchtung. Das Karpfenweibchen laicht zwischen Mai und Juli. Es legt bis zu einer Million Eier. Sie werden direkt ins Wasser ausgeschieden und bleiben an Pflanzen haften. Das Männchen besamt die Eier. Es schwimmt dabei neben dem Weibchen her und gibt seine Samenflüssigkeit in das Wasser ab. Die erste Nahrung nehmen die Jungfische aus dem Dottersack auf. Dann ernähren sie sich selbst.

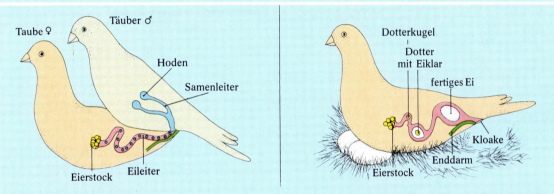

Innere Befruchtung und Eiablage. Haustauben paaren sich ab März etwa dreimal im Jahr. Dabei drücken sie ihre Ausscheidungsöffnungen, die Kloaken, aufeinander. Die Samenzellen werden in den Eileiter gepresst, wo sie die reifen Eizellen befruchten. Die Haustaube legt zwei weiße Eier. Beide Eltern brüten abwechselnd. Nach 17 Tagen schlüpfen die Jungen. Sie werden blind und hilflos geboren. Nach 4 Wochen sind sie flügge und verlassen das Nest.

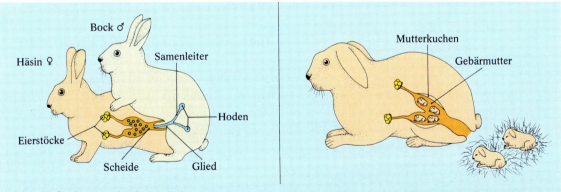

Innere Befruchtung und Geburt. Mindestens dreimal im Jahr ist das Weibchen paarungsbereit. Bei der Begattung überträgt der Bock seinen Samen in die Scheide des Weibchens. Während einer Tragzeit von 28–31 Tagen entwickeln sich in der Gebärmutter die Jungen. Das Weibchen bringt pro Wurf bis zu 7 nackte und blinde Junge zur Welt. Die Jungen werden vom Weibchen 4 Wochen gesäugt. Dann können sie sich selbst versorgen.

189.1. Fortpflanzung bei Wirbeltieren

Vererbung

190.1. Gregor Mendel

Ganz die Mutter!

1. Erkläre, wann eine Pflanze reinerbig und wann mischerbig ist!

2. Betrachte Abb. 191.1.! Beschreibe die Vererbung der Blütenfarbe bei der Wunderblume!

3. Betrachte Abb. 191.2.! Beschreibe die Vererbung der Blütenfarbe beim Löwenmäulchen!

4. Wodurch unterscheidet sich die Vererbung der Blütenfarbe bei der Wunderblume und beim Löwenmäulchen?

5. Erkläre die Begriffe Erscheinungsbild und Erbbild!

„Du siehst deiner Mutter aber sehr ähnlich!" Das hört Carsten immer wieder von Leuten, denen er begegnet. Wie vererben Eltern körperliche Merkmale und Verhaltensweisen an ihre Kinder?

Nach welchen Regeln Merkmale vererbt werden, hat bereits vor mehr als hundert Jahren der Augustinermönch **Gregor Mendel** erkannt. Er führte in seinem Klostergarten Kreuzungsversuche mit reinerbigen Pflanzen durch. **Reinerbig** ist z.B. eine rot blühende Wunderblume, wenn die Vorfahren ebenfalls rote Blüten hatten.
Kreuzt man z.B. eine reinerbige rot blühende *Wunderblume* mit einer reinerbigen weiß blühenden Wunderblume, so entwickeln sich aus den Samen nur rosa blühende Wunderblumen. Die Eltern haben **Erbanlagen** für rote und weiße Blütenfarbe an die Nachkommen weitergegeben. Die Nachkommen sind **mischerbig.**

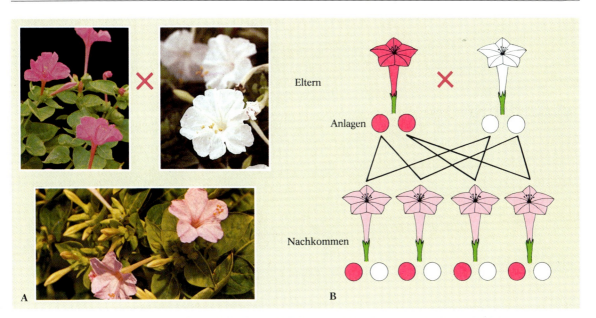

191.1. Vererbung der Blütenfarbe bei der Wunderblume: *A Erscheinungsbild; B Erbbild*

Man kann solche Kreuzungen in einem **Erbbild** darstellen. Reinerbige Pflanzen besitzen für ein Merkmal stets zwei gleiche Erbanlagen. Bei mischerbigen Pflanzen sind die Erbanlagen dagegen verschieden.

Kreuzt man ein reinerbig rot blühendes *Löwenmäulchen* mit einem reinerbig weiß blühenden Löwenmäulchen, so entwickeln sich aus den Samen nur rot blühende Löwenmäulchen. Die Nachkommen sind auch mischerbig. Die Erbanlage für rote Blütenfarbe überdeckt jedoch die Erbanlage für weiße Blütenfarbe. Sie ist **dominant.** Bei rot blühenden Löwenmäulchen lässt sich daher am äußeren Bild, dem **Erscheinungsbild,** nicht erkennen, ob die Pflanzen reinerbig oder mischerbig sind.

1. Mendelsches Gesetz: Kreuzt man zwei reinerbige Pflanzen miteinander, so sind die Nachkommen untereinander gleich.

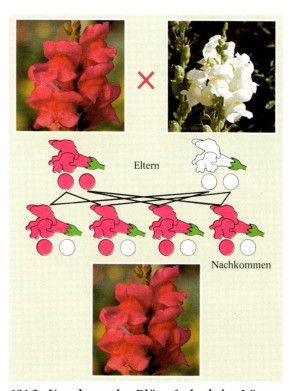

191.2. Vererbung der Blütenfarbe beim Löwenmäulchen *(Erscheinungsbild und Erbbild)*

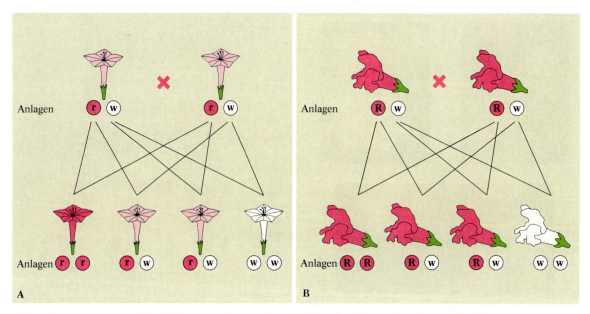

192.1. Kreuzung von Mischlingen miteinander: *A Wunderblume; B Löwenmäulchen*

Erbanlagen kommen wieder zum Vorschein

1. Betrachte Abb. 193.1.! Erkläre, wie eine Blüte künstlich bestäubt wird!

2. Betrachte Abb. 192.1.A! Beschreibe die Kreuzung der Mischlinge der Wunderblume!

3. Betrachte Abb. 192.1.B! Beschreibe die Kreuzung der Mischlinge des Löwenmäulchens!

4. Das 2. Mendelsche Gesetz heißt auch Spaltungsgesetz. Überlege, warum es so heißt!

5. Erstelle ein Erbschema: weiße Maus × schwarze Maus (schwarze Fellfarbe ist dominant).

6. Überlege, warum bei der künstlichen Bestäubung kleine Tüten über die bestäubten Blüten gestülpt werden!

Die Mischlinge der Wunderblume haben rosa Blüten. Die Mischlinge des Löwenmäulchens haben dagegen rote Blüten. Beim Löwenmäulchen wird die Erbanlage für weiße Blütenfarbe überdeckt.

Am Erscheinungsbild kann man also nicht immer erkennen, ob eine Pflanze reinerbig oder mischerbig ist. Das lässt sich aber durch **Rückkreuzungen** mit den reinerbigen Eltern herausfinden.

Um sicher zu sein, dass nur der vorgesehene Pollen auf die Narbe gelangt, bestäubt man die Blüten künstlich. Es werden an den Blüten die Staubblätter entfernt. So können sich die Blüten nicht selbst bestäuben. Dann wird auf die Narben mit einem Pinsel Pollen von der Pflanze übertragen, die als Kreuzungspartner vorgesehen ist. Zum Schluss werden die Blüten in kleine Tüten eingehüllt. Die **künstliche Bestäubung** ist eine wichtige Methode der Erbforschung.

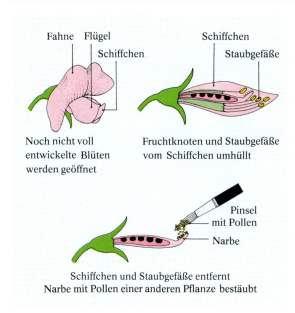

193.1. Künstliche Bestäubung

Kreuzt man die rosa blühenden Mischlinge der **Wunderblume** miteinander, so entwickeln sich aus den Samen rosa blühende, rot blühende und weiß blühende Wunderblumen. Die ursprünglichen Erbmerkmale rote und weiße Blütenfarbe treten also wieder auf. Das Erbbild zeigt, warum das so ist.

Bei der Kreuzung der rot blühenden Mischlinge vom **Löwenmäulchen** miteinander, entwickeln sich aus den Samen rot blühende und weiß blühende Löwenmäulchen. Am Erscheinungsbild lässt sich jedoch nicht erkennen, welche rot blühenden Pflanzen reinerbig und welche mischerbig sind. Im Erbbild verdeutlichen große Buchstaben, welche Erbanlage dominant ist.

2. Mendelsches Gesetz: Kreuzt man die Mischlinge der 1. Nachkommengeneration miteinander, so treten die Erbmerkmale der Elterngeneration wieder auf.

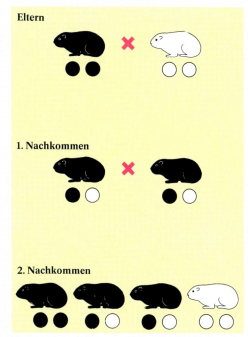

Die Mendelschen Gesetze gelten auch für Tiere

193.2. Vererbung der Fellfarbe bei Meerschweinchen

Kreuzt man ein reinrassiges schwarzes Meerschweinchen mit einem reinrassigen weißen Meerschweinchen, so sehen alle Nachkommen schwarz aus. Die Erbanlage für schwarze Fellfarbe ist dominant.

Kreuzt man die Nachkommen untereinander, so werden schwarze und weiße Meerschweinchen geboren. Die weißen Meerschweinchen sind reinerbig. Die schwarzen Meerschweinchen können sowohl reinerbig als auch mischerbig sein.

7. Betrachte Abb. 193.2.! Beschreibe die Kreuzungen!

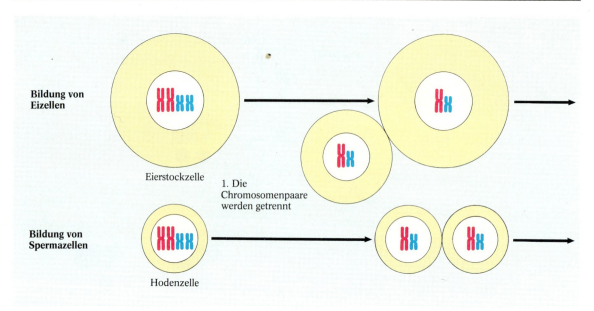

Bildung von Eizellen — Eierstockzelle

1. Die Chromosomenpaare werden getrennt

Bildung von Spermazellen — Hodenzelle

194.1. Bildung der Geschlechtszellen

Wie sich Geschlechtszellen bilden

1. Beschreibe, wie eine Zellteilung verläuft! Nimm eventuell Abb. 18.1. zu Hilfe!

2. Betrachte Abb. 194.1.! Beschreibe die Entwicklung einer Eizelle!

3. Betrachte Abb. 194.1.! Beschreibe die Entwicklung einer Spermazelle!

4. Erkläre, wo sich die Eizellen und die Spermazellen bilden!

5. Vergleiche die einzelnen Schritte von Zellteilung und Reifeteilung! Nenne die Unterschiede!

Von der Pubertät an werden im Körper reife Geschlechtszellen gebildet: *Spermazellen* in den Hoden, *Eizellen* in den Eierstöcken. Wie geschieht das?

Jede Körperzelle eines Menschen enthält die gesamten Erbanlagen. Die Erbanlagen sind auf den *Chromosomen* im Zellkern angeordnet. In den Zellkernen des Menschen befinden sich 23 Chromosomenpaare. Jedes Chromosomenpaar besteht aus einem Chromosom vom Vater und einem von der Mutter.

Bei der Reifung der Eizellen und der Spermazellen kommt es zu einer besonderen Zellteilung. Sie heißt **Reifeteilung** und erfolgt in zwei Schritten.

Die Reifeteilung beginnt zunächst wie jede Zellteilung. Die Chromosomen werden sichtbar. Sie ordnen sich in der Mitte der Zelle an.

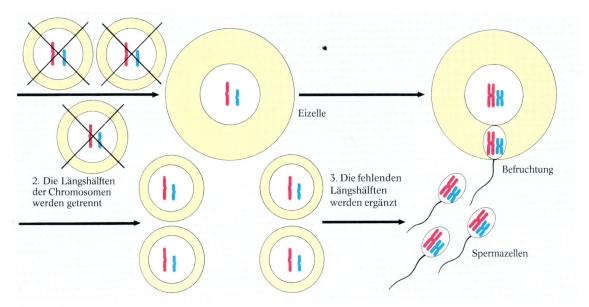

Eizelle

Befruchtung

2. Die Längshälften der Chromosomen werden getrennt

3. Die fehlenden Längshälften werden ergänzt

Spermazellen

195.1. Bildung der Geschlechtszellen *(Fortsetzung von S. 194)*

Dann wandern die Chromosomenpaare auseinander. Es bilden sich zwei neue Zellkerne mit jeweils 23 einzelnen Chromosomen.

Im zweiten Schritt spalten sich die Chromosomen der Länge nach auf. Die Längsspalten wandern ebenfalls auseinander. Es bilden sich also vier Zellen mit jeweils dem halben Chromosomensatz.

Bei der Entwicklung der männlichen Geschlechtszellen entstehen so aus einer Hodenzelle vier begeißelte **Spermazellen.**

Bei der Entwicklung der weiblichen Geschlechtszellen bilden sich aus einer Eierstockzelle die **Eizelle** und drei kleinere Zellen. Die kleineren Zellen gehen zugrunde.

Durch die Reifeteilung entstehen Geschlechtszellen mit halbem Chromosomensatz.

6. Wodurch unterscheiden sich Körperzellen und Geschlechtszellen?

7. Lies auf S. 19 nach!
   a) Wie viele Chromosomen enthalten die Körperzellen von Pferd, Karpfen, Mais und Sonnenblume?
   b) Überlege, wie viele Chromosomen die Geschlechtszellen dieser Lebewesen enthalten!

8. Überlege, was bei der Befruchtung geschehen würde, wenn die Geschlechtszellen nicht den halben Chromosomensatz hätten! Rechne das für zwei aufeinander folgende Generationen beim Menschen aus!

196.1. Damwild (Albino und Normalform)

Neue Merkmale entstehen

1. Betrachte Abb. 196.1.!
   Beschreibe, wodurch sich Albino und Normalform unterscheiden!

2. Erkläre, warum Albinos in der freien Natur selten zu sehen sind!

3. Nenne weitere Lebewesen, von denen dir Albinos bekannt sind!

4. Erkläre den Begriff Mutation!

Maria besucht mit Songül und Sakir den Städtischen Tiergarten. Hier läuft das Damwild frei zwischen den Besuchern herum. Maria erblickt plötzlich ein weißes Tier. „Das ist doch ein Damhirsch", überlegt sie. „Ein weißer Damhirsch?" Maria zwickt sich in die Hand. Nein, sie träumt nicht.

Es kommt auch bei anderen Tierarten vor, dass weiße Nachkommen mit roten Augen geboren werden. Ihre roten Augen erhalten sie durch das von innen durchschimmernde Blut. Diese Tiere heißen **Albinos.** In der freien Natur haben Albinos kaum Überlebenschancen, da sie ohne *Tarnfarbe* schnell zur Beute werden.

Solche Veränderungen im Erscheinungsbild können sprunghaft und ohne erkennbare Ursache auftreten. Man nennt sie deshalb **Erbsprünge** oder **Mutationen.** Sie sind erblich.

197.1. Buche: *A Blutform; B Normalform; C Trauerform*

Erbsprünge oder Mutationen treten auch bei *Pflanzen* auf. Vor über 150 Jahren wuchs in England plötzlich eine Buche, deren Zweige weit herunterhingen. Diese **Trauerform** der Buche ist erblich. Aus ihren Samen und Stecklingen entwickeln sich immer wieder Buchen mit herabhängenden Zweigen.

In Parks sieht man zuweilen **Blutbuchen.** Die blutroten Blätter sind ebenfalls eine Mutation der Normalform. Blutformen gibt es auch bei Ahorn, Hasel und anderen Pflanzen.

Man weiß heute, dass Mutationen durch Veränderungen der Erbanlagen entstehen. Es ist auch bekannt, dass radioaktive Strahlung, Röntgenstrahlung und viele Chemikalien Mutationen auslösen können.

Mutationen sind sprunghaft auftretende Veränderungen der Erbanlagen.

5. Betrachte Abb. 197.1.! Nenne Unterschiede zwischen den drei Buchen!

6. Nenne weitere Pflanzen, an denen Mutationen aufgetreten sind! Beschreibe die Mutationen!

7. Erkläre, warum bei Röntgenuntersuchungen die Geschlechtsorgane abgedeckt werden und der Arzt und die Schwestern Bleischürzen tragen!

8. Überlege, welche Folgen der Unfall von Tschernobyl für die Menschen haben kann! Warum kann man die Folgen zurzeit noch nicht erkennen?

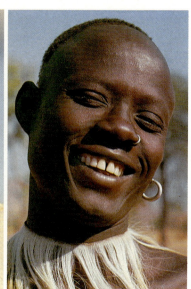

198.1. Bodybuilder   *198.2. Gebräunte Haut*

Nicht alle Merkmale sind vererbbar

1. Betrachte Abb. 198.1.!
   Beschreibe, wie Bodybuilder ihren
   Körper formen!

2. Was geschieht, wenn Bodybuilder
   nicht regelmäßig trainieren?

3. Betrachte Abb. 198.2.!
   Wie sehen beide nach vier Wochen
   ohne Sonnenschein aus?

4. Betrachte Abb. 199.1.!
   Erkläre, wie die Unterschiede in der
   Fellfärbung beim Russenkaninchen
   zustande kommen!

5. Betrachte Abb. 199.2.!
   Erkläre, worauf die unterschiedlichen Wuchsformen des Löwen-
   zahns zurückzuführen sind!

Tinas großer Bruder betreibt Bodybuilding.
Er zeigt gern seine kräftigen Muskeln. Doch
seit seinem Unfall darf er vorerst nicht mehr
trainieren. Darüber ist er sehr traurig, weil
sich ohne Training die starke Muskulatur
nach kurzer Zeit wieder zurückbildet.

Bodybuilder formen ihren Körper durch
Krafttraining und muskelaufbauende Mittel.
Diese körperlichen Veränderungen sind
jedoch nicht erblich. Kinder von Bodybuil-
dern werden daher nicht mit besonders kräftigen Muskeln geboren.

Genauso ist es, wenn Mitteleuropäer sich
bräunen. Die braune Hautfarbe bleibt nicht
erhalten. Sie verliert sich nach einigen
Wochen ohne Sonnenbaden wieder.

Viele Änderungen im Erscheinungsbild werden durch **Umwelteinflüsse** hervorgerufen
und sind nicht erblich.

199.1. Russenkaninchen: *unterschiedlichen Temperaturen ausgesetzt*

199.2. Löwenzahnpflanze: *auf unterschiedlichen Standorten angesiedelt*

Wachsen weiße *Russenkaninchen* in kalten Ställen auf, so bildet sich an Pfoten, Ohren, Schwanzspitze und Schnauzenspitze schwarzes Fell. Bringt man sie in warme Ställe, wird ihr Fell wieder durchgehend weiß. Die Umgebungstemperatur bestimmt bei Russenkaninchen also die Fellfarbe.

Löwenzahnpflanzen haben auf einem sandigen, trockenen Boden kleine Blätter, kurze Blütenstiele und kleine Blüten. Auf einer gut gedüngten Wiese entwickeln sich dagegen große, kräftige Pflanzen. Gräbt man eine Löwenzahnpflanze aus einem trockenen Sandboden aus und pflanzt sie in nährstoffreiche Erde, so entwickelt sie sich zu einer großen, kräftigen Pflanze.

Umwelteinflüsse können Veränderungen im Erscheinungsbild verursachen, die nicht vererbbar sind.

6. Suche in der Nähe deines Wohngebietes zwei kleinwüchsige Löwenzahnpflanzen! Grabe eine Pflanze mit Erde aus und setze sie in einen Blumentopf. Stelle die Pflanze nach draußen und überlasse sie sich selbst. Grabe die andere Pflanze aus, pflanze sie in nährstoffreiche Erde und gieße sie regelmäßig! Beobachte!

7. Wie lässt sich nachweisen, dass viele Veränderungen, die durch die Umwelt ausgelöst werden, nicht erblich sind?

8. Bist du Aquarianer? Welche Abhängigkeit hast du beobachtet zwischen der Größe des Aquariums und der Entwicklung der Fische?

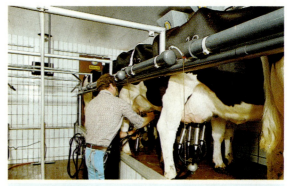

Wild-
rind

600 kg	700 kg	1200 kg	2466 kg	3498 kg	3937 kg	EG: 4351 kg / 4700 kg
14. Jh.	1860	1950	1963	1975		1982

200.1. Katzen in einer Ausstellung   *200.2. Milchertrag beim Niederungsrind*

Tierzüchtung – geplante Vererbung

1. Beschreibe, wie der Mensch in der Tierzucht Mutationen nutzt!

2. Erkläre, wie man durch planmäßige Vererbung und Inzucht neue Tierrassen züchtet!

3. Erkläre die künstliche Besamung und ihre Vorteile!

4. Betrachte Abb. 200.2.!
Erkläre die Steigerung des Milchertrages beim Niederungsrind!

5. Betrachte Abb. 201.1.!
Erkläre die Zuchtleistung beim Schwein!

6. Betrachte Abb. 201.2. und Abb. 201.3.! Was meinst du zu diesen Züchtungen?

Tims Tante züchtet Katzen. Von ihr erhält Tim eine Freikarte für die große Katzenausstellung. „Diese vielen verschiedenen Katzenrassen stammen alle von der Falbkatze ab", erklärt die Tante. Wie soll man sich das vorstellen?

Durch sprunghafte Änderungen des Erbgutes (Mutationen) entwickeln sich immer wieder Tiere mit neuen Merkmalen. Seit Jahrtausenden nutzt der Mensch diese Kenntnis bei der Züchtung. Zunächst wählte er Tiere mit Merkmalen aus, die ihm vorteilhaft erschienen. Diese Tiere kreuzte er immer wieder untereinander. Das Verfahren nennen wir heute **Inzucht.** So züchtete er durch *planmäßige Auslese* Tiere mit ihm nützlichen Eigenschaften.

Durch planmäßige Züchtung konnte z.B. beim Schwarzbunten Niederungsrind die Milchleistung verbessert werden.

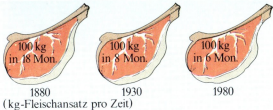

100 kg in 18 Mon.   100 kg in 8 Mon.   100 kg in 6 Mon.

1880   1930   1980
(kg-Fleischansatz pro Zeit)

201.1. Zuchtleistung beim Schwein

In der Schweinezucht haben sich die Züchter auf die Wünsche der Verbraucher eingestellt. Es wird fettarmes Fleisch verlangt.

Während um 1870 die Mast eines recht fetten Schweins noch 18 Monate dauerte, liefert das heutige Hausschwein fettarmes Fleisch und ist schon nach 6 Monaten schlachtreif.

Durch **künstliche Besamung** kann heute das Erbgut von besonders wertvollen männlichen Zuchttieren an viele weibliche Tiere weitergegeben werden. So erhält man von einem männlichen Tier Tausende von Nachkommen.

In der Tierzucht werden Tiere mit erwünschten Merkmalen ausgelesen und weitergezüchtet.

Arme Hunde

Es gibt weltweit über 400 Hunderassen. Nur bei wenigen kann man sich noch vorstellen, dass sie vom Wolf abstammen. Bei verschiedenen Hunderassen wurden krankhafte Erbmerkmale, bewusst als Rassemerkmale herausgezüchtet.

201.2. Chinesischer Nackthund

Der chinesische Nackthund ist ein Beispiel dafür. Man hat ihm das Fell fast vollständig weggezüchtet. Deshalb ist er sehr empfindlich gegen Kälte und Wärme.

201.3. Basset

Der Basset kann mit seinen kurzen Beinen den langen und oft über 20 kg schweren Körper nur mühsam tragen. Bandscheibenschäden sind die Folge. Neben langen Ohren hat man ihm außerdem „Triefaugen" angezüchtet. Die Augenlider hängen so tief, dass die Augäpfel freiliegen. Die Augen tränen und entzünden sich häufig.

202.1. Züchtungserfolge beim Kohl

Von der Wildpflanze zur Kulturpflanze

1. Betrachte Abb. 202.1.! Beschreibe, welche Pflanzenteile bei den verschiedenen Kohlformen herausgezüchtet worden sind!

2. Erkläre, warum unsere Vorfahren Pflanzen zu züchten begannen!

3. Betrachte Abb. 203.1.! Beschreibe, welche Merkmale bei den Rosen herausgezüchtet worden sind!

4. Betrachte Abb. 203.2.! Nenne Zuchtziele beim Paprika!

5. Betrachte Abb. 203.3.! Nenne Zuchtziele bei der Möhre!

6. Überlege, von welchen Wildpflanzen unsere Getreidearten abstammen!

Auf dem Stand eines Gemüsehändlers werden viele verschiedene **Kohlsorten** angeboten. Sie alle stammen vom wilden Kohl ab, einer in Europa beheimateten *Wildpflanze*. Wie kann man sich das vorstellen?

Der Mensch baut seit Tausenden von Jahren Pflanzen an. Wahrscheinlich wollte er sich zunächst nur die mühsame Nahrungssuche und die Ernte vereinfachen. Doch irgendwann begann er, die ertragreichsten und schmackhaftesten Pflanzen auszuwählen und weiterzuzüchten.

Durch **Auslese** und **Züchtung** von Pflanzen mit besonderen Eigenschaften sind so aus Wildpflanzen unsere **Kulturpflanzen** entstanden.
Die heutigen Kohlsorten entwickelten sich z.B. durch die Züchtung von erblichen Veränderungen am Stängel, an den Blättern und am Blütenstand.

203.1. Züchtungen bei der Rose: A Teerose; B Caribia; C Damaszener Rose

Die *Rose* gilt als Sinnbild des Schönen und wird seit Jahrtausenden gezüchtet. Die vielen verschiedenen Rosen, die es gibt, stammen von Wildrosen in China und Kleinasien ab. Wir unterscheiden die Rosen nach ihrer Wuchsform sowie nach Farbe, Form und Duft der Blüten.

Der **Paprika** ist in Mittelamerika beheimatet. Er enthält viel Vitamin C. Die Züchtung erbrachte größere Früchte und unterschiedliche Fruchtformen und Farben.

203.2. Paprika (Wildform und Kulturform)

Die **Wilde Möhre** wächst häufig an Wegrändern und auf Schuttplätzen. Sie ist die Wildform der Mohrrübe. Durch Züchtung entstand allmählich eine fleischige, orangefarbene Wurzel.

In der Pflanzenzüchtung werden Pflanzen mit erwünschten Merkmalen ausgelesen und weitergezüchtet.

203.3. Möhre (Wildform und Kulturform)

204.1. Zungenroller

204.2. Drei Generationen einer Familie
(Großeltern, Eltern und Kinder)

Die Erbgesetze gelten auch für den Menschen

1. Überprüfe, ob in deiner Familie Zungenroller sind!

2. Beschreibe die Methoden der Erbforschung bei Pflanzen und Tieren! Schlage evtl. auf den Seiten 190–193 nach!

3. Überlege, warum die Methoden der Erbforschung bei Pflanzen und Tieren nicht beim Menschen angewendet werden können!

4. Betrachte Abb. 204.2. und Abb. 205.1.! Beschreibe, wie die abgebildeten Personen miteinander verwandt sind!

5. Welche Bedeutung hat die Stammbaumforschung für die Erbforschung beim Menschen?

Kannst du deine Zunge so rollen wie der Junge in Abb. 204.1.? Versuche es doch einmal! Überprüfe auch deine Eltern und Geschwister; denn die Fähigkeit, die Zunge rollen zu können, wird vererbt.

Auch für den Menschen gelten die von Pflanzen und Tieren bekannten Erbgesetze. Für die Erbforschung beim Menschen kann man jedoch nicht dieselben Methoden wie bei Pflanzen und Tieren anwenden. Menschen sind nicht kreuzbar wie Tiere. Es dauert sehr lange, bis der Mensch Nachkommen hat. Außerdem ist die Anzahl der Nachkommen sehr gering.

Die Vererbung beim Menschen untersucht man z.B. mithilfe der **Stammbaumforschung.** So lassen sich auffällige Merkmale wie künstlerische Fähigkeiten, Kurzfingrigkeit oder erbliche Schwerhörigkeit über Generationen verfolgen.

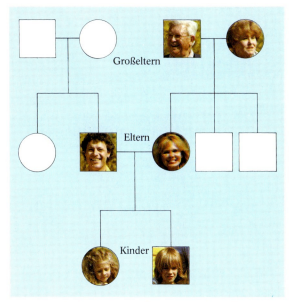

205.1. Teil eines Stammbaums (vgl. Abb. 204.2!)

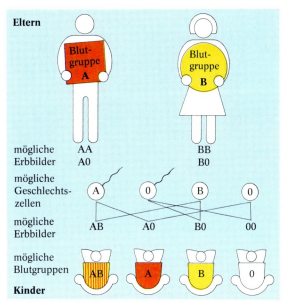

205.2. Vererbung der Blutgruppen

Ein Beispiel für die Vererbung beim Menschen sind die **Blutgruppen.** Die Erbanlagen für die Blutgruppen heißen A, B und 0. Die Erbanlagen A und B stehen gleichwertig nebeneinander. Beide sind jedoch dominant über die Erbanlage 0.

Hat der Vater das Erbbild A0, kann er Spermazellen mit der Erbanlage A oder mit der Erbanlage 0 bilden. Hat die Mutter das Erbbild B0, können die Eizellen die Erbanlage B oder die Erbanlage 0 enthalten.

Kommt es zu einer Befruchtung, sind daher vier verschiedene Verknüpfungen der Erbanlagen möglich, nämlich AB, A0, B0 und 00. Kinder dieser Eltern können also die Blutgruppen AB, A, B oder 0 haben.

Die Stammbaumforschung ist eine Methode der Erbforschung beim Menschen.

6. Wodurch unterscheiden sich bei der Vererbung der Blutgruppen die Erbanlagen A und B von der Erbanlage 0?

7. Betrachte Abb. 205.2.! Beschreibe die Vererbung der Blutgruppen!

8. Erstelle ein Erbschema! Schreibe auf, welche Blutgruppen die Kinder haben können, wenn die Eltern die Blutgruppen A und AB besitzen!

9. Erstelle ein Erbschema! Schreibe auf, welche Blutgruppen die Kinder haben können, wenn die Eltern die Blutgruppen AB und 0 besitzen!

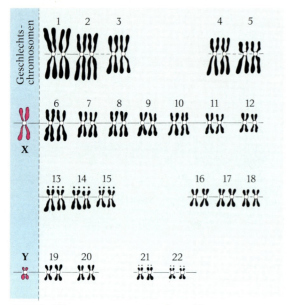

206.1. Chromosomensatz eines Mannes

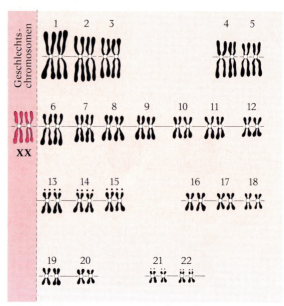

206.2. Chromosomensatz einer Frau

Der Mensch – beeinflusst durch Vererbung und Umwelt

1. Betrachte Abb. 206.1. und Abb. 206.2.!
   Woran erkennt man, um welches
   Geschlecht es sich handelt?

2. Betrachte Abb. 207.1.!
   Erkläre, wie das Geschlecht eines
   Kindes festgelegt wird!

3. Überlege, warum etwa 50% Mädchen
   und 50% Jungen geboren werden!

4. Beschreibe, durch welche Einflüsse
   die Entwicklung eines Menschen
   bestimmt wird!

5. Nenne Merkmale des Menschen, die
   überwiegend vom Erbgut festgelegt
   sind!

6. Nenne Veranlagungen des Menschen,
   auf die die Umwelt fördernd oder
   hemmend einwirken kann!

Das Geschlecht eines Kindes wird schon im Augenblick der Befruchtung, d.h. bei der Verschmelzung der beiden Keimzellen, festgelegt. Wie kann man das erklären?

Um den Vorgang der Geschlechtsbestimmung zu verstehen, betrachten wir die Chromosomen einer Zelle. Wenn man sie fotografiert und nach Größe und Form ordnet, erkennt man, dass 22 Chromosomenpaare aus zwei gleichen Chromosomen bestehen. Das 23. Chromosomenpaar kann sowohl aus zwei gleichen als auch aus zwei ungleichen Chromosomen bestehen. Darin unterscheiden sich Mann und Frau.

Bei der Frau besteht das 23. Chromosomenpaar aus zwei gleich gestalteten Chromosomen. Sie heißen **X-Chromosomen.** Beim Mann dagegen besteht es aus einem X-Chromosom und einem kleineren Chromosom. Es wird **Y-Chromosom** genannt.

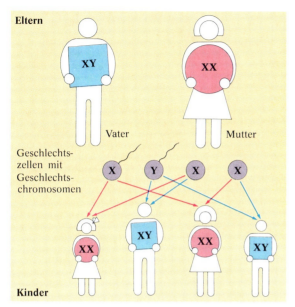

Eltern

Vater   Mutter

Geschlechts-
zellen mit
Geschlechts-
chromosomen

Kinder

207.1. Das Geschlecht wird vererbt

Bei der Bildung von Eizellen und Spermazellen wird der Chromosomensatz halbiert. Alle Eizellen der Mutter enthalten ein X-Chromosom. Die Hälfte der Spermazellen des Vaters enthält ein X-Chromosom, die andere Hälfte ein Y-Chromosom.

Trifft eine Spermazelle mit einem X-Chromosom auf eine Eizelle, entsteht ein Mädchen. Befruchtet eine Spermazelle mit einem Y-Chromosom eine Eizelle, entsteht ein Junge.

Nicht alle Merkmale eines Menschen werden vererbt. Es gibt auch Merkmale, die weitgehend von der Umwelt bestimmt werden. Hierzu gehört z.B. das Körpergewicht. Es ist von den Essgewohnheiten abhängig.

Die Entwicklung eines Menschen wird durch Vererbung und Umwelt bestimmt.

Zwillingsforschung

Ein amerikanischer Forscher untersuchte eineiige Zwillinge, die wenige Wochen nach der Geburt voneinander getrennt worden waren. Eineiige Zwillinge haben völlig gleiches Erbgut. Alle Merkmale, in denen sie sich unterscheiden, müssen daher von der Umwelt beeinflusst sein.
Die Brüder Tommy Marriot und Eric Boocock wurden im Alter von 4 Monaten getrennt. Bei ihnen wurden folgende Übereinstimmungen festgestellt:
– sehr ähnliches Aussehen: Frisur, Bart, Brille,
– gleiche untersetzte Statur,
– fast übereinstimmende Körperhaltungen und Bewegungen,
– gleiche Stimme, gleiches Sprechtempo, gleiches Lachen,
– gleiche allergische Reaktionen,
– panische Angst vor Spinnen,
– gelegentlich Schwindelanfälle.
Die Untersuchung vieler Zwillingspaare ergab, dass die Körpergröße, die Körpergestalt und die Veranlagung zu Krankheiten überwiegend vom Erbgut festgelegt sind. Bestimmte Verhaltensweisen, musische Begabung und geistige Fähigkeiten sind ebenfalls im Wesentlichen erbbedingt. Umwelteinflüsse können jedoch auf die Veranlagungen fördernd oder hemmend einwirken.

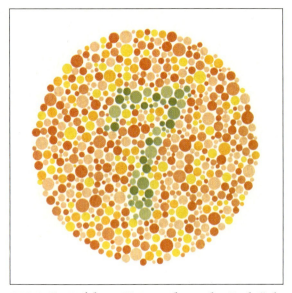

208.1. Testtafel zur Untersuchung der Farbtüchtigkeit. *Erkennst du hier eine Zahl?*

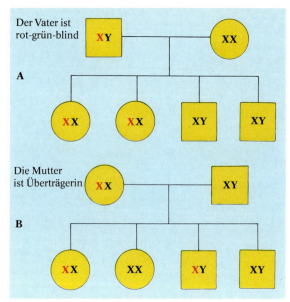

208.2. Vererbung der Rotgrünblindheit *(Schema)*

Was ist eine Erbkrankheit?

1. Beschreibe, woran man die Rotgrünblindheit erkennen kann!

2. Betrachte Abb. 208.2.! Beschreibe, wie die Rotgrünblindheit vererbt wird!

3. Betrachte Abb. 209.1.! Erkläre den Erbgang der Rotgrünblindheit in der Familie des Mr. Scott!

4. Was ist eine Erbkrankheit?

5. Überlege, warum bei Kindern aus Verwandtenehen häufiger Erbkrankheiten auftreten können!

6. Erkläre den Unterschied zwischen einer angeborenen Krankheit und einer Erbkrankheit am Beispiel des Mongolismus!

Wenn du auf der Abb. 208.1. die Zahl 7 nicht erkennen kannst, besteht die Möglichkeit, dass du *rotgrünblind* bist.

Rotgrünblinde Menschen können rot und grün nicht eindeutig voneinander unterscheiden. Dieser Mangel besteht von Geburt an und ist erblich. Die Rotgrünblindheit ist eine **Erbkrankheit.**

Etwa 8% der Männer und 0,5% der Frauen sind rotgrünblind. Die Krankheit ist an das *X-Chromosom* gekoppelt.

Trifft bei der Befruchtung eine Eizelle mit einem fehlerhaften X-Chromosom auf eine Spermazelle mit einem Y-Chromosom, entwickelt sich ein rotgrünblinder Junge. Trifft dagegen eine Eizelle mit einem fehlerhaften X-Chromosom auf eine Spermazelle mit einem fehlerfreien X-Chromosom, entwickelt sich ein farbtüchtiges Mädchen.

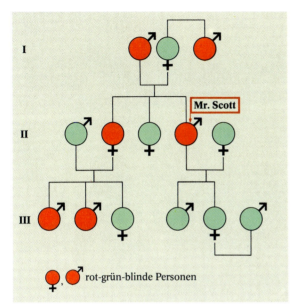

209.1. Erbgang der Rotgrünblindheit (Mr. Scott)

♀, ♂ rot-grün-blinde Personen

Mongolismus

209.2. Mongoloides Kind

209.3. Chromosomensatz

Die Erbanlage für Farbtüchtigkeit ist dominant. Die Erbkrankheit kommt nur zum Ausbruch, wenn zwei fehlerhafte X-Chromosomen zusammentreffen oder ein fehlerhaftes X-Chromosom und ein Y-Chromosom. Frauen erkranken deshalb nur, wenn beide X-Chromosomen die Anlage für Rotgrünblindheit tragen. Frauen können aber *Überträgerinnen* der Krankheit sein.

Über das Auftreten der Rotgrünblindheit in seiner Familie liegt bereits aus dem Jahre 1777 ein Bericht von einem Mr. Scott vor.

Zu den Erbkrankheiten gehören ebenfalls der Zwergwuchs, die erbliche Schwerhörigkeit, die erbliche Nachtblindheit, die erbliche Hüftgelenksverrenkung, die Zuckerkrankheit und die Bluterkrankheit.

Erbkrankheiten können an die Nachkommen weitergegeben werden.

Vielleicht hast du schon einmal ein Kind mit schräg stehenden Augen und immer leicht geöffnetem Mund gesehen. Man bezeichnet sie als mongoloide Kinder. Mongoloide Kinder sind behindert.

Die Krankheit geht auf einen „Fehler" im Chromosomensatz zurück. Das Chromosom 21 ist dreimal vorhanden. Die Krankheit ist dem betroffenen Kind *angeboren*, aber nicht vererbt.

Die Krankheit tritt spontan und unberechenbar auf. Sie kommt auch bei Familien vor, die über mehrere Generationen erbgesund waren.

Stammesgeschichte der Lebewesen

210.1. Skelett eines Sauriers

Früher gab es andere Lebewesen

1. Worauf könnte man die Sagen von Drachen zurückführen?

2. Woher wissen wir, dass es früher andere Tiere und Pflanzen gab als heute?

3. Beschreibe die Lebewelt auf Abb. 211.1.!

4. Betrachte Abb. 211.2. und 211.3.! Wie sind diese Versteinerungen entstanden?

5. Durch welche Vorgänge kommt es zur Evolution?

6. Ersetze die drei Fremdwörter im Merksatz durch deutsche Wörter!

In vielen Sagen kommen riesige Drachen vor. Hat es sie wirklich gegeben?

In Stein eingeschlossen findet man immer wieder Knochen von Tieren, die heute ausgestorben sind. Sie heißen *Saurier* und erreichten bis zu 15 m Länge. Vielleicht wirken Erinnerungen an solche **Knochenfunde** in den Sagen fort.

Auch **Versteinerungen** zeigen uns, wie Lebewesen früher ausgesehen haben. So haben die Gehäuse von ausgestorbenen Tieren und Pflanzen Abdrücke im Schlamm hinterlassen, der sich später zu Stein umwandelte.

So beweisen Knochenfunde und Versteinerungen, dass es früher andere Lebewesen auf der Erde gab als heute. Viele sind ausgestorben. Heute lebende Pflanzen und Tiere haben sich aus einfacheren Formen entwickelt.

211.1. So sah die Erde vor 180 Millionen Jahren aus

1 Gingkobäume
2 Palmfarne
3 Farne
4 Seelilien
5 Belemnit (Donnerkeil)
6 Ammonit (Ammonshorn)
7 Schmelzschuppen-fisch
8 Paddelechse
9 Donnerechse
10 Schlangenhals-echse
11 Rückenplatten-saurier
12 Flugechse
13 Urvogel

Die Entwicklung der Lebewesen nennt man **Evolution.** Sie ist auf zwei Vorgänge zurückzuführen, die wir schon bei der Vererbung kennen gelernt haben.

Bei den Lebewesen kommt es immer wieder zu zufälligen Erbänderungen, zu **Mutationen.** Dabei entstehen neue Merkmale, die für das Tier oder die Pflanze günstig oder ungünstig sein können. Mutationen sind die Voraussetzung für die Evolution.

211.2. Abdruck eines Farnes

Die am besten an die Umwelt angepassten Lebewesen sind gegenüber ihren Artgenossen im Vorteil. Sie werden z.B. durch eine bessere Tarnung nicht so schnell zur Beute. Hierdurch können sie sich verstärkt fortpflanzen. So kommt es zur Auslese der Lebewesen mit den günstigeren Merkmalen. Dieser Vorgang heißt **Selektion.**

Mutation + Selektion → Evolution.

211.3. Steinkern einer Goldschnecke

212.1. Urvogel (Abdruck)

212.2. Urvogel (Rekonstruktion)

Ein Stammbaum der Lebewesen

1. Betrachte Abb. 212.1. und 212.2.! Welche Merkmale erinnern an einen Vogel, welche an ein Kriechtier?

2. Warum hat sich wohl das Leben zuerst im Wasser entwickelt? Denke an Nahrungssuche und Fortbewegung!

3. Welche Merkmale haben wir Menschen mit folgenden Lebewesen gemeinsam:
   a) Katze, Elefant, Hase;
   b) Fische, Vögel, Kriechtiere;
   c) alle Tiere;
   d) alle Lebewesen?

In Kalkstein eingeschlossen fand man das Skelett eines taubengroßen Tieres, das man **Urvogel** nannte. Da dieses Skelett z.B. auch Schwanzknochen besitzt, kann man daraus schließen, dass die Vögel aus den Kriechtieren entstanden sind.

Auch andere Funde zeigen uns, dass die große Vielfalt der Lebewesen nicht auf einmal da war, sondern sich allmählich aus einfacheren Formen entwickelte. Zuerst entstanden im Wasser einzellige Lebewesen. Aus ihnen entwickelten sich die Mehrzeller, die sich auch auf dem Land ausbreiteten. Aus wirbellosen Tieren entwickelten sich die Wirbeltiere, aus denen auch der Mensch hervorgegangen ist. Diese Entwicklung kann man in einem **Stammbaum** darstellen.

Der Stammbaum der Lebewesen zeigt, wie sich die heute lebenden Pflanzen und Tiere aus einfacheren Formen entwickelten.

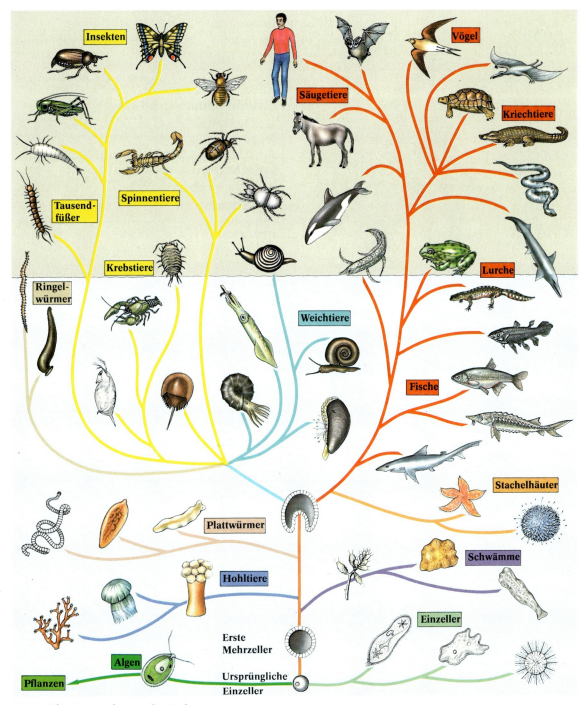

213.1. Ein Stammbaum der Lebewesen

4. a) Welche Tiere haben sich erstmals das Land als neuen Lebensraum erobert?
   b) Welche Tiere sind nachträglich wieder zum Leben im oder auf dem Wasser zurückgekehrt?
   c) Welche Säugetiere haben sich auch den Luftraum erobert?

Erdneuzeit: 26. bis 31. Dezember	Vögel, Säuger; der Mensch taucht am 31. Dezember gegen 19.30 Uhr auf.
Erdmittelalter: 12. Dezember bis 26. Dezember	Saurier
Erdaltertum: 7. November bis 11. Dezember	Fische, Lurche
Erdurzeit: 1. Januar bis 6. November	Entstehung des Lebens: Bakterien, Algen

214.1. Zeitgenössische Karikatur DARWINs (1891)

214.2. Die Entwicklung der Erdgeschichte von 4 000 000 000 Jahren ist auf 1 Jahr umgerechnet

Stammt der Mensch vom Affen ab?

1. Erkläre die Ausdrücke „natürliche Auslese" und „Kampf ums Dasein"!
2. Betrachte Abb. 214.2. und rechne! (1 Tag ≙ 10 000 000 Jahre)
   a) Wie lange dauerten die einzelnen Erdzeitalter?
   b) Vor wie viel Jahren entstanden die Säuger?
3. Betrachte Abb. 215.1.! Nenne Unterschiede im Skelett von Mensch und Schimpanse!
4. Betrachte Abb. 215.2.! Vergleiche Mensch und Schimpanse hinsichtlich
   a) der Füße,
   b) der Hände,
   c) des Gebisses,
   d) des Gehirnschädels!
5. Warum ist es falsch zu sagen: Der Mensch stammt vom Affen ab?

Vor über hundert Jahren hat der englische Naturforscher CHARLES DARWIN erstmals behauptet: Alle Lebewesen haben sich durch „natürliche Auslese" im „Kampf ums Dasein" aus einfachen Formen entwickelt. Viele Menschen haben damals empört gefragt: Ja, stammt dann der Mensch vom Affen ab?

Heute können wir durch Knochenfunde belegen, dass sich auch der Mensch in einem unvorstellbar langen Zeitraum aus den Tieren entwickelt hat. Lässt man die Zeit seit Entstehung unserer Erde auf 1 Jahr zusammenschrumpfen, dann erschien der Mensch erst am 31. Dezember.

Dass er von einer heute bekannten Affenart abstammt, kann man nicht sagen; denn auch die Affen haben sich weiterentwickelt. Mensch und Affe haben aber gemeinsame *Vorfahren* im Tierreich, aus denen sie entstanden sind.

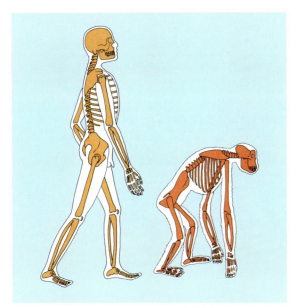

215.1. Skelett von Mensch und Schimpanse

Mensch und Affe haben sich in Jahrmillionen weit auseinander entwickelt. Die heutigen Affen sind an eine bestimmte Umwelt angepasst. Der Mensch hingegen ist ein sehr vielseitiges und anpassungsfähiges Lebewesen geworden. Dies ergibt sich aus seinen körperlichen und geistigen Merkmalen.

Der Mensch ist zum **aufrechten Gang** fähig und kann mit seinen Füßen ausdauernd laufen. Die **Hand** ist zu einem vielseitigen Werkzeug geworden. Das **Gebiss** des Menschen hat sich zurückgebildet.

Der wichtigste Unterschied zwischen Mensch und Menschenaffen besteht in der Größe und Leistungsfähigkeit des menschlichen **Gehirns.**

Der Mensch unterscheidet sich von den Affen durch seinen aufrechten Gang, die fein entwickelten Hände und das hoch entwickelte Gehirn.

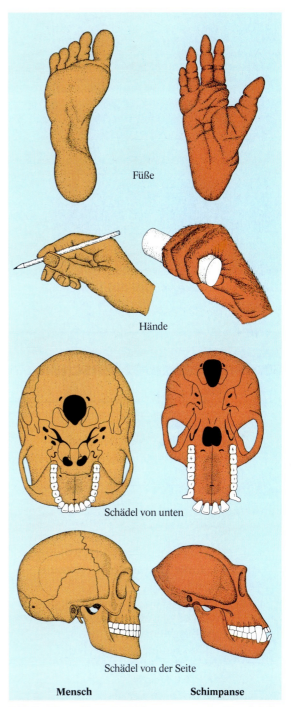

Füße

Hände

Schädel von unten

Schädel von der Seite

Mensch   **Schimpanse**

215.2. Mensch und Schimpanse – ein Vergleich

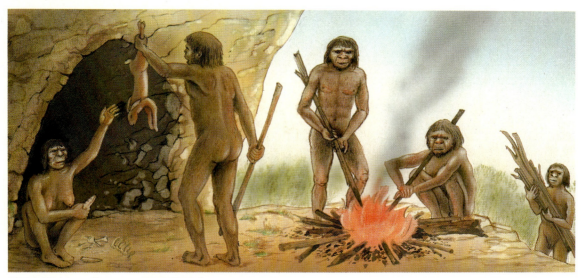

216.1. Urmenschen vor 300 000 Jahren

Stufenleiter zum Menschen

1. Betrachte Abb. 216.1.!
   Beschreibe das Leben der Urmenschen vor 300 000 Jahren!

2. Betrachte Abb. 217.1.!
   a) Warum gehören Südaffe und Neandertaler nicht zu unseren unmittelbaren Vorfahren?
   b) Wie hat sich der Schädel während der Entwicklung des Menschen verändert?
   c) Beschreibe die Verbesserung der Werkzeuge während der Entwicklung des Menschen!
   d) Welche Bedeutung haben die Farben Rot, Blau und Violett in der Abbildung?
   e) Was bedeutet auf der Zeitleiste die unterbrochene Linie zwischen drei und zehn Millionen Jahren?

Es war ein langer Weg von menschenähnlichen Lebewesen bis zum heutigen Menschen. Funde von Knochen und Werkzeugen geben uns davon Kunde.

Vor etwa 2 Millionen Jahren lebte der „**Geschickte Mensch**". Er lief schon auf zwei Beinen und benutzte einfache Werkzeuge aus Ästen und Knochen. Sein Gehirn war doppelt so groß wie das des Schimpansen.

Beim „**Aufrecht gehenden Menschen**" nahm die Gehirngröße weiter zu. Man fand bei ihm einfache Steinwerkzeuge.

Allmählich entstand der **Jetztmensch,** wie wir ihn heute kennen, mit immer größerem Gehirn und besseren Werkzeugen.

Funde von Knochen und Werkzeugen zeigen uns, dass sich der Mensch allmählich bis zur heutigen Form entwickelt hat.

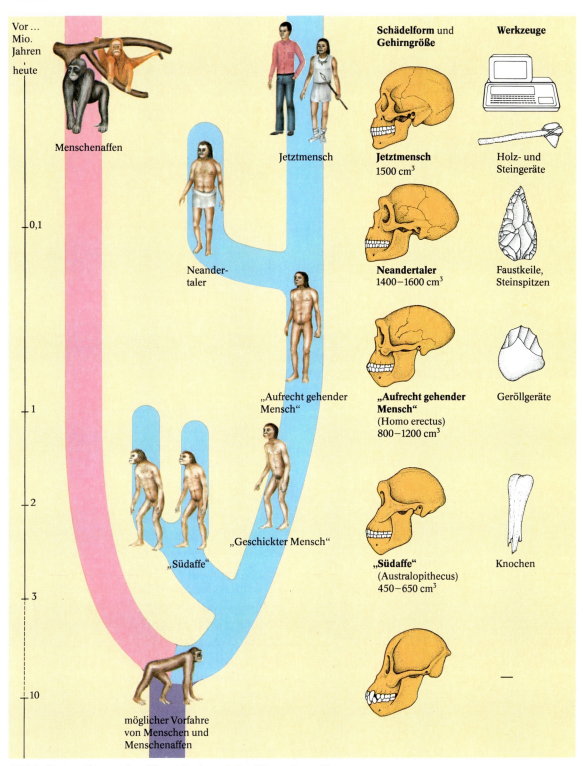

217.1. Stammbaum des Menschen und der Menschenaffen

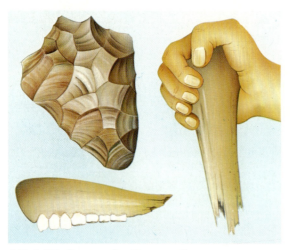

218.1. Werkzeuge des Urmenschen

218.2. Höhlenmalerei – 10 000 Jahre alt

Der Mensch – ein hoch entwickeltes Tier?

1. Betrachte Abb. 218.1.!
   Beschreibe die Werkzeuge! Wie wurden sie hergestellt, wie verwendet?

2. Was kann man daraus schließen, dass der Mensch Werkzeuge nicht nur benutzt, sondern selbst herstellt?

3. Wieso ist der Gebrauch des Feuers ein Merkmal des Menschen? Hat der Mensch das Feuer erfunden?

4. Woran kann man erkennen, dass der Mensch künstlerische Fähigkeiten hat? Betrachte dazu auch Abb. 218.2.!

Als die ersten Menschen entstanden, unterschieden sie sich noch wenig von den Affen. Aber im Laufe der Entwicklung wurden die Unterschiede so groß, dass wir die **Sonderstellung** des Menschen unter den Lebewesen deutlich sehen.

Nur wenige Tiere können Gegenstände wie Werkzeuge verwenden. Der Mensch aber hat von Anfang an **Werkzeuge** selbst hergestellt. Es wurden Steinwerkzeuge zum Schneiden, Spalten, Bohren und Schaben gefunden. Bei der Herstellung und Benutzung solcher Geräte bewiesen bereits unsere Vorfahren *geistige Fähigkeiten*, wie sie von Tieren nicht erbracht werden können.

Alle Tiere haben Angst vor dem Feuer. Der Mensch hat es verstanden, mit dem **Feuer** umzugehen und es zu beherrschen. Höhlenmalereien zeugen von den **künstlerischen Fähigkeiten** des frühen Menschen.

219.1. Computer – modernes Werkzeug

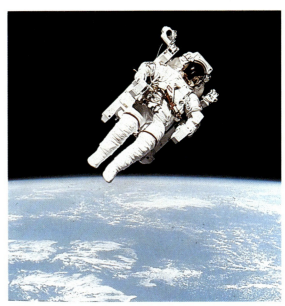

219.2. Die Eroberung des Weltraums

Am auffälligsten unterscheidet sich der Mensch vom Tier durch den Gebrauch der **Sprache.** Durch sie kann er denken und seine Gedanken anderen mitteilen. Die Verständigungsmöglichkeiten der Tiere sind in dieser Hinsicht sehr begrenzt.

Die **Schrift** ermöglicht es, Wörter aufzuschreiben. Dadurch kann das Wissen über viele Generationen weitergegeben werden.

Mithilfe des Computers ist es heute möglich, dem menschlichen Gehirn bestimmte Aufgaben abzunehmen. Die Elektronik versetzt uns in die Lage, große Mengen von Informationen zu speichern und zu verarbeiten. So kann sich der Mensch über die Erde erheben und in den Weltraum vordringen.

Der Mensch unterscheidet sich vom Tier durch den Gebrauch von Werkzeug, Feuer, Sprache und Schrift.

5. Welche Verständigungsmittel haben Tiere (z.B. Hund, Vogel, Biene)? Vergleiche sie mit der Sprache des Menschen!

6. Welche Bedeutung hat die Erfindung der Schrift?

7. Welche Aufgaben nimmt ein Computer dem menschlichen Gehirn ab?

8. Durch welche Unterscheidungsmerkmale kann man die Sonderstellung des Menschen begründen?

9. Wie kann man aus der Sonderstellung des Menschen seine besondere Verantwortung für die Natur ableiten? Nenne Beispiele für richtiges und falsches Verhalten!

220.1. Menschen verschiedener Rassenzugehörigkeit

Eine Art – viele Rassen

1. Wie sind die Rassen entstanden?

2. Welche Großrassen unterscheidet man?

3. Was versteht man unter weißer, gelber, roter und schwarzer Rasse? Ordne sie den Großrassen zu!

4. Betrachte Abb. 221.1.! Wo leben die Großrassen? Wie ist es zu ihrer heutigen Verbreitung gekommen?

5. a) Wo gibt es auf der Erde Rassenkonflikte?
   b) Wie sind sie entstanden?
   c) Was kann man dagegen tun?

6. Erläutere den Merksatz auf Seite 221!

Wir alle unterscheiden uns in vielen Merkmalen wie Körpergröße und Haarfarbe. Besonders auffällig sind die Unterschiede zwischen den einzelnen **Rassen.**

Wahrscheinlich sind die Menschen in Afrika entstanden. Von da haben sie sich über die Erde verbreitet. In den Jahrmillionen der Entwicklung sind immer wieder Menschengruppen lange Zeit durch Meere, Gebirge oder Wüsten getrennt gewesen. Es haben sich Merkmale herausgebildet, die für den jeweiligen Lebensraum vorteilhaft waren. So entstanden verschiedene Rassen.

Wir unterscheiden drei Großrassen. Die *Europiden* lebten ursprünglich nur in Europa, haben sich aber heute auch über andere Erdteile ausgebreitet. Die *Negriden* sind in Afrika zu Hause. Zu den *Mongoliden* zählt man die Völker im fernen Osten, die Eskimos und die Indianer Amerikas.

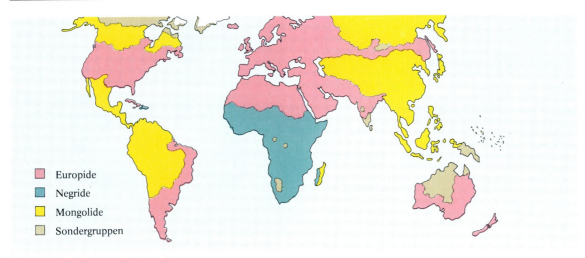

<ul>
<li>Europide</li>
<li>Negride</li>
<li>Mongolide</li>
<li>Sondergruppen</li>
</ul>

221.1. Verbreitung der Großrassen

Gegenüber fremden Rassen gibt es oft feststehende Meinungen. Solche **Rassenvorurteile** werden bei persönlichen Begegnungen meist rasch abgebaut.

In vielen Ländern werden Menschengruppen allein wegen ihrer Rassenzugehörigkeit benachteiligt und unterdrückt. So kommt es auf der Erde häufig zu **Rassenkonflikten.** Es wird dabei übersehen, dass alle Menschen der gleichen biologischen Art „Mensch" angehören und die gleiche Menschenwürde besitzen.

Die Allgemeine Erklärung der Menschenrechte der UNO von 1948, Artikel 1, lautet:

„Alle Menschen sind frei und gleich an Würde und Rechten geboren. Sie sind mit Vernunft und Gewissen begabt und sollen einander im Geiste der Brüderlichkeit begegnen."

221.2. Rassen begegnen sich (UNO-Versammlung)

Verhalten von Tieren und Menschen

222.1. Ein Wellensittich als Haustier

Mensch und Tier – verstehen sie sich wirklich?

1. Warum können Wellensittiche menschliche Laute von sich geben?

2. Vergleiche die Ausrufe des Wellensittichs mit der Sprache der Menschen! Nenne Unterschiede!

3. Was musst du beachten, wenn du Tiere verstehen willst?

4. Nenne einige Beispiele für Vermenschlichung von Tieren aus deiner Umgebung oder aus dem Fernsehen!

5. Lies den Bericht im blauen Kasten auf Seite 223!
   a) Vergleiche das Verhalten der Berggorillas am Anfang und am Ende der Beobachtungszeit!
   b) Wie hat die Forscherin, das Vertrauen der Gorillas gewonnen?

Inas Tante hat einen Wellensittich, der sprechen kann. „Gib Küsschen!" oder „Peter lieb!" ist deutlich zu hören. Lässt sich diese Tiersprache mit der Sprache der Menschen vergleichen?

Alle Papageienvögel, zu denen auch die Wellensittiche gehören, haben einen gelenkigen Schnabel und eine sehr bewegliche Zunge. Damit ist es ihnen möglich, menschliche Laute nachzuahmen.

Inas Tante ist überzeugt, dass ihr Wellensittich versteht, was er spricht. Wenn sie an die Tür klopft, ruft er „Herein!" Ina pocht auf den Tisch und auf den Schrank. Jedesmal ruft er: „Herein!"

Daran erkennt sie, dass der Vogel den Zusammenhang nicht versteht. Er weiß nicht, was er sagt. Tiere können die menschliche Sprache nur nachahmen, nicht lernen.

223.1. Verkleideter Schimpanse

Wenn im Zirkus z.B. verkleidete Schimpansen auftreten, dann gibt es etwas zu lachen. Die Affen werden so vorgeführt, als ob sie menschlich handeln oder denken könnten. Bei solchen Zirkusnummern stellen sich diese Tiere in unseren Augen dumm und tolpatschig an. Wir finden das komisch und lachen darüber. Dabei sind Affen in ihrer natürlichen Umgebung sehr geschickte Tiere.

Wer Tiere wie Menschen behandelt, der versteht sie nicht. Jede Tierart hat ihre eigene Lebensweise und ihre besonderen Bedürfnisse. Tierforscher haben es sich daher zur Aufgabe gemacht, das Verhalten von Tieren genau zu beobachten und zu deuten. Beobachtungen an frei lebenden Tieren sind besonders aufschlussreich.

Durch genaues Beobachten lässt sich das Verhalten der Tiere erforschen.

Ein Leben für die Berggorillas

Die amerikanische Tierforscherin DIAN FOSSEY lebte lange Zeit unter Berggorillas. Sie studierte das Verhalten dieser seltenen Tiere in freier Wildbahn. In den bewaldeten Bergen Zentralafrikas beobachtete sie, wie diese scheuen Menschenaffen zusammenleben.

Am Anfang ließen die Berggorillas nur widerwillig zu, dass die Forscherin in ihren Lebensraum eindrang. Sie stießen Furcht erregende Schreie aus. Nach etwa drei Jahren duldeten sie die Frau in ihrer Nähe. Sie betrachteten sie fast als Mitglied ihrer Gruppe. Wie schaffte sie das?

Die Forscherin hatte mit viel Geduld das Verhalten der Tiere untereinander beobachtet. Sie kannte fast jeden Gorilla ihrer Umgebung. Sie erfuhr, wie die Affen miteinander umgehen und mit welchem Verhalten sie sich verständigen. Sie lernte die Laute der Gorillas und erkannte, mit welchen Gesten sie sich ihre Gefühle mitteilen. Aufgrund ihrer Beobachtungen wissen wir heute viel über das Verhalten der Berggorillas.

224.1. Körpersprache der Wölfe

Verständigung zwischen Tieren

1. Betrachte Abb. 224.1.!
   Beschreibe Droh-, Imponier- und Demutsverhalten von Wölfen!

2. Was bringen Wölfe durch ihre Lautäußerungen zum Ausdruck?

3. Betrachte Abb. 225.1.!
   Beschreibe die verschiedenen Gesichtsausdrücke bei Schimpansen!

4. Was können Tiere durch Absonderung von Duftstoffen ausdrücken?

5. Nenne Lautäußerungen bei Tieren und erläutere ihre Bedeutung!

6. Lies den Text im blauen Kasten auf S. 225! Vergleiche die Laut- und Körperäußerungen bei Hund und Katze!

Wölfe schließen sich zeitlebens zu einem Rudel zusammen. In dieser Gemeinschaft nimmt jeder **Wolf** einen bestimmten Platz ein. Über die Rangordnung müssen sich die Wölfe untereinander verständigen.

Begegnen sich zwei fremde Rüden, so umkreisen sie sich zunächst. Sie drohen einander, indem sie die Zähne fletschen und nach dem Gebiss des anderen schnappen. Bemerkt ein Wolf, dass er dem Gegner nicht gewachsen ist, klemmt er den Schwanz zwischen die Beine und duckt sich. Als Zeichen seiner Unterwerfung legt er sich auf den Boden und bietet dem Stärkeren seine Kehle dar. Dieses **Demutsverhalten** hemmt den Angreifer, fest zuzubeißen.

Der überlegene Wolf aber hebt den Kopf, spitzt die Ohren und richtet den Schwanz steil auf. Mit diesem **Imponierverhalten** zeigt er seine Überlegenheit.

Aufmerksamkeit   Erregung   Feixen   Lachen

Heulen   Angst   Wut   Abscheu

225.1. Gesichtsausdrücke eines jungen Schimpansen

Schimpansen teilen ihre Gefühle und Stimmungen durch verschiedene Gesichtsausdrücke mit. Sind sie friedlich gestimmt, so verbergen sie ihre Zähne. Erst bei starker Erregung entblößen sie ihr Gebiss und drohen zu beißen.

Neben der *Körpersprache* verständigen sich Tiere auch durch *Lautäußerungen*. Wölfe warnen ihre Gegner durch Knurren. Durch Heulen rufen sie ihre Artgenossen herbei.

Eine weitere Möglichkeit sich mitzuteilen erfolgt durch *Düfte*. Die Weibchen vieler Tierarten zeigen ihre Paarungsbereitschaft dadurch an, dass ihre Körperdrüsen einen Duftstoff abgeben, der Männchen anlockt. Hunde setzen Duftmarken zur Abgrenzung ihrer Reviere.

Tiere verständigen sich durch Körpersprache, Düfte und Lautäußerungen.

Wie Katz' und Hund

So lautet ein Sprichwort. Man verwendet es für Leute, die sich überhaupt nicht verstehen.

Der bekannte Tierforscher KONRAD LORENZ hat den „Hund-Katzen-Krieg" so erklärt: Hunde und Katzen haben ihre eigene Sprache. Knurrt der Hund, so bedeutet das: Vorsicht, möglichst auf Abstand gehen. Schnurrt die Katze, bedeutet es genau das Gegenteil.

Wedelt der Hund mit dem Schweif, so heißt das: Du bist mein Freund, willst du mit mir spielen? Bei der Katze ist das Schweifwedeln die letzte Warnung vor dem Angriff.

Man kann also annehmen, dass die schlechte Beziehung zwischen Hunden und Katzen schlichtweg auf einem Missverständnis beruht.

226.1. Hasso bringt die Zeitung

226.2. Dressur bei Delfinen

Können Tiere lernen?

1. Wie hat Hasso gelernt, die Zeitung zu holen?

2. Wie geht man vor, wenn man ein Tier dressieren will?

3. Wie nutzen Dompteure die angeborenen Fähigkeiten eines Tieres für eine Dressur? Nenne Beispiele aus dem Zirkus!

4. Wie erklärst du dir, dass Eichhörnchen in manchen Parks aus der Hand fressen?

5. Betrachte Abb. 227.1.! Wie lernen Eichhörnchen, eine Nuss zu öffnen?

6. Viele Enten kommen bereits angeschwommen, wenn man mit einer Tüte am Ufer steht. Erkläre dieses Verhalten!

Hasso holt jeden Morgen die Zeitung vom Kiosk. Wenn er durch die Straße läuft, dreht sich jeder nach ihm um. Alle sind erstaunt.

Immer wenn Hasso seinen Besitzer zum Kiosk begleitete, bekam er von der Zeitungsverkäuferin einen Leckerbissen. Dann durfte Hasso die Zeitung nach Hause tragen. Dafür wurde er gelobt und gestreichelt. Eines Tages lief der Schäferhund alleine los.

Tiere können lernen, auf einen Befehl oder ein Zeichen eine bestimmte Handlung auszuführen. Werden sie dann belohnt, so wiederholen sie freiwillig dieses Verhalten, um ein Lob oder eine Futtergabe zu bekommen. Man bezeichnet dieses Lernen als **Dressur.**

Aus dem Wasser zu springen, ist für *Delfine* nicht außergewöhnlich. In der Delfinshow nutzt man diese angeborene Fähigkeit zur Dressur.

227.1. Nagespuren von Eichhörnchen an Haselnüssen: A von einem unerfahrenen Eichhörnchen; B von einem erfahrenen Eichhörnchen

In manchen Parks fressen *Eichhörnchen* sogar aus der Hand. Sie haben durch häufigen Umgang mit Menschen ihre Scheu verloren. Sie kommen dicht heran, um Futter zu bekommen. Diese Art zu lernen bezeichnet man als **Gewöhnung.**

Es ist Eichhörnchen angeboren, die harte Schale von *Haselnüssen* zu benagen. Die unerfahrenen Tiere bearbeiten die Nuss zuerst planlos und unregelmäßig. Am Anfang gelingt es ihnen nicht immer, an den Kern heranzukommen. Durch geschicktes Drehen und gleichzeitiges Nagen spalten sie schließlich die Nussschale in der Mitte auf. So lernen sie, dass es zweckmäßig ist, in Richtung der Längsfurchen und Fasern zu nagen. Diese Art zu lernen nennt man **Lernen am Erfolg.**

Tiere können durch Dressur, Gewöhnung und Versuche, die zum Erfolg führen, lernen.

Ein seltsames Paar

Wenn KONRAD LORENZ im See badete, schwamm die Gans „Martina" hinter ihm her. Wie war es dazu gekommen?

Nachdem der Tierforscher sie als Küken aus dem Brutschrank genommen hatte, kümmerte er sich liebevoll um sie. Auf Martinas erstes Piepen antwortete er mit gänseähnlichen Lauten. Als er später versuchte, sie einer Gänsemutter zuzuführen, verließ Martina ihre Artgenossin und lief zum Forscher zurück. Seitdem folgte sie ihm auf Schritt und Tritt.

Ein Gänseküken hat offensichtlich keine genaue Vorstellung von seiner Mutter. Nach dem Schlüpfen hält es denjenigen für seine Mutter, der Laute von sich gibt und sich bewegt. Dessen Bild prägt sich das Küken ein. Dieser Vorgang wird daher als **Prägung** bezeichnet. Prägung ist ein sehr frühes Lernen.

7. Warum folgte die Gans dem Tierforscher und nicht einer Gänsemutter?

228.1. Amsel bei der Fütterung der Jungen

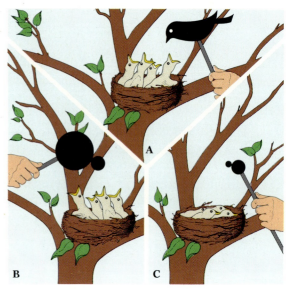

228.2. Verhalten der Jungamseln bei Attrappenversuchen

Angeborenes Verhalten

1. Wozu wurden Attrappenversuche bei Amseln durchgeführt?

2. Beschreibe, wie die Forscher bei ihren Attrappenversuchen vorgingen!

3. Betrachte Abb. 228.2.! Wie sehen die Attrappen aus, bei denen die Amseljungen die Schnäbel aufsperren?

4. Erkläre den Begriff Schlüsselreiz!

5. Warum klebt man schwarze Schattenbilder von Greifvögeln auf große Fensterscheiben?

6. Welche Bedeutung hat eine Vogelscheuche im Garten?

Nils beobachtet ein Amselnest in der Hecke. Sobald sich eine *Amsel* auf den Nestrand setzt, sperren die Jungen ihre Schnäbel auf. Woran erkennen sie ihre Eltern?

Verhaltensforscher haben diese Frage untersucht. Sie schnitten aus schwarzer Pappe unterschiedliche Umrisse von Vögeln aus. Mit diesen Nachbildungen oder **Attrappen** näherten sie sich dem Amselnest. Wenn die dunklen Figuren in Größe und Umriss mit einer Amsel übereinstimmten, dann streckten die Jungen ihnen ihre Schnäbel entgegen. Sie hielten die Attrappen für ihre Eltern.

Den Jungamseln ist angeboren, auf bestimmte Reize ihre Schnäbel aufzusperren. So wie ein Schlüssel nur zu einem bestimmten Schloss passt, so löst ein besonderer Reiz ein dazu passendes Verhalten aus. Wir bezeichnen solche Reize als **Schlüsselreize.** Der Anblick bestimmter Umrisse löst das Sperren aus.

229.1. Ein Silbermöwenküken erbettelt Futter

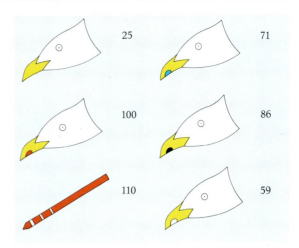

229.2. Ergebnisse von Attrappenversuchen mit Silbermöwenküken. *Die Zahlen neben den Attrappen geben die Häufigkeit der Pickreaktion wieder. Jede Attrappe wurde 100-mal angeboten. Bei einer wurde mehrmals zugepickt.*

Wenn *Silbermöwen* ihre Küken füttern, dann strecken die Altvögel ihnen ihren Kopf entgegen. Die Jungvögel picken eifrig gegen den Unterschnabel der Eltern. Daraufhin würgt der Altvogel das halb verdaute Futter aus. Wodurch wird das Picken ausgelöst?

Forscher streckten frisch geschlüpften Küken verschiedene Nachbildungen von Möwenköpfen entgegen. Sie notierten, wie oft die Küken gegen die einzelnen Kunstschnäbel pickten. Gegen einen Schnabel mit rotem Fleck pickten die Küken sehr häufig. Gegen einen Schnabel ohne Fleck pickten sie kaum. Besonders häufig pickten sie gegen einen roten Stab mit weißen Streifen. Die rote Farbe ist also ein Schlüsselreiz, der das Picken auslöst.

Durch Attrappenversuche lässt sich bei Tieren herausfinden, welche Schlüsselreize ein angeborenes Verhalten auslösen.

7. Betrachte Abb. 229.1.!
   Wie erbetteln Silbermöwenküken Futter von ihren Eltern?

8. Betrachte Abb. 229.2.!
   a) Worin unterscheiden sich die Attrappen der Silbermöwenköpfe?
   b) Zu welchen Ergebnissen führen die Versuche bei den Küken?
   c) Welcher Schlüsselreiz löst bei Silbermöwenküken das Picken nach dem Elternschnabel aus?

9. Warum testen die Verhaltensforscher nur frisch geschlüpfte Küken?

10. Legt man einer Silbermöwe ein Riesenei ins Nest, so versucht sie immer wieder, dieses Ei zu bebrüten, obgleich sie ständig herunterrutscht. Erkläre dieses Verhalten!

230.1. Handgreifen beim Baby

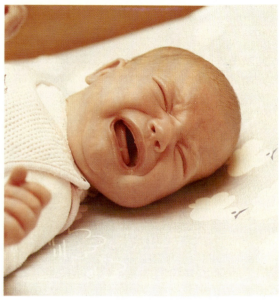

230.2. Schreiweinen

Menschliche Verhaltensweisen

1. Wie verhält sich ein Neugeborenes, das an die Brust der Mutter gelegt wird?

2. Welche Bedeutung kann das Greifen des Säuglings einmal gehabt haben?

3. Was können Säuglinge durch Schreiweinen zum Ausdruck bringen?

4. Wie lässt sich herausfinden, dass das Lächeln ein angeborenes Verhalten ist?

5. Warum müssen die Verhaltensforscher beim Menschen andere Methoden anwenden als bei Tieren?

6. Lies den Bericht im blauen Kasten auf S. 231! Wie fanden Verhaltensforscher heraus, dass das Flirten mit den Augen angeboren ist?

Wenn ein Neugeborenes an die Brust der Mutter gelegt wird, dann bewegt es den Mund hin und her. Es sucht die Brustwarze. Wenn es sie berührt, öffnet es den Mund und saugt. **Saugen** ist ein angeborenes Verhalten. Gibt es auch andere angeborene Verhaltensweisen beim Menschen?

Ein Baby kann ein Seil greifen und sich daran festhalten. Auch wenn die Handfläche von Haaren berührt wird, greift ein Säugling zu. Das **Greifen** ist ebenfalls angeboren. In früher Menschheitsgeschichte diente dieses Greifen vermutlich zum Festklammern im Haarpelz der Mutter.

Warum schreien und weinen Säuglinge? Das **Schreiweinen** kann unterschiedliche Gründe haben. Mit dem Weinen bringt das Baby Unwohlsein, den Wunsch nach Kontakt oder Hunger zum Ausdruck. Das Schreiweinen ist ein angeborenes Verhalten.

231.1. Ein von Geburt blindes Mädchen lächelt

Flirten mit den Augen

Ab dem 2. Lebensmonat lächeln Säuglinge menschliche Gesichter an. Ist das Lächeln angeboren oder wird es von den Eltern gelernt? Kinder, die von Geburt an taub und blind sind, lächeln, wenn sie sich freuen. Das **Lächeln** wird also nicht nachgeahmt, sondern ist angeboren.

Um herauszufinden, was den Menschen angeboren ist und was nicht, müssen Forscher andere Methoden anwenden als bei den Tieren. Sie suchen z.B. entlegene Völker auf und vergleichen ihr Verhalten miteinander. Trotz unterschiedlicher Bildung und Überlieferung stellten sie bei den Völkern übereinstimmende Verhaltensweisen fest. Es ist daher anzunehmen, dass es sich dabei um angeborenes Verhalten handelt.

Auch bei Menschen gibt es angeborene Verhaltensweisen.

Wenn du jemanden magst, lächelst du ihn zunächst an. Dann hebst du unbewusst kurz den Kopf an und ziehst fast gleichzeitig mit einer schnellen Bewegung die Augenbrauen hoch. Mit diesem Augengruß beginnst du zu flirten. Ist dieses Verhalten angeboren?

Verhaltensforscher, die entlegene Völker besuchten, machten in dieser Hinsicht erstaunliche Entdeckungen. Eine Europäerin flirtet ebenso mit den Augen wie eine Samoanerin aus Südostasien. Auch der Augengruß einer Buschfrau aus Afrika stimmt genau mit dem anderer Frauen überein.

Trotz unterschiedlicher Kulturen zeigen sich also übereinstimmende Verhaltensweisen. Es ist wahrscheinlich, dass es sich dabei um angeborenes Verhalten handelt.

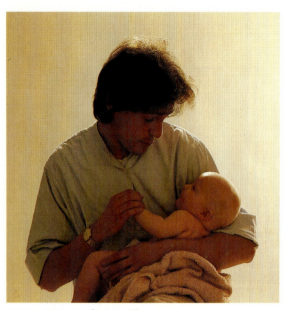

232.1. Vater mit Säugling

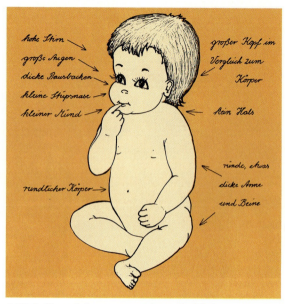

232.2. So zeichnet man ein „niedliches" Kind

Reize beeinflussen unser Verhalten

1. Betrachte Abb. 232.2.! Nenne die Merkmale des Kindchenschemas!

2. Beschreibe, wie Puppen und Stofftiere aussehen, die du niedlich findest!

3. Welche Körpermerkmale gehören zum Frauschema?

4. Welche Körpermerkmale gehören zum Mannschema?

5. Sammle Werbeanzeigen und ordne sie dem Kindchenschema, dem Frauschema oder dem Mannschema zu!

6. Wie versucht die Werbung, uns durch Schlüsselreize zu beeinflussen?

Wenn Menschen ein Baby betrachten, rufen sie häufig: „Oh, wie süß!" oder „Ist das niedlich!" Warum reagieren sie so?

Kleine Kinder haben große Augen, eine kleine Stupsnase, Pausbäckchen, eine hohe, gewölbte Stirn und einen Kopf, der im Verhältnis zum Körper sehr groß ist.

Alle diese Merkmale fasst man als **Kindchenschema** zusammen. Sie rufen beim Betrachter unbewusst Zuneigung hervor. Er möchte das Baby am liebsten streicheln, auf den Arm nehmen oder an sich drücken.

Auch Puppen und Stofftiere wirken auf uns anziehend, wenn ihr Aussehen dem Kindchenschema entspricht. Junge Tiere reizen uns ebenfalls zum Streicheln. Das weiche Fell verstärkt diesen Wunsch. Wir Menschen reagieren unbewusst auf solche Reize. Es sind Schlüsselreize.

233.1. Frauschema in der Werbung

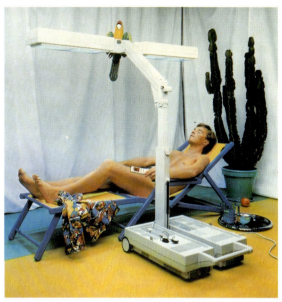

233.2. Mannschema in der Werbung

Auch von Erwachsenen gehen Schlüssel-reize aus. Besonders anziehend wirken auf viele Männer Frauen mit schmaler Taille, langen, schlanken Beinen, rundem Busen sowie vollen, roten Lippen.

Andererseits finden viele Frauen Männer mit breiten Schultern, schmalen Hüften, kräfti-ger Muskulatur und markanten Gesichtszü-gen attraktiv.

Die Werbung nützt diese Schlüsselreize häu-fig aus. Es werden oft Fotos verwendet, die dem **Frau-** oder **Mannschema** entsprechen. Der Anblick soll unsere Aufmerksamkeit wecken und auf die abgebildete Ware lenken.

Kindchenschema, Frauschema und Mannschema lösen beim Menschen unbewusst Reaktionen aus.

Warum sind Donalds Neffen so beliebt?

Seit 1926 werden die Comics von WALT DISNEY überall auf der Welt mit großem Erfolg ver-kauft.

7. Sammle Comicfiguren und ordne sie dem Kindchen-, Frau- oder Mann-schema zu!

8. Wie unterscheiden sich die Kopf-umrissformen der „Helden" und „Schurken" in Comicserien?

234.1. Kontaktverhalten   *234.2. Rockkonzert*

Wie Menschen zusammenleben

1. Betrachte Abb. 234.1.!
   Beschreibe, wie sich Menschen in Kleingruppen verhalten!

2. Betrachte Abb. 234.2.!
   Was haben Jugendliche, die ein Rockkonzert besuchen, gemeinsam?

3. Betrachte Abb. 235.1.!
   Welche Begründung hast du für das Verhalten der Leute auf den Bänken?

4. Nenne weitere Beispiele für das Revierverhalten der Menschen!

5. Wie verhalten sich Menschen, die Platz in einem Restaurant suchen? Wie verhältst du dich in diesem Fall?

Nachmittags treffen sich Mädchen und Jungen aus der Klasse 9 a an der Brücke im Park. Dort sind sie unter sich und haben Spaß.

Jugendliche, aber auch Kinder und Erwachsene, sehnen sich nach menschlicher Zuwendung. Sie finden sich in **Kleingruppen** zusammen, in denen jeder jeden kennt. Man bringt einander Vertrauen entgegen und freundet sich an. Die Jugendlichen stehen oft eng zusammen. Körperliche Berührungen werden nicht als unangenehm empfunden.

Über den vertrauten Kreis hinaus nehmen Menschen an großen Veranstaltungen teil. Beim Rockkonzert kennen sich die Besucher zwar nicht, sie sind sich aber auch nicht fremd. Alle mögen die gleiche Rockband, sind ähnlich gekleidet und klatschen gemeinsam zur Musik. Gemeinsame Interessen und Einstellungen führen zu einem Zusammenhalt in solchen **Großgruppen**.

235.1. Auf den Bänken im Park wird Abstand gehalten

235.2. Revierverhalten

Wenn sich fremde Leute auf eine Parkbank setzen, dann halten sie einen gewissen Abstand zueinander. Im Warteraum eines Arztes z.B. möchte man ungern direkt nebeneinander sitzen. Rückt einem trotzdem einmal ein Fremder zu nahe, so weicht man unwillkürlich zurück. Man möchte eine Berührung vermeiden.

Am Strand grenzen sich viele Badegäste durch Sandwälle voneinander ab. Sie wollen mit ihrer Strandburg den anderen zu verstehen geben, dass sie diese Stelle für sich beanspruchen. Missachtet jemand diese Abgrenzung, so wird man ärgerlich. Dieses Bestreben nach einem eigenen Freiraum bezeichnen wir als *Revierverhalten*.

Jeder Mensch beansprucht seinen eigenen Freiraum. Menschen mit gemeinsamen Interessen finden sich in Gruppen zusammen.

Mustafa ist neu in der Klasse

Mustafa ist neu in die Klasse 8b gekommen. Kürzlich hat es Streit gegeben. Während der großen Pause hat sich Klaus bei der Ausgabe der Getränke vorgedrängt. Mustafa, der gerade an der Reihe war, schubste Klaus wieder nach hinten. Das tat weh, denn Mustafa ist der Stärkste in der Klasse. Klaus ärgerte sich sehr und nannte Mustafa einen „Blödmann". Da war auch Mustafa sehr wütend. Beide haben sich mehr geärgert, als der kleine Vorfall eigentlich wert war. Inzwischen haben sie sich schon wieder vertragen. In der Klasse wurde noch einmal über diesen Streit gesprochen.

6. Wie beurteilst du das Verhalten der beiden Jungen?

236.1. Geht es auch ohne Gewalt?

236.2. Wir können lernen

Ist der Mensch etwas Besonderes?

1. Welche Verhaltensweisen des Menschen sind angeboren? Lies dazu S. 230−233 nach!

2. Wie werden Streitigkeiten beigelegt
   a) im Tierreich (vgl. S. 224/225),
   b) bei Menschen?

3. Welche Verhaltensweisen werden erlernt?

4. Betrachte Abb. 236.2.!
   Wie hilft die Sprache beim Lernen?

5. Worin besteht der Unterschied beim Lernen zwischen Mensch und Tier?

Beim Menschen kann man viele angeborene Verhaltensweisen feststellen. Trotzdem unterscheidet er sich in wesentlichen Merkmalen vom Tier.

Der Mensch muss seinen angeborenen Verhaltensweisen nicht unbedingt nachgeben. Er kann mit seinem **Verstand** entscheiden, was er tun will. Du kannst zum Beispiel versuchen, Streitigkeiten ohne Gewalt beizulegen, auch wenn du wütend bist.

Die weitaus meisten Verhaltensweisen sind dem Menschen nicht angeboren, sondern wurden **gelernt.** So lernen wir z.B. durch die *Sprache* viele nützliche Tätigkeiten für den Alltag. Wir lernen, Probleme nicht nur durch Ausprobieren, sondern auch durch Nachdenken zu lösen. Wir können also *einsichtig handeln*. Auch Regeln für das Zusammenleben mit anderen Menschen und in der Gemeinschaft können wir lernen.

237.1. Musizieren

237.2. Der Mensch kann schuldig werden

Das Tier erkundet vor allem während seiner Kindheit neugierig seine Umwelt. Der Mensch zeigt **lebenslange Offenheit** für Neues. Daraus erwächst sein wissenschaftliches, künstlerisches und technisches Interesse, das die Kultur hervorgebracht hat. Wir sind nicht nur Naturwesen, sondern vor allem **Kulturwesen.**

Durch die hohe Entwicklung seines Geistes kann der Mensch die Folgen des eigenen Handelns abschätzen und deshalb *verantwortlich handeln.* Bei Verstößen gegen die Gemeinschaft kann er zur Rechenschaft gezogen werden.

Der Mensch ist ein Kulturwesen. Er kann einsichtig und verantwortlich handeln.

6. Worauf kann man die vielseitigen Interessen des Menschen zurückführen?

7. Nenne Beispiele für das wissenschaftliche, künstlerische und technische Interesse des Menschen!

8. Betrachte Abb. 237.1.! Welches Interesse zeigt dieses Mädchen?

9. Wieso kann der Mensch verantwortlich handeln?

10. Betrachte Abb. 237.2.! Warum kann man nicht auch Tiere für ihr Handeln verantwortlich machen?

Sachverzeichnis

Fette Seitenzahlen weisen auf ausführliche Behandlung im Text hin; f. = die folgende Seite; ff. = die folgenden Seiten.